AF853054

Fu Li Hofmann

Theaterpädagogisches Schauspieltraining

Theater | Band 73

Fu Li Hofmann ist Theaterpädagoge (BuT) und Gymnasiallehrer. Er lehrt als Ausbildungsleiter für Theaterpädagogik am Pädagogischen Institut München und an der Akademie Schloss Rotenfels.

FU LI HOFMANN

Theaterpädagogisches Schauspieltraining

Ein Versuch

[transcript]

Bibliografische Information der Deutschen Nationalbibliothek
Die Deutsche Nationalbibliothek verzeichnet diese Publikation in der Deutschen Nationalbibliografie; detaillierte bibliografische Daten sind im Internet über http://dnb.d-nb.de abrufbar.

Umschlaggestaltung: Kordula Röckenhaus, Bielefeld
Umschlagabbildung: Biomechanische Improvisation, Foto: Birgit Barth
Druck: Majuskel Medienproduktion GmbH, Wetzlar
Print-ISBN 978-3-8376-3009-1
PDF-ISBN 978-3-8394-3009-5

Gedruckt auf alterungsbeständigem Papier mit chlorfrei gebleichtem Zellstoff.
Besuchen Sie uns im Internet: *http://www.transcript-verlag.de*
Bitte fordern Sie unser Gesamtverzeichnis und andere Broschüren an unter: *info@transcript-verlag.de*

Inhalt

Prolog

Zunächst ist es nur eine Irritation. Ein Schatten. Irgendetwas hat die Ordnung gestört, den geregelten Gang.

Unwillkürlich dreht man den Kopf: Da war eine schnelle Bewegung, zu schnell vor dem Hintergrund. Doch jetzt, beim Nachsehen, erweist sich alles als ruhig und normal. Menschen gehen durch die belebte Fußgängerzone, unterhalten sich, tragen Taschen, sitzen auf gelben Plastikstühlen vor einer Bäckerei. Ein Kind mit einem Eis. Ein Akkordeonspieler in der Sonne.

Da ist es wieder. Ein junger Mann rennt zwischen den Leuten hindurch. Einige Augenpaare folgen ihm, man blickt in die Richtung, aus der er wohl gekommen ist. Wird er verfolgt? Wo will der so schnell hin?

Plötzlich bleibt er stehen. Aber nicht wie jemand, dem die Kräfte ausgegangen sind oder dem aufgefallen ist, dass er den falschen Weg gewählt hat. Er verharrt in einer leicht verdrehten Körperhaltung und rührt sich nicht mehr, keinen Millimeter. Die Augen sind starr, die Hände zeigen keine Bewegung, selbst der Atem bleibt unmerklich. Eine Statue.

Da ist noch eine, ganz in der Nähe, ebenso reglos. Wahrscheinlich der Schatten von eben. Okay – man beginnt die Umgebung zu scannen. Sind da noch mehr? Befinde ich mich inmitten einer Situation, die ich nicht verstehe? Was ist hier los? Bin ich der einzige Ahnungslose? Offenbar nicht, denn auch andere sehen sich verunsichert um. Immerhin. Sie scheinen sich dieselben Fragen zu stellen.

Dann wird ihre Aufmerksamkeit wieder gebündelt. Zwei weitere junge Leute jagen mit hohem Tempo um die Hausecke, um sich in das Bild aus bewegten Passanten und unbewegten Statuen einzufügen. Doch diesmal bleibt weniger Zeit, sich die Neuen genau zu betrachten, denn die Gruppe wächst in immer schnellerem Tempo. Immer mehr dieser Leute rennen um Hausecken, man bekommt den Eindruck, die Gasse werde von einer Art Heuschreckenplage heimgesucht. Eine ungeheure Dynamik und dann diese ebenso schockierende Reglosigkeit.

Irgendwann rennt niemand mehr, seltsamerweise wirkt jetzt alles still, als habe jemand den Ton abgedreht. Und man hat wieder Zeit für Betrachtungen. Die Figuren nehmen aufeinander Bezug, zwischen ihnen entstehen Geschichten. Eine sieht aus, als sei sie gerade gestürzt und versuche trotz der Schmerzen wieder aufzustehen. Eine andere reicht ihr die Hand und dreht den Blick in die Ferne, als suche sie dort nach Hilfe. Eine junge Frau steht neben dem Akkordeonspieler, während ihre linke Hand auf dessen Schulter ruht – er hat seine Arme über den zusammengedrückten Balg gelegt und seine Augen bewegen sich unruhig hin und her. Aber er bleibt sitzen und lässt die fremde Hand dort, wo sie ist. Die Männer auf den gelben Stühlen lachen.

Eine Kippfigur! Wenn man die Perspektive ändert, dann bekommt man den Eindruck einer viel größeren Inszenierung, in der alle eine Rolle spielen, nicht nur die Statuen. Charaktere entstehen, Dialoge, Szenen. Manche schmunzeln, Köpfe werden geschüttelt. Einer poltert ironisch, weil der Weg in die Bäckerei versperrt ist. Eine Frau fragt ihre Begleiterin, ob man hier mit einer versteckten Kamera zu rechnen habe und sofort sehen sich die beiden in alle Richtungen um.

Manche Beobachter versuchen, ihr Interesse zu verbergen. Andere wenden sich der Situation ganz offen zu, indem sie unverhohlen das Publikum spielen. Und es werden Fragen gestellt, die man in konventionellerem Rahmen, mit Bühnenlicht und Platzkarten, kaum an das Theater richtet: Wozu dient das alles? Welche Absicht steckt dahinter? Handelt es sich um einen Werbegag oder um reine Provokation? Eine Mutprobe? Jemand murmelt: Ist das Theater hier oder bloß irgendein Spiel?

Leute bleiben stehen, weil Leute stehen bleiben.

Dann kommt unvermittelt Bewegung ins Bild. Eine der Statuen verlässt ihren Platz und rennt einige Meter weiter zum Stadtbrunnen, umfasst den Brunnenrand mit beiden Händen, beugt den Kopf darüber und dreht diesen am Ende der Bewegung leicht zur Seite, sodass von der entstandenen Figur erneut eine ungeahnte Spannung ausgeht. Sie steht nicht einfach in irgendeiner Pose, sie scheint eine Frage zu stellen.

Es folgt eine erneute Welle plötzlicher Dynamik, die das Tableau nach und nach erfasst und in steigernder Abfolge vom Platz vor dem Bäckerladen hin zum Brunnen verlagert. Wenn man diesen Vorgang aufmerksam verfolgt, dann erkennt man, dass alle Aktionen der Akteure ebenso präzise sind wie das vorherige »Einfrieren«. Eigentlich beginnt jede Bewegung jeweils mit einer kleinen ausholenden Gegenbewegung, was dem Start zusätzliche Energie verleiht. Die Laufgeschwindigkeit geht ans Limit, endet aber beim Zielpunkt nicht plötzlich und ruckartig, es hat eher den Anschein, als würde eine innere Bremse langsam immer fester greifen und die Bewegung dadurch kontrolliert in die neue Position ausgleiten lassen, bis sie ganz fest sitzt.

Man hört das Akkordeon wieder. Passanten haben sich dem neuen Bild zugewandt, manche treten zur Seite, als ob sie nicht auf der Bühne stehen möchten. Das Kind mit dem Eis will noch bleiben.

Eine Statue sitzt mit dem Rücken an den Vorderreifen eines kleinen Transporters gelehnt, der gerade direkt neben dem Brunnen abgestellt wurde. Das führt kurz zu Aufregung! Der Besitzer des Wagens, der wohl nur schnell etwas abgegeben hat und gleich weiterfahren möchte, beschwert sich erst ein wenig zu laut, zögert dann aber und hält inne. Er nimmt auch die anderen Skulpturen wahr. Offenbar lässt er sich von der Energie des Schauspiels unmittelbar ergreifen.

Nach einer Weile gibt es einen weiteren Orts- und Bildwechsel. Jetzt geht es an einer Häuserfassade weiter.

Haben die Szenen einen Zusammenhang? Wandelt sich der Status der Figuren? Durchleben sie eine innere Entwicklung? So viel kann man nicht erfassen in der kurzen Zeit. Wahrscheinlich würde man auch zu viel hineinlegen. Aber es ist klar: Die Spieler müssen an verschiedenen Gestaltungsmöglichkeiten trainiert haben. Sie müssen gelernt haben, auf hohem Niveau miteinander, mit den Gegebenheiten der Bühne und mit den Zuschauern zu improvisieren. Sie müssen körperlich trainiert haben, Bewegungsabläufe gespeichert haben, Spielfreude entwickelt haben und Präsenz. Das ist nicht ohne. Aber es ist wichtig, denn wäre der Auftritt nur halb so professionell gespielt, wäre er wohl tatsächlich nichts anderes als eine ziemlich platte Provokation.

Der Transporter steht noch immer.

Dann weitet sich der Blickwinkel zu etwas Neuem. Jemand in der Zuschauermenge raunt: Lernen die eigentlich nichts Richtiges mehr an der Universität?

Zwar war das nicht nett gemeint und er erntet zu Recht missbilligende Blicke. Aber die Frage tippt etwas an, das noch nachklingt, als das Straßentheaterensemble schon um eine weitere Ecke verschwunden ist. Die Wirkung auf die Zuschauer war unmittelbar spürbar und ein aufmerksamer Beobachter konnte zumindest erahnen, wie das vorbereitende Training ausgesehen haben könnte. Aber welche Wirkung hat das Ganze auf die Spielerinnen und Spieler selbst? Lernen sie etwas bei einem solchen Training, was über die Beherrschung schauspielerischer Grundlagentechniken hinausgeht?

Möglich, dass sich die Frage für die Gruppe gar nicht gestellt hat. Vielleicht ist es wirklich eine Studenten-Theatergruppe, die einfach Spaß daran hat, gemeinsam zu üben und aufzutreten. Vielleicht sind es Teilnehmerinnen und Teilnehmer eines Workshops, in dem es in erster Linie um Körperbewusstsein geht. Vielleicht ist es eine Ausbildungsklasse der Schauspiel-Akademie, die sich gerade mit Meyerholds Biomechanik beschäftigt. Wer weiß.

Unabhängig davon aber, ob diese Frage gestellt wird, wie und von wem sie beantwortet wird: Die Frage nach der Wirkung des Schauspielens auf die Spielerinnen und Spieler ist *die* Frage der Theaterpädagogik schlechthin, auch dann, wenn kein Theaterpädagoge in der Nähe ist.

Der Transporter fährt vorüber und die Fußgängerzone zeigt sich wieder ruhig und normal. Menschen gehen, tragen Taschen und sitzen auf gelben Stühlen. So endet die Vorstellung, zumindest hier.

Fragen

Angenommen, die Leitung des Ensembles hätte sich zum Ziel gesetzt, während des Trainingsprozesses die künstlerische und die persönliche Entwicklung der Akteure gleichermaßen zu fördern: Wie könnte man sich ein solches Training vorstellen? Wie läuft es ab?

Welche Merkmale hat ein theaterpädagogisches Schauspieltraining?

Denker, Macher und ein Seil

Erfahrungen aus der theaterpädagogischen Praxis. Die kritische Reflexion von Spielprozessen oder intuitive Ahnungen während der Arbeit. Außerdem die Versenkung in wilde Debatten oder geordnete Literatur. Und schließlich ein stets neuerliches Erproben gewonnener Erkenntnisse im Proberaum – das Nachdenken über ein theaterpädagogisches Schauspieltraining beginnt nicht nur mit einer verwirrenden Vielfalt, sondern auch mit der Gewissheit, dass man ohne eine deutliche Verbindung zwischen Theorie und Praxis des Faches nicht auskommt.

Eigentlich liegt das auf der Hand.

Aber wenn man sich aktuelle Tagungsprotokolle und Publikationen ansieht, wenn man Festivals besucht, Workshops und Inszenierungen oder wenn man in fachlichem Austausch beieinandersitzt, dann wird man den Eindruck nicht los, dass diese Verbindung ziemlich dünn ist.

Ein Bild drängt sich auf, eine Karikatur.

Zwischen zwei Felsen liegt eine tiefe Schlucht. Dazwischen keine Brücke, kein Steg. Auf der einen Seite Leute mit Notebooks auf den Knien und Büchern unterm Arm, auf der anderen Leute mit Kostümen, Masken und Scheinwerfern. Denker und Macher.

Auf der Seite der theaterpädagogischen Theorie verfällt man gerne in wechselseitige Bestätigung, denn man kennt einander von Seminaren und Kongressen. Es ist ein überschaubarer Kreis von Menschen, deren Namen unter Beiträgen in den gängigen Publikationen zu finden sind. Sie hören einander zu und nehmen wohlwollend aufeinander Bezug. Das Problem ist nur: Sie finden außerhalb ihres Zirkels wenig Aufmerksamkeit.

Auf der anderen Seite glaubt man theoriefrei durchzukommen. Man schwört auf die praktische Erfahrung, man versucht voneinander und von Kollegen aus benachbarten künstlerischen oder pädagogischen Bereichen zu lernen. Aber trotz dieser Offenheit dreht sich vieles im Kreis der Anwendungen, weil der einzelne Praktiker die Wirkungsweise der abgeschauten Methoden mangels theoretischer Unterfütterung nicht wirklich versteht.

Je näher dieses überzeichnete Bild der Wirklichkeit kommt, desto schwieriger wird die Auseinandersetzung mit theaterpädagogischem Schauspieltraining. Und es spricht einiges dafür, dass es die beiden Lager tatsächlich gibt und dass die Verbindung zwischen der Theorie und der Praxis der Theaterpädagogik darum sprichwörtlich in einem Drahtseilakt besteht.

Umso spannender und reizvoller ist der Versuch.

Beim Weg über das Seil bietet es sich an, zunächst philosophischen Grundlagen nachzugehen, dann behutsam den gewonnenen Ansatz gegenüber anderen Strömungen abzugrenzen, um schließlich die wesentlichen Merkmale des daraus abgeleiteten Schauspieltrainings zu entfalten. Dies erfordert sprachlich-argumentative Genauigkeit. Gleichzeitig aber sollte man schon allein vom Thema her einem allzu akademischen Stil aus dem Weg gehen. Denn worum geht es? Es geht, wie die relevanten Schlagwörter verdeutlichen, um Kreativität, Intuition, nondeklarative Gedächtnisinhalte, um Traum, ästhetisches Denken, Spiel, Fantasie und Improvisation – insgesamt also in einem umfassenden Sinne um Grenzerfahrungen. Und man wird alldem am ehesten dann gerecht, wenn man subjektiven Gedanken Spielräume öffnet und wenn man Bilder zulässt oder hervorruft, die sich der rationalen Wissenschaftssprache gelegentlich entziehen. Insofern sind die theoretischen Überlegungen rings um eine theaterpädagogische Grundfrage geprägt durch Erfahrungen aus der praktischen Theaterarbeit.

Damit wird gleichzeitig die Wahrscheinlichkeit höher, dass man diejenigen anspricht, die an dem spannenden Weg über die Schlucht besonders interessiert sind. Nicht (nur) reine Akademiker also, sondern in erster Linie Menschen, die ihre berufliche Praxis mit theoretischer Reflexion verbinden wollen: Theaterpädagogen an Schauspielhäusern, Freelancer, Schauspielerinnen und Regisseure, Schauspieltrainer, Studierende oder Lehrkräfte allgemeinbildender Schulen. Auszubildende oder alte Hasen. Vielleicht aber auch einfach Menschen, die sich für Spiel und Kreativität interessieren. Und zweifellos ist denen am besten gedient durch eine anschauliche Darstellung, durch den Mut zur Vereinfachung und gelegentlich durch einen Schuss unterhaltsamer Ironie.

Das Nachdenken über theaterpädagogisches Schauspieltraining ist deswegen geprägt durch einen eher essayistischen Stil, der auf Fremdtexte weitgehend verzichtet und begriffliches »Theater-Chinesisch« nur dann verwendet, wenn es angemessen »übersetzt« wird. Und die Darlegung aktueller Fachdebatten entfällt, denn das Wichtige daraus ist ohnehin eingearbeitet. Diejenigen, die mehr wissen wollen, finden am Ende jeden Kapitels eine Liste empfehlenswerter Literatur.

Freilich ist nicht damit zu rechnen, dass dadurch die eingebürgerten Gewohnheiten und Vorbehalte schlagartig aufgehoben werden – man wird vor Herausforderungen stehen, aus welcher Richtung man auch kommt.

Denn einerseits erhält man keinen lupenreinen Fachbeitrag. Man könnte mit Recht einwenden, dass eine allzu bekömmlich aufbereitete Darstellung die Gefahr der Trivialisierung birgt. Das, was kompliziert und verwickelt sei, könne man eben nur kompliziert und verwickelt darlegen. Wer dies befürchtet, ist also herausgefordert, sich auf einen Gedankengang gelegentlich einzulassen wie auf eine spannende Theaterszene.

Andererseits aber bekommt man kein Rezeptbuch, keines dieser zahllosen Spiel-Handbücher, die einem verraten wollen, wie man Workshops und Inszenierungen am besten hinkriegt. Wer dies erwartet, wird vor die nicht weniger schwere Aufgabe gestellt, die gewonnenen Denkanstöße für sich zu erschließen und nutzbar zu machen.

Das Ergebnis all dessen wäre idealerweise nicht nur ein tieferes Verständnis fachlicher Zusammenhänge. Es wäre auch der Mut zum Drahtseilakt.

Grundlagen

»Ich habe niemals an nur eine einzige Wahrheit geglaubt, weder meiner eigenen, noch der von anderen. Ich glaube, alle Schulen, alle Theorien können an gegebenem Ort, zu gegebener Zeit nützlich sein. Allerdings habe ich entdeckt, dass man nur leben kann, wenn man sich leidenschaftlich mit einem Standpunkt identifiziert. (...) Doch gleichzeitig ist da diese innere Stimme: Nimm es nicht so ernst.«
PETER BROOK IN »WANDERJAHRE«

Seit diesem ansonsten ganz normalen Nachmittag in der Stadt ist sie plötzlich da: die Frage nach den Grundlagen theaterpädagogischer Arbeit. Unvermittelt und überraschend – und darum ist von Beginn an unklar, ob irgendwelche pragmatischen Interessen den Ausschlag gaben oder das bloße Vergnügen am Nachdenken.

Egal. Der Schreibtisch bekommt eine neue Ordnung und durch das weit geöffnete Fenster dringt frische Abendluft. Eine Tüte Gummibärchen liegt bereit. Und mitten auf einem großen Bogen Tonpapier entsteht mit Filzstift eine ziemlich grobe Ausgangsfrage: Was macht Schauspielen mit Schauspielern? Dann beginnt die Suche, zunächst eine Weile im Netz, mit der Zeit aber immer mehr in verschiedenen Büchern zur europäischen Theatergeschichte und Schauspieltheorie.

Das vorbereitete Tonpapier bleibt trotzdem ziemlich lange ziemlich leer. Denn vor dem 20. Jahrhundert findet man dazu so gut wie nichts.

Natürlich haben sich Kunsttheoretiker von jeher gefragt, welche Wirkungen ein Theaterereignis beim Menschen hervorruft oder welche es hervorrufen sollte. Auch die Rolle der Schauspieler wird dabei reflektiert und man wägt ab, mit welcher Technik sie arbeiten sollten, um diese oder jene angestrebte Wirkung am besten zu erzielen.

Aber: Bei alledem geht es immer um die Wirkung auf das Publikum. Wie es einem Schauspieler vor, während oder nach einer Aufführung geht, liegt erkennbar außerhalb des Interesses. Und eigentlich ist das auch ganz verständlich, denn die Akteure auf der Bühne gehören eindeutig zu einer Minderheit. Einerseits schon rein zahlenmäßig, denn im Theater blicken meist sehr viele Menschen auf sehr wenige. Andererseits aber sind Schauspieler in den meisten Gesellschaften auch von ihrem sozialen Status her als Minderheit einzustufen, denn weder als Mitglied einer armen Wandertruppe noch als gefeierter Charakterdarsteller gelten sie als gleichberechtigt – sie spielen im »wirklichen Leben« also sprichwörtlich keine Rolle.

Diese Einseitigkeit führt aus theaterpädagogischer Perspektive kaum weiter und darum bleibt die Frage offen, ob man die hier vorausgesetzte Grundlage theaterpädagogischen Schauspieltrainings, die in einer Ausrichtung am Schauspieler besteht, tatsächlich erst im Laufe des 20. Jahrhunderts ausfindig machen kann. Gibt es keine Vordenker der Theaterpädagogik?

1. VORDENKER

Doch, es gibt Vordenker. Man entdeckt sie allerdings nur, sofern man bereit ist einen gedanklichen Umweg zu nehmen – und der hat es in sich, denn er ist an einige Voraussetzungen geknüpft und außerdem ziemlich anstrengend. Man wird nämlich erst fündig, wenn man die Fragestellung in doppelter Hinsicht ausweitet. Aber es lohnt sich, allein schon wegen des geistigen Abenteuers.

Zunächst kann man die Frage »Was macht Schauspielen mit Schauspielern?« verallgemeinern, indem man anstelle des Schauspielens Spielen generell in den Blick nimmt, also auch Sportspiele oder Brettspiele. Es ist zu erwarten, dass man auf die Frage »Was bewirkt *Spielen* beim Spieler?« in der europäischen Geistesgeschichte durchaus Antworten findet, und diese müsste man dann rückwirkend daraufhin überprüfen, ob sie auch Aussagen zulassen über die Schauspielerei.

Allerdings geht das nur, wenn man der Prämisse zustimmt, die dieser Erweiterung zugrunde liegt, dass nämlich Schauspiel eine besondere Form des Spiels sei. Das mag zwar vom Begriff her nahe liegen, ist aber keineswegs unumstritten. Beobachtet man beispielsweise Teilnehmer einer studentischen Theatergruppe, die eine Woche vor der Premiere gequält mit Textheften auf der Bühne herumstehen, so wird man kaum den Eindruck bekommen, dass auf deren Probe in demselben Sinne gespielt wird wie am Nachmittag auf dem kleinen Bolzplatz hinter der Mensa. Ebenso kann man daran zweifeln, ob es professionellen Schauspielerinnen und Schauspielern, die um ein Engagement, eine bedeutende Rolle oder angestrebte Zuschauerzahlen kämpfen, wirklich um ein Spiel geht oder nicht vielmehr um bitteren Ernst.

Man kann noch eine zweite Erweiterung vornehmen, indem man die Suche auf den Akt der künstlerischen Betätigung ausweitet und die Frage stellt: Was bewirkt *künstlerisches Handeln* beim Künstler? Auch dabei ist zu erwarten, dass man Antworten findet, deren Relevanz für die Schauspielerei zu überprüfen wäre. Und auch dieser Gedanke basiert auf einer umstrittenen Prämisse, nämlich der, dass Schauspieler überhaupt zu den Künstlern gerechnet werden können.

Dass eine positive Einstellung zur Schauspielerei als Kunst überhaupt verteidigt werden muss, lässt sich anhand weniger Fragen verdeutlichen: Warum hat zum Beispiel das Theater an den meisten Schulen in Deutschland noch heute einen geringeren Status als Musik oder die bildenden Künste? Weil es nur eine besondere Art von Spiel ist? Weil Schauspieler gar nicht kreativ sind, sondern nur das umsetzen, was Autoren und Regisseure vorgeben? Oder weil man auf der Bühne Dinge tut, die ohnehin jeder kann: reden, herumschreien, sich wichtig machen?

Es besteht also Klärungsbedarf bei Begriffen und Bewertungen. Um nun nicht in ein Begriffskarussell zu geraten, erscheint es sinnvoll, von einer einfachen Behauptung auszugehen, die weiterführende Klärung verspricht. Sie lautet: Schauspieler sind erstens Spieler und zweitens sind sie künstlerisch kreativ. Nutzt man den Spielraum dieser doppelten Behauptung, dann gewinnt man nicht nur die Möglichkeit, zu Vordenkern der Theaterpädagogik zu gelangen, vielmehr deuten sich darin bereits wichtige Abgrenzungsmerkmale theaterpädagogischen Schauspieltrainings gegenüber anderen Ansätzen an und es eröffnet sich die Möglichkeit, wesentliche Merkmale eines solchen Trainings herauszuarbeiten.

Neuer Spielraum

Dünne Linien auf dem noch fast leeren Plakat. Ein paar eingekreiste Begriffe, ein paar Pfeile: Es beginnt. Ausgerechnet beim Nicht-Finden sind erste Spuren aufgetaucht. Denen kann man jetzt folgen. Man hört eine Weile nur noch das gelegentliche Umblättern der Buchseiten. Zum Glück bleibt das Handy still. Eine volle Tasse Kaffee wird kalt.

Das Nachdenken über Spiel bekommt bereits in der Epoche der Aufklärung neuen Schwung. Man findet im späten 18. Jahrhundert eine Vielzahl von Ansätzen, die in neue Richtungen weisen.

Das Spiel wird besonders deswegen zum Gegenstand wissenschaftlicher Reflexion, weil sich zu dieser Zeit neue Spiel-Räume (im Wortsinne) ergeben. In wohlhabenden bürgerlichen Familien beginnt sich nämlich ein Auseinandertreten von Berufsleben und Freizeit abzuzeichnen, einhergehend mit einem Auseinandertreten von Erwachsenenleben und Kindheit. Während der Ehemann tagsüber das Haus verlässt, um zu arbeiten, bleibt die Frau mit den Kindern zu Hause. Wer besonders reich ist, kann für die Betreuung und Erziehung der Kinder ein Kindermädchen oder sogar zusätzlich einen Hauslehrer einstellen. Die Kinder erleben also eine besonders geschützte Kindheit und den bürgerlichen Eltern mangelt es nicht an Zeit und Geld, sich um sie zu kümmern. Das ist ein neues Familien- und Erziehungsmodell und man ist stolz darauf – schließlich kann von einem derartigen Luxus in den Bauern- oder (später) in den Arbeiterfamilien keine Rede sein, denn dort wird auch zu Hause gearbeitet, und zwar von allen, auch von Frauen und Kindern.

Worauf es hier ankommt: Spielen verliert in bürgerlichen Familien im Zuge der erwähnten Umbrüche den Makel der Nichtsnutzigkeit und bekommt stattdessen einen anerkannten Stellenwert für die Kindeserziehung. Deswegen ist auch die pädagogische Diskussion um das Spiel in dieser Zeit ziemlich lebhaft. In erster Linie betonen entsprechende Schriften, dass man mit vielen Kinderspielen Grundhaltungen erwerben kann, die für das spätere Leben wichtig sein können, zum Beispiel Geduld, Wachsamkeit, Mut oder die Fähigkeit, mit anderen zusammenzuarbeiten. Oder sie heben hervor, dass durch Spielen die körperliche Fitness gesteigert werden kann. Nicht zuletzt überlegt man, inwieweit es möglich und richtig ist, Kindern auch gezielt solche Spiele an die Hand zu geben, mit denen sie konkrete Lerninhalte vermittelt bekommen. Und zwar so, dass die Kinder weiterhin von der Energie des Spiels getragen werden und das Ganze nicht als anstrengenden Lernprozess erleben.

Das heißt: Spiele werden unter dem Aspekt ihrer Nützlichkeit betrachtet und im Dienste der Pädagogik oder Didaktik instrumentalisiert – eine durchaus auch heute verbreitete und bei Schülern sehr beliebte Möglichkeit, den Unterricht wirkungsvoller zu gestalten. Man kann zum Beispiel auf spielerische Weise Fremdsprachenkenntnisse vertiefen oder aus einer Reihe von Rechenaufgaben ein spannendes Wettkampfspiel machen.

Kant und die Ästhetik

Auch das Nachdenken über künstlerische Kreativität erhält im 18. Jahrhundert wichtige neue Impulse. In seinem ab 1750 erschienenen Werk *»Aesthetica«* begründete ein Gelehrter namens Alexander Gottlieb Baumgarten die Ästhetik als eigenständige philosophische Disziplin, als deren zentralen Gegenstand er die sinnliche Erkenntnis verstand. Strenge Rationalisten hatten bis dahin die sinnlichen Wahrnehmungen als zweitrangiges Erkenntnisvermögen eingestuft, als dunkel und subjektiv, also keineswegs zu vergleichen mit der Klarheit vernünftigen Denkens. Bei Baumgarten dagegen bekommt sinnliche Wahrnehmung einen eigenen Zugang zur Wahrheit. Das ist neu und inspiriert viele Denker nach ihm, insbesondere Künstler und Philosophen, die über Kunst nachdenken. Denn obwohl sich Baumgartens Theorie nicht nur auf die Wahrnehmung von Kunstwerken beziehen lässt, so wertet sie diese doch enorm auf, schließlich werden sie aus seiner Perspektive zu einer potenziellen Erkenntnisquelle.

Die berühmteste Fortführung dieses Ansatzes findet man in Immanuel Kants »Kritik der Urteilskraft« (1790). An dem Werk kommt man nicht vorbei, wenn man die spätere Entwicklung auf diesem Gebiet verstehen will. Zum Glück gibt es zahlreiche Philosophen, die seither versucht haben, Verständnisschwierigkeiten aus dem Weg zu räumen.

Diese Schwierigkeiten beginnen schon beim Titel: Was heißt »Urteilskraft«? Urteilskraft ist nach Kant die Fähigkeit, Allgemeines und Besonderes miteinander in Beziehung zu setzen und deswegen spielt sie für unser Denken eine zentrale Rolle. Als naheliegendes Beispiel kann ein Gerichtsurteil gelten: Herr Maier ist, ohne seinen Nachbarn vorher zu fragen, mit dessen neuem Porsche vier Wochen kreuz und quer durch Europa gefahren. Als er dann später vor Gericht steht, versucht der Richter, dieses besondere Verhalten einem allgemeinen Gesetz zuzuordnen, und dementsprechend wird Herr Maier verurteilt. Und so ähnlich denken wir nicht nur in juristischen Fragen, sondern fast überall.

In dem genannten Beispiel ist bereits eine bestimmte Denkrichtung enthalten: Das Allgemeine (hier: das Strafgesetzbuch) ist bereits vorhanden und man kann von dort aus auf das Besondere zugehen (hier: Herrn Maiers Urlaub). Immanuel Kant nennt derartige Urteile »bestimmende Urteile«.

In den beiden »Kritiken«, die er zuvor geschrieben hatte, ging es ausschließlich um bestimmende Urteile. Entweder ausgehend von den Naturgesetzen (»Kritik der reinen Vernunft«), oder ausgehend von sogenannten »Sittengesetzen«, also vernünftig ermittelten moralischen Prinzipien, die der Mensch sich selbst gibt (»Kritik der praktischen Vernunft«).

In der »Kritik der Urteilskraft« verfolgte Kant die andere mögliche Denkrichtung: Wie kann man vom konkreten Einzelfall aus denken, ohne dass man bereits ein allgemeines Gesetz zur Verfügung hätte? Seine Überlegungen in dieser Frage bezieht er (ganz wie Baumgarten) zwar nicht ausschließlich, aber doch sehr deutlich auf die Auseinandersetzung mit Kunstwerken, was letztlich der Grund ist, warum sie für ein heutiges theaterpädagogisches Schauspieltraining von Bedeutung sind.

Auch ein Mensch, der sich nicht als »kunstinteressiert« bezeichnen würde, kennt folgende Situation: Ihm gefällt plötzlich etwas, ohne dass er so genau weiß warum. Zum Beispiel ein Song der *Nine Inch Nails*. Er hat von der Band vorher kaum Notiz genommen und eigentlich entspricht deren Stil auch nicht dem, was er mit seinen Freunden üblicherweise anhört. Aber die Musik kommt ihm unmittelbar schön vor, so schön, dass er beim Zuhören ein wenig aus der Zeit fällt. Als er anderen später den Song vorspielt, versucht er irgendwie in Worte zu fassen, was ihn dabei so berührt, aber es gelingt nicht ganz.

So ähnlich geht es jedem, der etwas schön findet. Und Kant versucht zu erklären, wie es dazu kommt. Er sieht bei der Auseinandersetzung mit einem Kunstwerk zwei unterschiedliche Erkenntniskräfte am Werk, zum einen die Fantasie (er sagt: »Einbildungskraft«) und zum anderen den Verstand. Die Fantasie ist dafür da, die Vielzahl der unterschiedlichen Wahrnehmungen zu sortieren, damit sie nicht völlig ungeordnet auf uns einwirken. Nach welchen Gesichtspunkten hierbei sortiert wird, ist nicht festgelegt und man kann deshalb nicht an einen Zielpunkt gelangen. Gleichzeitig aber ist der Verstand damit beschäftigt, den kurzfristig hergestellten Zusammenhängen Begriffe zuzuordnen. Dieses harmonische Wechselspiel zwischen Fantasie und Verstand löst in uns (behauptet Kant) ein gutes Gefühl aus und wir sagen dann zu dem Objekt, es sei schön.

Zwar bringt ein Kunstwerk, hier also zum Beispiel ein Musikstück, das ganze innere Hin und Her in Gang, wie es jedoch im Einzelnen beschaffen sein könnte, das ist Kant ziemlich egal: Ihm geht es in erster Linie um den Menschen, der ein (reflexives) ästhetisches Urteil trifft.

Es ist allerdings an gewisse Voraussetzungen gebunden, dass sich ein solches Urteil überhaupt bilden kann. Der Mensch muss sich nämlich erst einmal auf ein Denken einlassen, das vom Konkreten ausgeht. Angenommen, Oma bekommt den Kopfhörer aufgesetzt, weil sie sich den genannten Song anhören soll. Wenn sie ihn nach einiger Zeit wieder abnimmt und missbilligend den Kopf schüttelt, weil es da um Texte geht, die Jugendliche »bestimmt negativ beeinflussen« und wenn sie behauptet, früher habe man noch »anständige« Musik gehört, dann urteilt sie nach bestimmten moralischen Gesichtspunkten. Und wenn sie dann auch noch fragt, ob denn solcher Musikgenuss nicht schädlich für die Ohren sei, dann tut sie das aus einer pragmatischen Perspektive. Das mag alles zutreffend sein – ihr Enkel macht tatsächlich keine Hausaufgaben und erscheint manchmal schwerhörig –, aber in beiden Fällen trifft sie bestimmende Urteile, denn sie hat ja die allgemeinen Prinzipien bereits in der Tasche. So wird es nichts werden mit Oma und den *Nine Inch Nails*.

Wobei man allerdings grundsätzlich davon ausgehen kann, dass sich das Wechselspiel der Erkenntniskräfte bei jedem Menschen einstellen kann, auch bei Oma. Sie müsste nur eine kontemplative Haltung einnehmen, sie müsste sich in die Musik versenken, begriffs- und interesselos.

Und »begriffslos« hieße in diesem Zusammenhang keineswegs, dass sie nicht über ihr Geschmackserlebnis reden könnte, im Gegenteil. Denn weil das auf diese Weise zustande kommende Geschmacksempfinden mehr ist als nur ein dumpfes Gefühl, weil es eine Art intellektueller Beschäftigung enthält, so kann man durchaus versuchen, andere von dem jeweils getroffenen Urteil zu überzeugen. Nur beweisen lässt sich die Richtigkeit der eigenen Position nicht.

Insofern ist die Situation ganz anders als bei einer Frage, auf die der Enkel und seine Oma ebenso unterschiedlich antworten: ob nämlich Pommes oder Krautwickel besser schmecken.

Anders als gedacht: Schiller

Verschiedene Farben ergänzen inzwischen das Muster auf dem Tonpapierbogen, der sich zu einem Plakat voller Anmerkungen und Pfeile gewandelt hat. Die verbliebenen Gummibärchen sind aus der Tüte geschüttet worden. Sie liegen dem einen oder anderen Zusammenhang manchmal im Weg und müssen beseitigt werden, obwohl sie gewiss nicht schuld daran sind, dass so vieles noch in der Luft hängt. Klar ist lediglich: Im 18. Jahrhundert dachte man neu und anders über Spielen und Kunst. Was aber hat das mit der Frage zu tun, die groß in der Mitte des Plakats steht: »Was macht Schauspielen mit Schauspielern?« Inwiefern kann man in den alten Texten eine Grundlage finden für heutige theaterpädagogische Arbeit?

Die Antworten lassen zum Glück nicht lange auf sich warten. Denn es gibt eine geistesgeschichtliche Schnittstelle, in der Spiel, künstlerische Kreativität und Pädagogik in einen Zusammenhang gestellt werden, was aus Sicht theaterpädagogischer Theorie eine höchst vielversprechende Mischung darstellt.

Man findet sie in der Person und den Texten Friedrich Schillers, insbesondere in dessen Schrift »Über die ästhetische Erziehung des Menschen« von 1795.

Schiller kommt bereits 1791 mit der Philosophie Immanuel Kants in Berührung. Weil er in demselben Jahr von einer schweren Lungenkrankheit regelrecht umgeworfen wird, weiß er seither, dass er wohl nicht mehr allzu lange leben wird. Dass er angesichts dieser Perspektive mindestens vier Jahre mit Kant-Studien verbringt, zeigt sehr eindrücklich, welchen Stellenwert sie für ihn haben. Man kann davon ausgehen, dass besonders die Auseinandersetzung mit der »Kritik der Urteilskraft« für Schiller eine Art Selbstvergewisserung bedeutet. Was ist Schönheit? Welche Rolle spielt sie für den Menschen? Und somit: Welchen Sinn haben die Werke eines Schriftstellers?

Der Text besteht aus einer Reihe von insgesamt siebenundzwanzig Briefen und gleich im ersten stellt der Autor ausdrücklich klar, dass er von Immanuel Kant geprägt ist. Tatsächlich lässt eine grobe Lektüre eine deutliche Nähe zu dessen Denken erkennen: Schiller übernimmt zunächst die dualistische Weltsicht Kants, die darin besteht, dass der Mensch einerseits ein Naturwesen, andererseits ein Vernunftwesen sei. Er siedelt die Ästhetik in einem Zwischenbereich an, in dem der Mensch aus einer Haltung »interesselosen Wohlgefallens« das schon erwähnte Wechselspiel der Erkenntniskräfte erlebt und somit in der Lage ist, einen Gegenstand als »schön« zu bezeichnen.

Für Schiller scheint es keinen Unterschied zu machen, ob dieser Prozess auf einem rezeptiven oder einem produktiven Umgang mit Kunst basiert. Aus der Sicht eines Schriftstellers könnte er darum ungefähr so ablaufen: Am Anfang hat er eine unscharfe Vorstellung vom Charakter einer bestimmten Figur. Während der Umsetzung, etwa beim schriftlichen Fixieren einer ersten Skizze, entwickelt sich ein neuer Aspekt, dessen Stimmigkeit er intuitiv wahrnimmt, er geht ihm nach, bis sich ein neues Bild entwickelt und so weiter. Eine frei schwebende Improvisation entsteht, bei der das Kunstwerk wunderbarerweise über das hinauswächst, was der Autor mit begrifflicher Klarheit erfassen kann.

Wenn das stimmt, dann relativiert sich damit natürlich die Bedeutung der schriftstellerischen Intention, nach der im schulischen Deutschunterricht gelegentlich gefragt wird. Wenn der Schriftsteller sie überhaupt hatte, dann allenfalls vorübergehend. Eigentlich wird er, wenn man dieser Auffassung folgt, von dem eigenen Kunstwerk eher mitgerissen und sein nachträgliches Staunen unterscheidet sich von dem des Lesers wahrscheinlich nur wenig.

Insgesamt vermittelt Schillers Text den Eindruck, er halte sich eng an sein philosophisches Vorbild. Er spricht zwar nicht von Einbildungskraft und Verstand, sondern von »Stofftrieb« und »Formtrieb«, aber die grundlegende Auffassung scheint doch unverändert zu sein.

Aber das täuscht. In Wirklichkeit krempelt Schiller Kants ästhetische Theorie ganz schön um. Das wird deutlich, wenn man genauer hinsieht.

Eine erste, kaum spürbare Verschiebung birgt schon der Beginn der »Briefe«. Der Autor wendet sich dort den politischen Verhältnissen seiner Zeit zu, insbesondere den damals hoch spannenden Entwicklungen in Frankreich nach der Revolution. Schiller war die Frage politischer Freiheit ein besonderes Anliegen, schon allein aus persönlicher Erfahrung. Aber er betrachtete die Ereignisse in Frankreich – anders als viele seiner intellektuellen Zeitgenossen – zunächst zurückhaltend. Später, zur Zeit der Schreckensherrschaft Robespierres, sah er sich in seiner Skepsis bestätigt. Das Freiheitsstreben des französischen Volkes hatte nicht zur ersehnten Freiheit geführt, sondern zu Angst und Terror.

Diese Entwicklung versucht Schiller in einem ersten Schritt so zu erklären, wie es wohl Immanuel Kant auch getan hätte: Ein Mensch, der nur die natürliche Seite in sich entwickelt hat und nicht zur Vernunft in der Lage ist, handelt nach egoistischen Motiven, sucht nach dem bequemsten Weg und setzt auf Gewalt und das Recht des Stärkeren. Moralische Prinzipien gibt es für ihn nicht. Ein derart einseitiger Mensch lebt in einem fiktiven »Naturstaat« und wird von Schiller als ein »Wilder« bezeichnet. Er ist ein dumpfes, unkultiviertes, von Gier und Trieb beherrschtes Wesen ohne jegliche Moral.

Das Gegenstück dazu ist der Vernunftmensch, der Prinzipien hat und sich deren Begriffen unterordnen kann. Man könnte meinen, dass Schiller in einem so verstandenen vernünftigen Menschen den Bürger der Zukunft sieht, den es gelte zu fördern und zu entwickeln. Kant hätte das gefordert. Hier aber entfernt sich der Dichter doch deutlich von seinem philosophischen Vordenker, indem er zeigt, dass auch ein einseitig vernünftiger Mensch nicht das Ideal sein kann. Seine Argumentation: Vernünftige Prinzipien können auch über Liebe, Empathie oder Mitgefühl hinweggehen. Die reine Vernunft ist eiskalt und Menschen, die einseitig vernünftig sind, muss man folglich »Barbaren« nennen. Als »barbarisch« kann man es also bezeichnen, wenn jemand aus einem erkannten Prinzip heraus sprichwörtlich über Leichen geht.

Mit Blick auf die Verhältnisse in Frankreich könnte man also schließen, dass die Menschen entweder noch nicht vernünftig genug handeln und deswegen bei der Revolution nicht etwa einem Freiheitsideal nachstreben, sondern egoistischen Interessen. Oder dass sie gegen die menschliche Natur handeln und die Freiheit verraten, indem sie sie mit Terror und Gewalt durchsetzen wollen.

Mit diesem empirischen Befund, aus dem der Historiker Schiller spricht, wird Kants Glaube an die Vernunft ziemlich ausgehebelt. Man gewinnt den unmittelbaren Eindruck, dass sich in dem Text mehr verbirgt als nur die Aufzeichnungen eines fleißigen Kantianers. Und dieser Eindruck wird noch deutlicher, wenn man vergleicht, welchen Stellenwert ästhetische Wahrnehmung bei den beiden Denkern jeweils einnimmt.

Für Kant ist der »mittlere Bereich« des ästhetischen Denkens eine Art Urlaub. Hier befindet man sich in einem Schonraum, in dem der menschliche Dualismus, das spannungsvolle Dasein zwischen Natur- und Vernunftgesetzen vorübergehend außer Kraft gesetzt ist. Jenseits der Anforderungen der ernsten Alltagswelt gibt er sich dem freien Spiel der Erkenntniskräfte hin und kann dies lustvoll genießen. Aber Kant sah auch: In der Welt des schönen Scheins und der kontemplativen Betrachtung löst man keine Probleme. Und irgendwann muss man zurückkommen zum Ernst des Lebens.

Die Auseinandersetzung mit Kunst sei also nicht mehr als eine mentale Wellness-Oase? Sie bleibe ohne ernst zu nehmende Folgen? Und sie sei notfalls auch entbehrlich? Da geht Schiller nicht mit. Im Gegenteil: Er wertet den Zustand des begriffs- und interesselosen Denkens enorm auf, indem er behauptet, dass der Mensch nur in ihm zu einem harmonischen Ausgleich von Stofftrieb und Formtrieb gelangen könne. Nur hier, in diesem vermeintlich wertlosen spielerischen Zustand gelange er zur Freiheit, denn er erreiche sein wahres Menschsein nur, indem er neben der Vernunft auch die Naturkräfte in sich zulasse. So kann man verstehen, was Schiller gemeint hat, als er den bekannten Satz niederschrieb: »Der Mensch spielt nur, wo er in voller Bedeutung des Worts Mensch ist, und er ist nur da ganz Mensch, wo er spielt.«

Gegenüber Kant deutet sich in solchem Denken eine Aufhebung des philosophischen Dualismus an.

Für die Grundlegung eines theaterpädagogischen Schauspieltrainings kann man somit festhalten: Schiller versteht den Prozess künstlerischer Produktion und Rezeption ganz ähnlich wie Kant, er gibt ihm bloß einen viel höheren Stellenwert. Und das hat Folgen für Spiel und Pädagogik.

Folgen für Spiel und Pädagogik

Kant, dessen Haltung zu den Spielen der Kinder noch klassisch aufklärerisch geprägt war, der sie also als nützliches Instrument für das Erreichen bestimmter pädagogischer Ziele betrachtete, benötigt den Spielbegriff in der »Kritik der Urteilskraft« zur Charakterisierung reflexiver Urteile – ausgerechnet also für ein Denken, das derartige pragmatische Zwecksetzungen von vornherein ausschließt. Ob er das selbst als Widerspruch wahrgenommen hat? Zumindest wird er ein Spannungsfeld erkannt haben, das jedoch umso weniger brisant war, je mehr für ihn der Begriff »Spiel« im »Wechselspiel« unterging.

Anders bei Schiller. Eigentlich kann man die Tragweite seines Denkens für den Spielbegriff kaum in Worte fassen, ohne vorher ein sauberes Hemd anzuziehen und eine Krawatte zu binden: Das Spiel wird in Schillers Theorie zum zentralen Merkmal menschlicher Kultur, zum Erfahrungsfeld der Freiheit und zum Bestimmungsgrund wahrer Menschlichkeit.

Zwischen dem und den nützlichen Lernspielchen der Aufklärung liegen Lichtjahre. So ist es kaum erstaunlich, dass Menschen, die über Spielen nachdenken, sich bis heute von dem hier angedeuteten Potenzial elektrisieren lassen.

Aber natürlich wird ein Gegenstand, der derartig im Mittelpunkt steht, auch besonders kritisch betrachtet. Insbesondere wird viel über das Spannungsfeld diskutiert, das sich schon bei Kant andeutete. Geht es Schiller tatsächlich um jede Art von Spiel? Wäre für ihn etwa eine Würfelrunde tatsächlich ein wertvoller Beitrag zur kulturellen Entwicklung? Hätte er den Spielbegriff damit nicht völlig überfrachtet?

Manche vertreten die Meinung, der von dem Autor verwendete Spielbegriff habe mit kindlichem Spiel so gut wie nichts zu tun. Er sei allenfalls hilfreich, um eine anthropologische oder erkenntnistheoretische Betrachtung zu verstehen. Schiller gehe es ganz wie seinem Lehrmeister um nicht mehr als einen besonderen mentalen Zustand, wer stattdessen an Einradfahren oder Puppenhäuser denke, habe nichts kapiert.

Schiller hat wohl selbst erkannt, dass man nicht jegliche Art von Spiel mit reflexiven ästhetischen Urteilen in Beziehung setzen könne, was auch unmittelbar einleuchtend erscheint, wenn man sich klarmacht, dass ein gewisser intellektueller Anteil mit der sinnlichen Erkenntnis in Verbindung treten muss. Ein reines Glücksspiel etwa wäre für ihn keineswegs von Interesse, und erst recht dann nicht, wenn man es zum Zwecke des materiellen Gewinns spielt.

Eine solche Einschränkung muss aber keineswegs bedeuten, dass die künstlerische Praxis und das Spielen gar nichts miteinander teilen. Warum sollte Schiller den Begriff auch so deutlich in den Vordergrund stellen, wenn er ihn eigentlich überhaupt nicht meint? Nein, die völlige Zurückweisung einer Analogie ist kaum plausibel, das Wechselspiel der Erkenntniskräfte und das Spiel eines Kindes weisen eine Reihe von wichtigen Gemeinsamkeiten auf: Erstens tragen sie bei zur Selbst- und Welterkenntnis. Zweitens sind beide bestimmt durch ihre Freiheit und Autonomie, sie tragen ihren Wert in sich. Sie sind drittens gebunden an ein bestimmtes Maß an Ordnung, das in einem Kunstwerk ebenso erforderlich ist wie in jedem Spiel. Und nicht zuletzt verschaffen beide dem Menschen ein gutes Gefühl, sie machen Spaß.

Diese hier nur skizzierten Merkmale gelten für eine ganze Reihe von Spielen, auch zum Beispiel für Einradfahren und Puppenhaus einrichten.

Darüber hinaus kann man annehmen, dass die Nähe eines Spiels zu künstlerischem Schaffen umso größer ist, je mehr kreative Freiräume das jeweilige Spiel ermöglicht. Wenn Otto in seinem Kinderzimmer aus Legosteinen ein Fahrzeug bastelt, dann wird sein Einfallsreichtum nämlich umso mehr gefordert, je weniger er sich an vorgefertigte Baupläne hält.

Das Spiel könnte dann etwa so verlaufen: Seine unscharfe Idee, einen Bagger zu bauen, wandelt sich während des Tuns auf ungewollte Weise, denn die ineinandergesetzten Steine ergeben eine andere Form als zunächst gedacht. Das Material gibt somit etwas Neues vor und er nimmt es so auf, dass ein neuer Gestaltungsimpuls entsteht. Statt eines herkömmlichen Baggers soll es jetzt ein Fahrzeug werden, das auch eine Kranfunktion hat. Aber auch dieses wächst dann wieder überraschend anders. Der ganze Spielprozess ist also bestimmt durch ein harmonisches Ineinandergreifen von Wahrnehmen und Gestalten.

Auch wenn das nicht heißen soll, dass das Zusammenstecken eines Krans in etwa dasselbe sei wie das Verfassen eines »Don Carlos«, auch wenn man also über die Qualität kreativer Prozesse noch nachdenken müsste, so liegen doch die Analogien zum schöpferischen Prozess eines Schriftstellers auf der Hand.

Damit ergeben sich dann auch pädagogische Perspektiven.

Denn wenn reflexive Urteile tatsächlich eine so hohe Bedeutung für die Kultivierung des Menschen haben, dann wirken sie sich auf die Entwicklung der je individuellen Persönlichkeit ebenso aus wie auf die Entwicklung eines zivilisierten Gemeinwesens. Und die Pädagogen wären also gefordert, derartige Entwicklungsprozesse zu ermöglichen und zu begleiten.

Auf den ersten Blick verstrickt eine solche Erwartung Schiller in einen Widerspruch. Denn einerseits stellt er das Spiel und die künstlerische Kreativität dadurch in den Dienst eines Zweckes, der außerhalb ihrer selbst liegt: Sie dienen der Bildung. Andererseits aber sind ja beide gerade dadurch definiert, dass sie sich aufgrund des »interesselosen Wohlgefallens« nicht für etwas anderes instrumentalisieren lassen.

Dieser Widerspruch erweist sich aber dann als scheinbar, wenn man sich klarmacht, dass die bildende Wirkung in bestimmten (ästhetischen) Spielen bereits automatisch enthalten ist, weil der Mensch nur in ihnen wirklich Mensch ist. Es geht in diesem Sinne also nicht um ein außerhalb liegendes Ziel, sondern um die Sache selbst. Kunstgenuss oder künstlerisches Schaffen *sind* Bildung, Spiele *sind* Bildung. Und darum rufen sie die gewünschten Wirkungen hervor, ohne dass man sie instrumentalisieren müsste.

Für die Spielpädagogik ergibt sich daraus eine nicht zu unterschätzende Herausforderung: Sie muss einen Weg finden, der Spiel und kreatives Tun wertschätzt, ihnen Raum gibt und sie fördert, der sie aber gleichzeitig in ihrer Substanz so belässt, wie sie sind. Nur dann entfalten sie das Bildungspotenzial, das ihnen innewohnt.

Einwände

Freilich muss man Schillers Theorie aus Sicht heutiger Wissenschaften in einiger Hinsicht relativieren: Man kann sich nicht einfach auf dessen Autorität berufen und so tun, als seien seine Überlegungen in jeder Hinsicht Stand aktueller wissenschaftlicher Erkenntnis. Die Trennung in die beiden Bereiche »Natur« einerseits und »Vernunft« andererseits zum Beispiel ist heute eher unüblich. Seit dem Vormarsch der Psychologie und der Erforschung vor- und unbewusster Vorgänge des menschlichen Denkens verfließen diese beiden Bereiche zunehmend. Die Vorstellung eines »freien Willens« etwa, wie sie die Denker des deutschen Idealismus vertraten, ist längst ins Wanken geraten.

Außerdem darf natürlich die von Schiller angenommene umfassende Wirkung der Kunst auf Politik und Gesellschaft sowie auf die gesamte menschliche

Kultur durchaus bezweifelt werden, denn sie erscheint reichlich utopisch. Möglicherweise spiegelt sich in Schillers »Briefen« jene Zögerlichkeit der deutschen bürgerlichen Intellektuellen, die politischen und sozialen Verhältnisse neu zu denken, vielleicht sogar deren Flucht in einen ästhetischen Elfenbeinturm.

Mit beiden Einwänden muss man sich auseinandersetzen, wenn man sich heute auf dieses Denken berufen will. Festzuhalten ist, dass künstlerisches Tun nur dann umgesetzt werden kann, wenn die Sphäre der Kunst gegenüber Instrumentalisierungen aller Art weitgehend geschützt ist. Das entspricht nicht nur der unmittelbaren Erfahrung jedes Menschen, es macht auch den Wert von Schillers Ästhetik für eine heutige theaterpädagogische Theoriebildung aus. Erst unter dieser Voraussetzung nämlich kann sich die eigentlich pädagogische Wirkung entfalten, die für Produzenten und Rezipienten von Kunst gleichermaßen persönlichkeitsbildende Wirkung des Gefühls von Freiheit. Oder einfach gesagt: Wer mit Kunst oder bestimmten Arten des Spiels zu tun hat, hat besondere Chancen, daran zu wachsen.

2. EINE NEUE FACHDISZIPLIN

Buchseiten rascheln.

Bislang ist das nicht mehr als ein spannendes Blättern in alten Texten. Wie aber kommt die Verbindung zur heutigen theaterpädagogischen Praxis zustande? Warum greift man heute auf den alten Schiller zurück? Hat sich nicht allzu viel gewandelt seither?

Ein kurzer Blick also in die Geschichte der Theaterpädagogik, bei dem es weniger darum geht, wer wann wo unter welchen Umständen erste Fachkongresse veranstaltete. Eher geht es um die großen geistigen Hintergründe, die nicht nur Künstler und Wissenschaftler bewegten, sondern nennenswerte Teile der Gesellschaft.

Vielleicht kann man auf diese Weise nachvollziehen, warum die Theaterpädagogik irgendwann sehr offen war für die Anregungen eines Denkers, der schon seit etwa 200 Jahren nicht mehr lebte.

Die Gründung der Theaterpädagogik

Den Beginn einer eigenständigen Theaterpädagogik in Deutschland findet man erst in den 70er-Jahren des letzten Jahrhunderts, in einer Zeit also, die geprägt war von gesellschaftlichen Umbrüchen und einer politisierten Öffentlichkeit. Das, was man heute oft rückblickend »68er-Bewegung« nennt, begann als studentische Revolte, erfasste aber bald weite Teile der Bevölkerung. Es hatte sich einfach zu viel aufgestaut in den Jahrzehnten zuvor und jetzt hatte man Lust darauf, sich zu befreien von alten Strukturen und mitzureden bei der Entwicklung von Alternativen. In all diese Diskussionen wurden nach und nach sogar diejenigen hineingezogen, die ursprünglich gar kein Interesse daran hatten und eher ihre Ruhe haben wollten. So kam es, dass praktisch alle sozialen Institutionen kritisch hinterfragt und zum Teil grundsätzlich neu ausgerichtet wurden: Bildung, Familie, Politik, Kultur, Recht und Wirtschaftsleben.

Dieses neue Denken erfasste auch die Theaterszene und die Pädagogik.

Die Theaterszene wurde in dieser Zeit bereichert durch eine neue Welle des sogenannten »Freien Theaters«, das sich als eine Art »dritter Weg« verstand zwischen den damaligen Laienspielgruppen einerseits und den bürgerlichen Schauspielhäusern andererseits.

In einem »Handbuch für Freies Theater« wird deutlich, mit welcher Polemik man die neue Szene vom »unfreien Theater« abzugrenzen versuchte:

> »Bürgerliches Repräsentationstheater, das ist (...) ein Pseudowort, an dem Phantasie und Gesten der Vergangenheit konserviert und zelebriert werden; eine Insel des imitierten Feudalismus im 20. Jahrhundert, geprägt von Borniertheit und Arroganz. Eine makabre Toteninsel mit Tempelallüren, ein Gesellschaftsereignis mit Bildungsgenuss für vielleicht jene fünf Prozent, die ihre ewiggleichen Konventionen beklatschen. Als hochsubventionierte Auftragskultur mit allen Privilegien eines Monopols produziert dieses Theater ein folgenloses Als ob, Ersatzhandlungen und -befriedigungen – ein Leichenschauhaus. Ein exotisch teurer Apparat, dessen Freiraum angesichts des Fetischismus der ästhetischen Verfahren, Aufgaben, Formen und Materialien ohne Leben ist.«[1]

Vor dem Hintergrund dieses negativen Bildes kann man erkennen, worauf es den Akteuren des »Freien Theaters« ankam: Theater sollte eingreifen in das gesellschaftliche Leben, es sollte Missstände aufdecken und aktuelle Fragen behandeln. Statt Schiller spielte man Straßentheater, die Kellerbühne ersetzte barocke Spielstätten, Freizeitkleidung ersetzte die Abendgarderobe. Und man experimentierte besonders mit Schauspieltraditionen, die im etablierten Theaterbetrieb bis dahin kaum eine Rolle gespielt hatten. Je exotischer, desto besser.

Aus heutiger Sicht wirkt es beinahe komisch, wie man damals versuchte, mit Masken, Kostümen und zur Schau gestellter Künstlerhaltung das Bürgertum aufzuschrecken. Solche Formen haben natürlich viel von ihrer provozierenden Kraft verloren. Aber damals erfüllten sie ihren Zweck.

---

1 Batz, Michael/Horst Schroth: Theater zwischen Tür und Angel. Handbuch für Freies Theater. Reinbek bei Hamburg 1983, S. 12-13.

Eine Aufwertung erfuhren die Experimente des »Freien Theaters« dadurch, dass sich einige Schauspieler und Regisseure, teils aus politischer Überzeugung, teils aus Neugier, dieser Szene zuwandten und durch Kurse und Workshops viel künstlerisches Know-How einbrachten. Für die Entstehung einer Theaterpädagogik im heutigen Sinne waren diese Entwicklungen überaus wichtig.

Neu gedacht wurde in den 70er-Jahren aber auch in der Pädagogik. Die bis dahin vorherrschende geisteswissenschaftliche Perspektive der Pädagogik wurde in dieser Zeit durch eine sozialwissenschaftliche Perspektive weitgehend verdrängt. Im Zentrum stand nun der Mensch als soziales Wesen, der sowohl von gesellschaftlichen Strukturen geprägt ist als auch prägend auf sie einwirkt.

Zum einen bildeten darum politische Bildung und eine (kritische) Reflexion sozialer Zusammenhänge den Zielhorizont pädagogischer Konzepte.

Diejenigen Wissenschaftler, die sich mit pädagogischen Wirkungen des Theaterspiels befassten, legten besonderen Wert auf die Vermittlung sozialer Kompetenzen. Im Rahmen interaktionspädagogischer Ansätze ging es zum Beispiel darum, dass der Spielende im Schutz der Rolle soziale Konventionen erproben und hinterfragen konnte. Soziale Rollen der »wirklichen Welt« sollten mithilfe fiktiver Theaterrollen auf den Prüfstand gestellt werden – Theaterspielen galt insofern als emanzipierende Kraft.

Dementsprechend standen Theoretiker hoch im Kurs, die das Theaterschaffen in direkten Bezug zu politischem Eingreifen und zur kritischen Hinterfragung gesellschaftlicher Unterdrückungsmechanismen stellten: Bertolt Brechts episch-dialektisches Theater und seine Lehrstücktheorie zum Beispiel. Oder die Ansätze des lateinamerikanischen Theatermachers Augusto Boal, der mit seinem »Theater der Unterdrückten« die Entwicklung der deutschen Theaterpädagogik nachhaltig prägte.

Zum anderen aber wurde die Metapher des vor Publikum auftretenden Schauspielers sogar herangezogen, um das soziale Miteinander der Menschen im Allgemeinen interpretieren zu können. Man versuchte, die sozialen Rollen innerhalb der Gesellschaft mit denen eines Schauspielers zu vergleichen. Insbesondere durch Erving Goffmans berühmtes Werk »Wir alle spielen Theater« bekam eine solche Verbindung zwischen Spiel und Realität eine ganz neue und überraschende Richtung.

Das wirkliche Leben als Bühne, die Bühne als Teil des wirklichen Lebens – eigentlich ein traditionelles Modell. Aber es lieferte in den 70er-Jahren einen wesentlichen Impuls zur Gründung der Theaterpädagogik als universitärer Fachdisziplin.

Die Grundrichtung dieser neuen Fachdisziplin sollte sich bis zu den 90er-Jahren nicht wesentlich ändern. Allerdings kam es nach und nach insgesamt zu einem Abschied von der »großen Theorie«. Erstens hatten sich die Erwartungen an die gesellschaftsverändernde Kraft der theaterpädagogischen Arbeit oft als überzogen erwiesen, zweitens nahm man immer mehr Abstand von der polemischen Schwarz-Weiß-Malerei und wandte sich weniger aufgeregt den dazwischen liegenden Graustufen zu. Und drittens hatte man vor dem Hintergrund einer sich entwickelnden Spaß- und Erlebnisgesellschaft zum Teil einfach das Interesse an theoretischen Ansätzen verloren.

Diese zu beobachtende Entspannung zeigte sich in einer rasch anwachsenden Workshopkultur, die von sehr unterschiedlichen Teilnehmerkreisen, Motiven und Referenten getragen wurde und einen regen Austausch ermöglichte. Erste Lehrerinnen und Lehrer begannen, sich in den Bereichen Schauspiel und Regie fortzubilden, gleichzeitig erwachte auch an den Schauspielschulen ein gesteigertes Interesse an neuen pädagogischen Ansätzen. Alles war pragmatischer geworden.

Und längst waren die staatlichen Schauspielhäuser nicht mehr auf das verstaubte Repertoire der 60er-Jahre beschränkt. Auch hier hielten zeitgenössische Produktionen Einzug, man experimentierte auch mit jenen Theaterformen, die in den 70ern noch ausschließlich von der Offtheater-Szene genutzt wurden. So ist es kein Wunder, dass die herkömmliche Spannung zwischen theaterpädagogischem Theater und den großen Bühnen mehr und mehr in Vergessenheit geriet.

Irgendwann war die Annäherung soweit gediehen, dass Schauspielhäuser Theaterpädagogen einstellten. Und umgekehrt betrachtete die theaterpädagogische Szene die öffentlich subventionierten Häuser keineswegs mehr als »makabre Toteninsel mit Tempelallüren«.

Wendung zum ästhetischen Denken

Am Anfang der 90er-Jahre kam es dann zu einem Einschnitt, den man mit Blick auf die noch junge Theaterpädagogik durchaus als einen Paradigmenwechsel bezeichnen kann. Das Selbstverständnis des Faches veränderte sich, Schwerpunkte verschoben sich, Ausbildungsgänge bekamen einen anderen Akzent.

Dieses Umdenken hatte sich bereits einige Jahre zuvor in der modernen Kunst und in der Philosophie angedeutet und war dann auch auf andere Wissenschaften übertragen worden, nicht zuletzt auf die Pädagogik. Die Theaterpädagogik spielte beim Ausrufen neuer Lehrmeinungen zwar kaum eine Rolle, aber sie wurde nachhaltig davon erfasst und veränderte ihr Selbstverständnis grundlegender als viele andere Disziplinen, die sich in der damaligen Debatte lautstark zu Wort meldeten.

Gemeint ist ein Boom des »ästhetischen Denkens«, der den Wechsel vom Sozialparadigma zum Ästhetikparadigma einläutete.

Und in diesem Zusammenhang wird plötzlich der alte Schiller wieder aktuell. Man stößt in einschlägigen Abhandlungen wieder auf Grundgedanken der »Ästhetischen Briefe«. Auch im 20. Jahrhundert wird ästhetisches Denken aufgefasst als ein Denken, das über begriffliche Rationalität hinausgeht und intuitive sowie sinnliche Aspekte integriert. Das muss (nach wie vor) nicht nur mit den schönen Künsten zu tun haben, man kann ästhetisches Denken auch völlig unabhängig vom Gegenstand der Betrachtung definieren, allein über das Wechselspiel sinnlicher und rationaler Anteile. Demzufolge ist es also prinzipiell egal, ob jemand die Abbildung von Andy Warhols »Suppendose« betrachtet oder eine Werbung für Fertigsuppen im Fernsehen oder einen wahrhaftigen Teller Suppe, der vor ihm auf dem Tisch steht. Jedes dieser Objekte kann er in einem ästhetischen Sinne wahrnehmen.

Zur besseren Unterscheidung dieses weiter gefassten Begriffs sprechen manche von »Aisthetik«, was aber hier keine Rolle spielt. Denn die damit bezeichnete Begriffserweiterung steht keineswegs im Widerspruch zu dem herkömmlichen Ästhetikbegriff, im Gegenteil: Oft verweisen auch neuere Theorien auf die Rezeption und Produktion von Kunstwerken, da die Auseinandersetzung mit ihnen modellhaft auch Aufschluss über Ästhetik im weiteren Sinne liefert. Das ist eigentlich nichts Neues.

Verändert hat sich vor allem der Kontext, der das neue ästhetische Denken nötig und möglich macht. Denn es geht nicht nur um die Spielerei einer akademischen Elite, der das Abenteuer verloren gegangen ist. Die Wurzeln liegen vielmehr in umfassenden politischen und gesellschaftlichen Veränderungen, die gegen Ende des 20. Jahrhunderts weit in die Alltagswelt jedes Einzelnen hineinreichen.

Was war geschehen?

Einerseits kam es zu einem ungeahnten Bedeutungszuwachs der modernen Kommunikationsmedien. Man muss sich vor Augen halten: Computernutzer waren Mitte der 80er-Jahre noch schlecht gekleidete Jugendliche, meist Jungs, die nicht in der Lage waren, ihre Freizeit sinnvoll (!) zu nutzen und die stattdessen vor klobigen Bildschirmen saßen. Dort spielten sie Videospiele, in denen es zum Beispiel um gelbe Frösche ging, die unverletzt eine viel befahrene Straße überqueren mussten. Wenn es schief ging, wurden die Frösche zuerst zu grünen Klecksen und dann zu Totenköpfen mit darunter gekreuzten Knochen. Man tauschte »Floppies«. Und in mancher Studenten-WG dieser Zeit diente der Amiga-Rechner im Gang als wertvoller Schreibmaschinen-Ersatz: Man konnte damit nämlich sensationellerweise Tippfehler löschen.

Schon so ein kurzer Rückblick veranschaulicht, wie deutlich die mediale Fortentwicklung unser Leben in relativ kurzer Zeit verändert hat. Insbesondere natürlich die Art unserer Wahrnehmungen.

Um ein drastisches Beispiel zu wählen: Die Bilder des 11. September hat wohl jeder Mensch der Welt vor Augen, insbesondere die der brennenden und einstürzenden Zwillingstürme des *World-Trade-Centers*. Menschen, die diesen Tag im Jahr 2001 bewusst erlebt haben, können sich an die Fernsehbilder erinnern, als läge der Anschlag nur kurze Zeit zurück. Andere kennen die YouTube-Clips. Auffällig ist: Kommentare zu den Bildern waren schon immer sekundär – das Bild sprach für sich. Und es ist bezeichnend, dass ergänzende begriffliche Informationen als durchlaufendes Textbanner an den unteren Bildrand rutschten, wenn sie denn überhaupt noch berücksichtigt wurden.

Die Aufforderung zur rationalen Analyse wird also zunehmend verdrängt durch das überwältigende Ereignis selbst. Der Text weicht einer Bildfolge. Brennende Gebäude in New York – Schnitt – Osama Bin Laden vor einer afghanischen Gebirgslandschaft – Schnitt – grünliche Bilder vom Beschuss irgendwelcher Orte irgendwo auf dieser Welt. Das ist es, was sich dem Nutzer der Massenmedien einprägt und sein Denken und Urteilen bestimmt.

So verschieben sich die Akzente bei der Übermittlung von Informationen, nicht nur bei Katastrophen und Kriegshandlungen. Schnitte, Fahrten und Überblendungen prägen billige Unterhaltung ebenso wie seriöse Politmagazine. Und Clips zu allen Themen lassen sich über das Display verschiedener Minicomputer wischen.

Kurz: Unser Denken wird durch die modernen Medien stärker sinnlich geprägt als noch vor wenigen Jahren. Und es ist unmittelbar plausibel, dass dieser Trend nicht an Kunst und Wissenschaft vorübergeht.

Der seit Beginn der 90er-Jahre feststellbare Boom des ästhetischen Denkens lässt sich aber darüber hinaus mit einer weiteren Entwicklung in Zusammenhang bringen: mit einer sich verschärfenden Krise der Moderne – einer Moderne, die immer neue drängende Fragen aufzuwerfen scheint, ohne dass klare Antworten in Sicht wären.

Als krisenhaft empfunden wird zum Beispiel ein hochdynamischer sozialer Wandel, der gewohnte Orientierungen aushebelt und mit dem menschlichen Bedürfnis nach Sicherheit schwer in Einklang zu bekommen ist. Soziologen sprechen von »Neuer Unübersichtlichkeit« oder einem Trend zur »Individualisierung« und sie meinen damit ein ganzes Bündel verschiedener Erscheinungen: Normalbiografien werden seltener, die Bedeutung der traditionellen Kleinfamilie schwindet, Wertesysteme verlieren ihre Verbindlichkeit, die Zugehörigkeit zu sozialen Gruppen und Schichten wird unklar, während umgekehrt eine erhöhte berufliche und räumliche Mobilität verlangt wird und das »Erfinden« jeweils neuer und bis dahin unbekannter Lebenswege.

Ein Trend, mit dem man sich zunächst leicht anfreunden konnte, war die zunehmende Entscheidungsfreiheit des Menschen in der Gesellschaft des ausgehenden 20. Jahrhunderts. Man kann sich durch den frei gewählten Lebensstil einem bestimmten Milieu zuordnen, man kann als Mann Elternzeit nehmen und als Frau Maschinenbau studieren. Wenn man will, kann man in der Freizeit Extremklettern betreiben und in einer stillgelegten Tankstelle wohnen. Aber die Freiheit wird erkauft durch einen Zwang, nämlich den Zwang zur permanenten Entscheidung. Und der ist für viele schwer zu ertragen: Sie sehen sich in einer Multi-Options-Gesellschaft überfordert.

Dadurch aber, dass nur ein Teil der Menschen mithalten kann, verschärft sich die Krise nochmals, denn für weite Teile der Gesellschaft ist die Welt der ungeahnten Möglichkeiten nur dadurch spürbar, dass man sie *nicht* erreicht. Aus deren Sicht erscheint die große Versprechung wie eine Lüge: Keineswegs kann jeder in seiner Freizeit Extremklettern betreiben. Und aus spontanem Entschluss studieren kann er schon gar nicht, egal ob Maschinenbau oder Theaterpädagogik. Stattdessen verschärfen sich soziale Ungleichheiten.

Nun ist die Suche nach Antworten auf gesellschaftliche Herausforderungen natürlich nicht nur Sache jedes Einzelnen, sondern auch Sache der Politik, die den Rahmen setzt für individuelle Aktivitäten. Aber auch in der Sphäre der Politik gibt es das Phänomen der »neuen Unübersichtlichkeit«. Nicht nur, weil auch die Eliten des Landes sich immer schwerertun, einen Tisch zu finden, an dem man überhaupt nach Alternativen suchen könnte, sondern weil sie seit Anfang der 90er-Jahre in immer geringerem Ausmaß in der Lage sind, mögliche Alternativen politisch umzusetzen.

Das Besondere an dieser Krisensituation ist: Kaum jemand möchte zurück. Wer möchte schon sein Smartphone gegen öffentliche Münzfernsprecher eintauschen oder die Freiheit beruflicher und privater Gestaltung gegen die Normalbiografie der 60er-Jahre?

Insgesamt würde man am liebsten nach vorne denken. Wenn möglich.

Es sind diese sozialen und politischen Probleme, von denen das ästhetische Denken herausgefordert wird. Es könnte einerseits auf die veränderten Denkmuster der Menschen reagieren und andererseits neue Antworten bereitstellen. Zumindest wird das unter den Geistes- und Sozialwissenschaftlern heftig diskutiert.

Anhänger des »modernen« Lagers halten das für einen Irrweg. Ästhetisches Denken ist für sie eher eine Randerscheinung, weil man ja an die Kraft der Vernunft glaubt und sich nicht durch irgendwelche begriffslosen Spielereien irritieren lassen will. Diese stehen eher im Verdacht, rational erkennbare Zusammenhänge zu verschleiern. Was hilft es einem ausgebeuteten Textilarbeiter in Bangladesch, wenn wir zur Lösung globaler Probleme ins Theater gehen? Wenn man die Probleme der Gegenwart in den Griff bekommen will, dann muss man versuchen, die »unvollendete« Moderne weiterzuentwickeln. Widersprüche müssen als solche erkennbar gemacht und verborgene Machtstrukturen transparent gemacht werden. Nur so kommt man der Gestaltung besserer Lebensverhältnisse näher. Die »Modernen« setzen auf Einsicht und Verständigung, die Kraft des besseren Arguments und darauf, blinde Flecken der bisherigen politischen und gesellschaftlichen Entwicklung aufzuspüren – eine traditionell aufklärerische Position.

Diejenigen, die man etwas vereinfachend dem Lager der Postmoderne zuordnen kann, finden den ästhetischen Ansatz grundsätzlich reizvoll, denn sie glauben nicht daran, dass wir mithilfe unserer bisherigen Lösungsstrategien wirklich weiter kommen. Und zwar nicht wegen einiger aufholbarer Lücken oder vermeidbarer Fehler, sondern aufgrund des vorherrschenden Denkens selbst. Sie behaupten also: Die Krise ist da, weil wir denken, wie wir denken. Damit stellen sich postmoderne Philosophen dem verbreiteten Glauben an Vernunft und Wissenschaft entgegen. Sie vermuten zum Beispiel in unserer begrifflichen Rationalität totalitäre Potenziale, da der Versuch, das jeweils Besondere unter allgemeine Begriffe zu zwingen, dem Menschen nicht gerecht wird und der Ungerechtigkeit Vorschub leistet. Ästhetisches Denken ist für sie eine Möglichkeit, diese eingeschränkte und einschränkende Denkhaltung durch Spiel, Intuition oder künstlerische Beschäftigung zu entgrenzen, eine letztlich aufklärungskritische Haltung, die ihre Vordenker in der Romantik, bei Friedrich Nietzsche oder auch bei der klassischen Frankfurter Schule findet.

Natürlich werfen beide Lager einander wechselseitig unkritische Haltungen vor und nehmen für sich selbst in Anspruch, zukunftsorientiert zu denken. Es ist nicht die Aufgabe von Theaterpädagogen, sich in diese Auseinandersetzung einzumischen. Wichtig ist für sie aber sehr wohl das erhöhte Interesse am ästhetischen Denken, das sich seit den 90er-Jahren artikuliert. Denn es ist die Basis der theaterpädagogischen Theorie unserer Tage.

Beiläufig wird die Aktualität der anfangs dargestellten ästhetischen Theorie Friedrich Schillers deutlich. Weniger in seiner Positionierung – schließlich wurde seine Haltung sowohl von den Anhängern der Moderne als auch von denen der Postmoderne (zu Recht!) in Anspruch genommen. Vielmehr liegt der Wert seiner ästhetischen Schriften für die heutige Debatte darin, dass er die Grundspannungen bereits ausgelotet hat, um die es auch heute wieder geht, wenn auch vor anderen gesellschaftlichen und politischen Hintergründen.

Vielleicht liegt das im Wesen »klassischer« Texte: Sie überstehen den Wechsel des historischen Hintergrunds.

3. Ästhetische Bildung in der Theaterpädagogik

Die Kaffeemaschine blubbert. Es wird Zeit, den Kreis zu schließen. Die bisherige Auseinandersetzung mit Vordenkern der Theaterpädagogik und mit ihrer Entwicklung seit dem letzten Drittel des 20. Jahrhunderts stellt das Fundament bereit, auf dem eine aktuelle Theorie des theaterpädagogischen Schauspieltrainings aufgebaut werden kann.

Bevor diese Theorie in Angriff genommen werden kann, ist es aber erforderlich, die Bedeutung der ästhetischen Frage für die Theaterpädagogik zu relativieren. Denn seit ihren Anfängen geht das Interesse an pädagogischen und künstlerischen Theorien stetig zurück und ein großer Teil der Szene verbleibt strikt im Bereich des Pragmatischen. Was geht und was geht nicht? Welche Methoden »funktionieren«? Und wie kann man die eigene Arbeit vermarkten? – Solche Fragen stehen im Vordergrund und nicht etwa Schillers Verknüpfung von ästhetischen Empfindungen und erzieherischen Effekten.

Selbst im Lager der theaterpädagogischen »Denker« ist das Interesse an Grundlagen ästhetischer Bildung so gut wie tot. Hier scheint man die Sache für erledigt zu halten, ausdiskutiert sozusagen.

Die besondere Aktualität einer ästhetischen Orientierung spiegelt sich darum wohl auch in erster Linie im Proberaum und nicht in fachlichen Reflexionen. Es gibt keine heißen Auseinandersetzungen über philosophische Ästhetik, über sozialen Wandel oder über den Einfluss moderner Kommunikationsmedien auf das menschliche Denken. Und über die Postmoderne schon gar nicht.

Aber Eindrücke aus der Berufspraxis von Theaterpädagoginnen und Theaterpädagogen verweisen darauf, dass die angesprochene Belebung ästhetischer Orientierung wirksam ist. Die Ästhetisierung der Alltagswelt erscheint auf der Bühne. Beamer, Videos und Internet dringen ein in Inszenierungen. Große Revolutionen sind abgeblasen, Individuen zerfallen. Die Unübersichtlichkeit erobert das Theater. Spieler und Zuschauer sind sprachlos. Gleichzeitig wird der Eigenwert des Künstlerischen fraglos vorausgesetzt. Liegt darin nicht genau die besondere Art des Umgangs mit Wirklichkeit, eine praktische Aufarbeitung sozusagen, die den thematisierten Rückzug des Begrifflichen auf den Punkt bringt und stattdessen sinnliche Aspekte stärker betont?

Man kann darin ein Modell sehen.

Das könnte heißen: Im Sinne des Drahtseilaktes berührt eine rein theoretische Grundlegung theaterpädagogischen Schauspieltrainings erstmals Grenzen, denn das Ideal ästhetischer Bildung kann nicht erschöpfend erläutert werden. Umgekehrt aber verwirft man die Potenziale, die in solchen Überlegungen für die praktische Arbeit stecken, wenn man zu früh aufgibt.

Vorher also zwei Fragen: Welche Chancen sind durch diese Grundlegung zu erwarten? Und welche Herausforderungen ergeben sich?

Chancen

Die theoretische Ausrichtung bietet eine Reihe von Chancen, die zum Teil geradezu gefährlich verlockend klingen.

Wenn nämlich Friedrich Schiller erstens das kindliche Spiel sowie die Auseinandersetzung mit Kunstwerken als Konkretion des »Spiels der Erkenntniskräfte« ins Zentrum seiner Überlegungen rückt, so überzeugt er natürlich einen Theaterpädagogen damit viel direkter als Vertreter irgendeiner anderen Wissenschaft, denn schließlich erfahren die Werkzeuge, mit denen der Theaterpädagoge üblicherweise arbeitet, eine beachtliche Aufwertung. Die aktuelle Erweiterung seines Konzeptes auf den Bereich der schauspielerischen Tätigkeit erweist sich als problemlos.

Zweitens eröffnet sich für die Theaterpädagogik über die neue Gewichtung des Ästhetischen gegenüber dem Sozialen eine Möglichkeit, die ihr anfänglich innewohnende Grundspannung zwischen dem Theatermacher und dem Pädagogen zu harmonisieren. Weil künstlerische und persönliche Entwicklung der Lernenden in dem Gedankenmodell zusammenlaufen, arbeitet er nämlich nicht auf zwei verschiedenen Baustellen, sondern nur auf einer einzigen.

Und drittens erhält die Theaterpädagogik eine wirklich starke Legitimationsbasis. Solange die sozialen Wirkungen des Theaterspielens und der konkrete Nutzen für den Einzelnen, die Gesellschaft oder den Staat im Vordergrund stehen, könnte man theaterpädagogische Herangehensweisen durch andere ersetzen. Denn die vielfältigen Potenziale von Theaterarbeit zum Beispiel für Gewaltprävention oder für die Stärkung sozialen Zusammenhalts lassen sich auch anderswo erschließen. Letztlich bliebe die theaterpädagogische Arbeit dann ein Angebot unter vielen anderen. Warum geht man nicht zum Beispiel in einen Klettergarten, wenn man die Teamfähigkeit oder den Zusammenhalt einer Gruppe stärken will? Warum unternimmt man nicht etwa eine Reise? Erst mit einer verstärkten Hinwendung zur Kunst (!) des Theatermachens erhält die Theaterpädagogik ihr ureigenes und kaum ersetzbares Wirkungsfeld.

Vor diesem Hintergrund ist nicht nur nachvollziehbar, warum der Paradigmenwechsel in dieser jungen Fachdisziplin so deutlich ausfällt, es ist auch kaum zu erwarten, dass sich die Ausrichtung der Theaterpädagogik aufgrund neuer Moden in den Geistes- oder Sozialwissenschaften in näherer Zukunft wesentlich ändern wird.

Herausforderungen

Schön. Aber aus dem Ansatz erwachsen auch Herausforderungen, die sich an ein theaterpädagogisches Schauspieltraining stellen. Sehr konkret. Sie beziehen sich auf den Arbeitsprozess und auf die Rolle der Trainingsleitung.

Der Arbeitsprozess steht (wie gesagt) unter einer Spannung zwischen den Polen einer völlig geordneten Welt des rationalen Denkens und einer völlig chaotischen Welt intuitiver und sinnlicher Erkenntnisse. Eine Herausforderung wird darin liegen, diese beiden Aspekte menschlichen Denkens zu einem harmonischen Ausgleich zu bringen.

Wie aber lässt sich das am besten erreichen? Welche Rahmenbedingungen müssen dafür geschaffen werden? Welche kognitiven Prozesse laufen ab bei kreativem Tun und beim Spiel? Wie äußert sich künstlerische Gestaltung beim Schauspieler und welche möglichen Störfaktoren können diesen Prozess beeinträchtigen? All diese Fragen müssen nicht nur theoretisch durchdacht sein, sondern auch durch die praktische Umsetzung im Proberaum beantwortet werden. Darin liegt die erste Herausforderung.

Die zweite Herausforderung hat zu tun mit einer Spannung, die schon Schiller beschäftigt hat: der Spannung nämlich zwischen Weltflucht und Engagement. Schottet sich die Kunst von der Welt ab oder lässt sie sich vor den Karren politischer Kräfte spannen? Es ist einleuchtend, dass die Idee ästhetischer Bildung ihr Potenzial verliert, sofern man nicht ausreichend Abstand nimmt von Nützlichkeitserwägungen. Kritiker aber sehen in der vermeintlich weltabgewandten Seite künstlerischer Autonomie einen Hinweis auf mangelnde Verantwortung. Sie erheben den Vorwurf, das ganze Modell ignoriere systematisch die politischen und gesellschaftlichen Bezüge des Menschen. Bewohner des Elfenbeinturms seien nicht nur behütet, sondern auch gefangen! Man fördere ihre Passivität, lasse sie die Dinge hinnehmen, wie sie sind, und verrate damit das letzte Ziel jeglicher Pädagogik: die Emanzipation.

Wie kann ein Theaterpädagoge damit umgehen? Ist es notwendig oder auch nur wünschenswert, dass er sich einseitig auf die künstlerisch-ästhetische Seite schlägt? Wie viel Abschottung ist nötig? Wann handelt der einzelne Spieler überhaupt »selbstbestimmt«? Welchen Einflüssen aus der Welt jenseits der Bühnenkante ist er ausgesetzt? Welche Spielmaterialien können seine Kreativität anregen? Welche Texte? Und inwiefern greift er durch sein Spiel ein in die gesellschaftliche Realität? In den Fragen, die sich daraus für die praktische Theaterarbeit ergeben, liegt die zweite Herausforderung.

Auch die dritte Herausforderung hat mit der Rolle der Leitung zu tun. Wenn man nämlich den Bildungsauftrag im Sinne Schillers ernst nimmt, dann erfordert das eine besondere pädagogische Haltung. Denn weil sich Bildungsprozesse autonom vollziehen, auch unabhängig vom planvollen Vorgehen erzieherischer Institutionen, weil sie sich ein Leben lang »ereignen« und letztlich der ganzheitlichen Entfaltung einer je eigenen Individualität dienen, kann Bildung nicht »gemacht« werden, man muss sie vielmehr als eigenständiges Phänomen auffassen. Und dem wird man nur durch eine Einstellung gerecht, die man als »pädagogisch defensiv« bezeichnen könnte.

Aber wie schlägt sich eine solche Einstellung in der theaterpädagogischen Praxis nieder? Wie stark muss sich eine Trainingsleitung insgesamt zurücknehmen? Welchen Rahmen darf sie vorgeben und welchen nicht? Welche bildenden Wirkungen hat der Stil der Spielleitung? Welche Einflüsse haben die jeweiligen Trainingsinhalte? Insgesamt also müssen wesentliche Fragen zum Selbstverständnis der theaterpädagogischen Leitung geklärt werden. Ebenso wie eine entsprechende Grundhaltung, die im Trainingsalltag Bestand hat. Darin besteht die vorerst letzte Herausforderung, die sich aus einer Orientierung am Ideal ästhetischer Bildung ergibt.

Ein abschließender Blick auf das vollgeschriebene Plakat. Was bleibt? Was macht Schauspielen mit Schauspielern? Schwarze Klotzbuchstaben formulieren eine schlichte Antwort: Es lässt sie wachsen! Und nach einer Weile klein darunter, mit Bleistift: Aber nur, wenn sie kreativ sein dürfen, wenn sie spielen dürfen, wenn sie den Raum und die Zeit bekommen für eine gleichermaßen persönliche wie künstlerische Entfaltung. Und wenn sie schließlich von jemandem begleitet werden, der sie in alledem behutsam unterstützt.

Mehr passt nicht auf das Plakat.

LITERATUREMPFEHLUNGEN

Batz, Michael/Horst Schroth: Theater zwischen Tür und Angel. Handbuch für Freies Theater. Reinbek bei Hamburg 1983.

Goffman, Erving: Wir alle spielen Theater. Die Selbstdarstellung im Alltag. 13. Aufl., München 2013.

Habermas, Jürgen: Der philosophische Diskurs der Moderne. Zwölf Vorlesungen. 11. Aufl., Frankfurt/M. 2011.

Hentschel, Ulrike/Hans Martin Ritter (Hgg.): Entwicklungen und Perspektiven der Spiel- und Theaterpädagogik. Festschrift für Hans-Wolfgang Nickel. Milow 2003.

Hentschel, Ulrike: Theaterspielen als ästhetische Bildung. Über einen Beitrag produktiven künstlerischen Gestaltens zur Selbstbildung. Milow 2010.

Liessmann, Konrad Paul: Das Universum der Dinge. Zur Ästhetik des Alltäglichen. 5. Aufl., Wien 2010.

Ludwig, Ralf: Kant für Anfänger. Die Kritik der Urteilskraft. Eine Leseeinführung. 2. Aufl., München 2011.

Rittelmeyer, Christian: Über die ästhetische Erziehung des Menschen. Eine Einführung in Friedrich Schillers pädagogische Anthropologie. Weinheim u. München 2005.

Safranski, Rüdiger: Schiller oder die Erfindung des Deutschen Idealismus. 5. Aufl., München 2014.

Schiller, Friedrich: Über die ästhetische Erziehung des Menschen in einer Reihe von Briefen. Mit den Augustenburger Briefen. Hg. v. Klaus L. Berghahn. Durchges. u. erg. Ausg., Stuttgart 2013.

Welsch, Wolfgang: Ästhetisches Denken. 7. Aufl., Stuttgart 2010.

Abgrenzungen

> »Wenn ich ich bin, weil ich ich bin, und wenn du du bist, weil du du bist, bin ich ich und du bist du. Wenn ich hingegen ich bin, weil du du bist, und wenn du du bist, weil ich ich bin, dann bin ich nicht ich und du bist nicht du.
> Klar, dass ich mir das aufschreiben musste.«
> YVAN, IN: YASMINA REZA: »KUNST«

Bücher und Notizen bekommen einen neuen Platz auf dem Fußboden, die Kaffeetasse balanciert auf dem Fensterbrett und ein letztes verlorenes Gummibärchen verschwindet. Dadurch wird die Tischplatte zu einer leeren Fläche, einer Arena, frei für Neues. In deren Mitte liegt eine ganze Weile unberührt ein leeres Blatt Papier. Ein dicker Filzstift wackelt zwischen Daumen und Zeigefinger. Und dann entsteht mit leichtem Quietschen ein Kreis.

Es geht darum, sich mit dieser Kreislinie ins Gedächtnis zu rufen, dass die Erklärung aller Gegenstände damit beginnt, sie von anderen unterscheidbar zu machen. Die Tasse und der kalte Kaffee gehören zwar oft zusammen, aber zur Benennung und Beschreibung kann man sie doch leicht voneinander trennen. Obwohl das bei den »Gegenständen« der Geisteswissenschaften nicht ganz so einfach ist, kann man auch ein Gedankenmodell von einem anderen anhand bestimmter Kriterien unterscheiden. Es ist zu erwarten, dass man, während man eine solche Abgrenzung vornimmt, ganz nebenher zu Einsichten über Besonderheiten des jeweiligen Modells gelangt.

Das theaterpädagogische Schauspieltraining soll also im wahrsten Wortsinne eingekreist werden. Wahrscheinlich bleibt dabei eine gelegentlich einseitige Überzeichnung nicht aus, denn die Konturen treten umso schärfer hervor, je deutlicher man das Kreisäußere vom Kreisinneren unterscheidet. Sofern diese aber nicht als Abwertung des anderen missverstanden wird und sofern sie nicht verfälscht, sondern dazu beiträgt Klarheit zu schaffen, sollte das kein Problem sein. Im besten Falle gelangt man auf diese Weise nicht nur zu einem stimmigen Überblick, sondern auch zu ersten Antworten auf die praxisorientierten Fragen, die sich unweigerlich einstellen.

Es bietet sich an, diese Abgrenzung anhand der drei Komponenten vorzunehmen, die im Begriff »theaterpädagogisches Schauspieltraining« enthalten sind: erstens »theaterpädagogisch«, zweitens »Schauspiel« und drittens »Training«.

1. THEATERPÄDAGOGISCH

Wenn man die bisher entfaltete Ausrichtung der Theaterpädagogik am Ideal der ästhetischen Bildung ernst nimmt, ergibt sich für deren Profil eine folgenreiche Verschiebung: Theaterpädagogisches Arbeiten definiert sich nämlich ihr zufolge über das Ziel und nicht über bestimmte Zielgruppen.

Ein einfacher Gedanke.

Aber abenteuerlich. Er wirbelt einiges durcheinander!

Denn die Theaterpädagogik orientiert sich bislang nahezu ausschließlich an der Arbeit mit Schauspiel-Amateuren. Es gilt als Konsens, dass ein Schauspieltraining mit (angehenden) Profis Ziele verfolge, die man mit denen eines Amateurensembles nicht vergleichen könne. Außerdem seien die Rahmenbedingungen, die Motivation der Schauspielerinnen und Schauspieler, der Leistungsdruck, das fachliche Niveau, die zur Verfügung stehende Zeit und die Qualifikation der Lehrkräfte an einer Schauspiel-Akademie nun doch deutlich anders als bei einem ambitionierten Jugendspielklub, der sich einmal in der Woche auf der Probebühne drei unterm Dach trifft.

Empirisch ist das sicherlich zutreffend. Aber: Warum sollte es nicht möglich sein, auch mit Profis so zu trainieren, dass es gleichermaßen um deren künstlerische wie persönliche Entwicklung geht? Und warum sollte ebendieses Ziel bei der Arbeit mit einem Jugendspielklub unwichtiger sein? Dazu besteht kein Grund. Eine Trennlinie ist hier kaum begründbar.

Lässt man diesen Gedanken zu, so eröffnen sich für die Theaterpädagogik neue theoretische und praktische Perspektiven. Gleichzeitig jedoch wird es unbequemer. Solange man nämlich davon ausgeht, dass jegliche Theaterarbeit mit nicht-professionellen Ensembles als theaterpädagogische Arbeit betrachtet werden kann, ist die Abgrenzung der Theaterpädagogik und deren fachliches Profil kein Problem. Von theaterpädagogischer Arbeit spricht man immer dann, wenn jemand mit einem Amateurensemble arbeitet – fertig. Sobald man aber die Ziele der eigenen Arbeit zum Ausgangspunkt derartiger Abgrenzungen macht, ist man weitaus mehr gefordert: Man muss nämlich Klarheit haben über das, was man will. Und das kann dann wunderbar zu den Zielen der jeweiligen Ensembles passen oder eben überhaupt nicht.

Um diese Gemeinsamkeiten und Unterschiede geht es.

Es lohnt sich also, zum Zwecke der Abgrenzung den Blick dorthin zu richten, wo man mit Schauspielerinnen und Schauspielern trainiert und wo man darum eine Ausrichtung am Ideal ästhetischer Bildung realisieren könnte: im Laien- und Amateurtheater, im Schultheater und an der Schauspielschule. Und dabei sollen Denktraditionen, Erwartungshaltungen und Rahmenbedingungen daraufhin überprüft werden, ob sie der Entfaltung eines theaterpädagogischen Schauspieltrainings eher förderlich sind oder eher im Wege stehen.

Daraus gewonnene Einsichten werden nicht reine Theorie bleiben, sie werden mehr sein als das Ergebnis eines Gedankenspiels. Sie werden Grenzen verstehbar machen, die in der beruflichen Praxis von Theaterpädagogen ganz real wirksam sind, mit denen sie täglich umgehen müssen. Sie können sie annehmen, überwinden oder an ihnen scheitern.

1.1 Laien- und Amateurtheater

Hinter dem Begriff »Laien- und Amateurtheater« verbirgt sich nicht nur eine ungeheure Anzahl von Theatergruppen, sondern auch eine höchst heterogene Vielfalt von Organisationen, Arbeitsweisen und Selbstverständnissen. Dennoch lässt sich der Begriff relativ problemlos definieren, er bezeichnet nämlich denjenigen Bereich des Theaters, der nicht kommerziell orientiert ist. Obwohl dieses Merkmal auch für die gesamte Schultheater-Szene gilt, lässt sich der Bereich des Schultheaters aufgrund seiner besonderen Geschichte nochmals davon unterscheiden. Daraus folgt in aller Kürze: Laien- und Amateurtheater ist all das Theater zwischen Schule und Schauspielhaus.

Trotz seiner Vielfalt sind Grundlinien erkennbar, besonders, wenn man die heutigen Aktivitäten vor dem Hintergrund ihrer historischen Entwicklung betrachtet.

Wurzeln des Laientheaters

Seine begrifflichen Wurzeln hat das Laienspiel im späten Mittelalter. Damals gab es die Tendenz, die kirchliche Liturgie an hohen Feiertagen durch szenische Elemente zu ergänzen. Bestimmte Bibelstellen oder biblische Persönlichkeiten wurden also während des Gottesdienstes auf einer »Bühne« präsentiert. Weil die liturgische Sprache das kirchliche Latein war, konnten die Zuschauer gesprochene Texte kaum verstehen. Das änderte sich erst, als die Rollen zunehmend auch von »Laien« besetzt wurden, also von Nichtklerikern: Mit dem Beginn des »Laienspiels« zog die Volkssprache in die Inszenierungen ein.

Im Laufe der Zeit verselbstständigte sich diese Bewegung und trat dann auch aus dem klerikalen Raum hinaus auf die Straßen und Marktplätze. Auch die Stoffe veränderten sich. Und so wurde der ursprünglich religiöse Charakter der Spiele langsam zum Beiwerk eines Spektakels, das mehr und mehr der Belustigung der Zuschauer diente und bisweilen einen geradezu volksfestartigen Rahmen bekam.

Seit Beginn des 17. Jahrhunderts erhielt das Laientheater dann zunehmend Konkurrenz von den ersten Berufsschauspielern der Neuzeit, die sich in umherziehenden Wanderbühnen organisierten. Diese bildeten in vieler Hinsicht einen Gegenpol zum damaligen Laientheater und so ist es erklärbar, dass der Begriff »Laie« eine Umdeutung erfuhr, denn der Gegenbegriff war bald nicht mehr der klerikale, sondern der schauspielerische »Profi«.

Mithilfe dieser neu entstandenen Spannung kann man sich heute veranschaulichen, weshalb das Laientheater in Deutschland nach und nach zur Randerscheinung wurde.

Erstens verfügten die Profis aufgrund ihrer Routine über die weitaus besseren schauspieltechnischen Voraussetzungen. Und weil sie von ihrer Kunst leben mussten, wussten sie zudem sehr genau, was sie ihren Zuschauern auch inhaltlich zu bieten hatten: einfache Handlungen, typisierte Figuren, rasante Szenenfolgen, plakative Bilder, ein paar Sensationen und erotische Anspielungen. Der Kampf um das Publikum war also entbrannt und es war ein ungleicher Kampf. Dennoch hätten die Erfolge dieser Künstler dem Laientheater neue Impulse geben können. Aber das geschah nicht.

Denn zweitens verstärkten die oft fremdländischen Wandertruppen den moralisch zweifelhaften Ruf des Theaterspielens. Sie galten trotz der Beliebtheit ihrer künstlerischen Darbietungen meist als »sittenloses Gesindel«, von dem man sich, wenn man konnte, distanzierte. Nicht nur das, was sie auf der Bühne zeigten, galt als »unanständig«, man nahm auch Anstoß an ihrer Lebensweise. Denn die Schauspielensembles hatten keinen festen Wohnsitz und waren deshalb zu allen Zeiten Ziel von Fremdenhass und Diskriminierung. Goethes »Wilhelm Meister« liefert ein treffendes Bild davon.

Dem Beruf des Schauspielers haften Reste derartiger Vorurteile noch bis in die heutige Zeit an. Aber sie erweisen sich nicht nur als Nachteil, weil sie zumindest vorübergehend eine gewisse Narrenfreiheit sichern. Wer außerhalb der Gesellschaft steht, kann sich mehr Freiheit leisten. Bürgerlichen Laienspielern wurde aber aus genau diesem Grund der Zugang zum Theaterspielen mehr und mehr erschwert, denn sie waren im Gegensatz zu den stets weiterreisenden Künstlern Teil der Gesellschaft und konnten sich darum weder das schlechte Image der Profis leisten, noch deren künstlerische Freiheit in Anspruch nehmen. Was sollten die Nachbarn über einen denken, wenn man auf der Bühne eine allzu tollpatschige Figur verkörperte? Einen Saufkumpan oder einen, der mit offenem Mund den Frauen hinterhergaffte und sich dabei bestehlen ließ?

Die Voraussetzungen für die Entfaltung des Laientheaters waren also aufgrund pragmatischer wie moralischer Hindernisse so ungünstig, dass es im 18. und 19. Jahrhundert schließlich in der gesellschaftlichen Bedeutungslosigkeit versank. Gepflegt wurde es allenfalls in einigen Liebhaberkreisen, die ihr Spiel bezeichnenderweise häufig in den privaten Raum zurücknahmen, in Salons, Gärten oder Wohnzimmer.

Erst zu Beginn des 20. Jahrhunderts kam es zu einer Neubelebung. Von vielen Menschen wurde die Zeit um die Jahrhundertwende bis in die Wirren der Weimarer Zeit als krisenhaft wahrgenommen. Der Glaube an den Fortschritt war ins Wanken geraten. Wirtschaftliche Not, das Aufbrechen gesellschaftlicher Spannungen sowie der umfassende Verlust gemeinsamer Sinnorientierungen bestimmten das Lebensgefühl. Jedoch nicht alle glaubten an die Unheilbarkeit des Menschen und der Gesellschaft. Insbesondere Anhänger der Reformpädagogik und der deutschen Jugendbewegung sahen eine Chance darin, sich von der als krank empfundenen Zivilisation abzuwenden und sich zurückzubesinnen auf verloren gegangene Werte.

In diesem Umfeld entstand in Deutschland eine neue Laienspielbewegung.

Der »Münchener Laienspielführer«, der 1931 von Rudolf Mirbt veröffentlich wurde, bringt deren Ausrichtung auf den Punkt. Er orientiert sich an dramatischen Vorlagen, die jenseits des Repertoires der öffentlichen Theaterhäuser speziell für das Laientheater geschrieben wurden. Und er erhebt die Freude am gemeinsamen Gestalten zur zentralen Perspektive der Theaterarbeit. Gemeinschaft ist der Schlüsselbegriff, ein Miteinander der Menschen in einer Zeit der gesellschaftlichen und politischen Krisen und Kämpfe. Ein romantisierter Rückzug in eine heile Welt, die noch nicht aus den Fugen ist.

In einem solchen Bild ist einiges erhalten aus der frühen Zeit des Laienspiels, denn das Selbstverständnis blieb geprägt von dem Bewusstsein, nicht zu den professionellen Künstlern zu gehören. Statt innovativ gab man sich konservativ. Und entsprechend brav und zurückhaltend blieb das, was auf der Bühne zu sehen war.

Auch wenn die Laienspielbewegung des frühen 20. Jahrhunderts keineswegs homogen war – die Theaterkonzepte von Martin Luserke beispielsweise gingen in ganz andere Richtungen – so knüpfte man nach 1945 doch eher an Leute wie

Mirbt an, freilich ohne das Pathos der 30er-Jahre, aber doch orientiert am Gemeinschaftserlebnis und der fröhlichen Geselligkeit, die mit Theaterspiel verbunden ist.

Und nur sehr langsam mehrten sich die Stimmen, die eine Arbeit an der schauspielerischen Qualität forderten, etwa durch Stegreifspiele und Scharaden.

Eine schwierige Beziehung: Amateurtheater und Theaterpädagogik

Und heute? Zunächst haben sich viele Ensembles von dem etwas veralteten und zum Teil auch durch die Nazis in Verruf gebrachten Begriff des Laientheaters abgewandt und sprechen lieber vom »Amateurtheater«.

Die Merkmale der Szene aber veränderten sich nur wenig. Oft handelt es sich um Ensembles, die viel Wert legen auf die gemeinsame Freizeitgestaltung und die daran orientiert sind, einem bestimmten Publikum unterhaltsame oder spannende Theaterabende zu bieten. Oft greifen sie hierfür auf Dramentexte zurück, die der möglichen Besetzung, den Arbeits- und Bühnenbedingungen oder den Publikumserwartungen entsprechen.

Diejenigen Teile der Szene, die sich etwa so charakterisieren lassen, stehen theaterpädagogischen Ansätzen eher distanziert gegenüber.

Eine *künstlerisch* professionalisierte Leitung hat im herkömmlichen Laienspiel nämlich keine Tradition. Man wählt entweder einen besonders erfahrenen Spieler als Leiter oder man verzichtet ganz auf eine zentrale Leitungsfigur, teilt die notwendigen Aufgaben untereinander auf und lässt diejenigen, die gerade nicht auf der Bühne stehen, die »Außensicht« übernehmen.

Ebenso wenig wird im Rahmen des traditionellen Laientheaters eine Pädagogin oder ein Pädagoge benötigt. Zwar haben auch Vordenker des Laientheaters immer wieder die Wirkung des Spiels auf die Spielenden selbst in den Blick genommen und die positiven »Nebenwirkungen« würde auch kaum jemand bestreiten wollen. Aber: Einen Profi braucht man hierfür nicht.

Darum ist es nur schwer vorstellbar, einer Person aus dem Kreise des jeweiligen Ensembles die Rolle einer theaterpädagogischen Leitung zuzuschreiben, denn dieser Schritt würde eine fachlich begründete Hierarchie voraussetzen, die es innerhalb der Gruppe gar nicht gibt. Wenn überhaupt, dann sucht man sich lieber Leitungen von außerhalb, ausgebildete Schauspieler zum Beispiel. Sofern aber deren Arbeitsweise theaterpädagogisch ausgerichtet ist, liegt auch darin eine gewisse Sprengkraft. Was soll all der künstlerische Ernst, der von diesem Experten erwartet wird? Was verbirgt sich hinter all den Übungen? Soll man dabei etwa heimlich »pädagogisiert« werden? Und wann beginnt endlich die Arbeit an dem neuen Stück?

Aber natürlich sind die Vorbehalte nur die eine Seite. Auf der anderen nämlich ist die Theaterpädagogik ja gerade aus den Strömungen des Amateurtheaters hervorgegangen, die nach neuen Herangehensweisen suchten und mehr wollten als geselliges Miteinander und Lampenfieber.

Im 21. Jahrhundert existieren in Deutschland unter dem Begriff »Laien- und Amateurtheater« so unterschiedliche Strömungen parallel, dass man nicht einfach sagen kann, wo die gesuchte Grenzlinie generell verläuft. Aber man kann davon ausgehen, dass sich in weiten Teilen dieser Szene kaum Überschneidungen zu einer Theaterpädagogik ergeben, die sich am Ideal ästhetischer Bildung orientiert.

Eine Linie. Kreisinnen – Kreisaußen.

Dahinter deutet sich aber auch eine vertiefte Sicht auf die Theaterpädagogik an, denn trotz dieser Grenzziehung zeigt sich eine wesentliche Gemeinsamkeit: Auch eine pädagogisch und künstlerisch noch so anspruchsvolle Arbeit mit Schauspielerinnen und Schauspielern kann nicht ohne ein Element auskommen, das im Laien- und Amateurtheater schon immer deutlich im Vordergrund stand, der Spaß an der Sache nämlich. Wer den vor lauter Trainingseifer und angesichts ernst zu nehmender Übungen aus dem Blick verliert, der ist dem Ideal ästhetischer Bildung ferner als die Dorfbühne Zwiebelfeld.

1.2 Schultheater

Eine besondere Form des Amateurtheaters ist das Schultheater.

Es klingt vielleicht nicht besonders originell, wenn man feststellt, dass die Besonderheit des Schultheaters in seiner Bindung an die Institution Schule besteht – wer hätte das gedacht? Aber dahinter verbergen sich einige Merkmale, die eine gesonderte Betrachtung rechtfertigen und auch eine weitere Abgrenzung gegenüber theaterpädagogischen Perspektiven: die besondere Zielgruppe zum Beispiel, denn im Schultheater geht es fast ausschließlich um die Arbeit mit Kindern und Jugendlichen. Oder die besonderen Arbeitsbedingungen, die in einer Schule vorherrschen. Oder die Tatsache, dass schulisches Theater von Beginn an geprägt ist von professionalisierten Leitungen – Lehrerinnen und Lehrern, von denen zu erwarten ist, dass sie das Theaterspielen in erster Linie vor dem Hintergrund pädagogischer Erwägungen betrachten.

Eine lange Geschichte

Erste Vorläufer hat das Schultheater in Deutschland zu Beginn des 16. Jahrhunderts. Im Zuge humanistischer Strömungen bekamen Texte und Autoren der Antike in den Lehrplänen der höheren Schulen eine besondere Bedeutung. Und eine

Bildungswirkung versprach man sich durch das Rezitieren und Deklamieren von Dramentexten, insbesondere derer von Terenz oder Plautus. Erstens sah man in diesen (und auch in nachempfundenen) Texten inhaltliche Qualitäten, zweitens konnten sich die Schüler dabei rhetorisch entwickeln, immerhin war die Redekunst eine der *septem artes* der Antike. Und drittens sah man eine bildende Wirkung auch im reinen Auswendiglernen der Texte, also in einer Art Gedächtnistraining.

Später wurde das Schultheater auch verstärkt dafür eingesetzt, beim Publikum Wirkungen zu erzielen, einem Publikum, das bisweilen weit über den Dunstkreis der jeweiligen Schule hinausging: insbesondere als Propagandainstrument für Reformation und Gegenreformation.

Eine weitere wichtige Station dokumentieren die pädagogischen Überlegungen Christian Weises, der im 17. Jahrhundert dem Theaterspiel auch erstmals eine pädagogische Bedeutung jenseits der behandelten Inhalte zuwies. Er war davon überzeugt, dass die Schüler durch das Theater in die Lage versetzt würden, bestimmte soziale Rollen außerhalb des Theaters selbstbewusster und gezielter einzunehmen und dass sie dadurch mehr Erfolg in ihrer beruflichen Laufbahn erzielen könnten.

Auch wenn das alles nur Schlaglichter aus der frühen Phase des deutschen Schultheaters sind, so wecken sie doch eine Erwartung. Denn die Fortführung dieser Entwicklungen hätte durchaus dazu führen können, dass sich das Theater zu einer festen Größe in den weiterführenden Schulen entwickelt, dass es sich zunehmend professionalisiert und dass das Fach »Theater« nach und nach einen Stellenwert bekommt, wie es ihn heute zum Beispiel in den angelsächsischen Ländern hat.

Das wäre möglich gewesen, aber es kam anders. Das Schultheater erlebte seit dem 18. Jahrhundert einen regelrechten Niedergang, von dem es sich bis heute nicht wirklich erholt hat. Was war geschehen?

Zu Beginn des 18. Jahrhunderts kam es in Deutschland zu einer plötzlich auftretenden pädagogischen Verunsicherung, die durch einen tief greifenden Wechsel der Schriftlichkeit hervorgerufen wurde: Das Latein wurde durch die deutsche Schriftsprache abgelöst und seit Mitte des Jahrhunderts bekam dieses geschriebene Deutsch zunehmend den Status einer Kultursprache. Das konnte an den höheren Schulen kaum vorübergehen. Somit bekam das Einüben deutschsprachiger Schriftlichkeit einen neuen Stellenwert und die Schüler mussten lernen, in der neuen Hochsprache nicht nur zu schreiben, sondern auch zu argumentieren – hier liegen die Wurzeln des bis heute hochheiligen Aufsatzes im Schulfach Deutsch. Es erscheint plausibel anzunehmen, dass die Bedeutung der

Redekunst und des überzeugenden Auftritts mit dieser neuen Entwicklung erheblich ins Wanken geriet.

Und verstärkt wurde dieser Trend sicherlich dadurch, dass sich das neue bürgerliche Selbstbewusstsein in Deutschland besonders auf wissenschaftliche, kulturelle und wirtschaftliche Qualitäten bezog, das Politische aber dabei weitgehend ausgespart blieb. So kann man sich vorstellen, dass auch in der Schule eine fundierte Reflexion für wichtiger erachtet wurde als die Auseinandersetzung mit Themen auf offener Bühne. Deutschland wurde zum Land der Dichter und Denker und der Obrigkeit sollte es recht sein.

Auf den ersten Blick ist der Niedergang des deutschen Schultheaters ausgerechnet im 18. Jahrhundert dennoch erstaunlich. Erlebte man zu dieser Zeit nicht eine regelrechte Dramen-Euphorie? Damals entstanden Werke, die bis heute zur dramatischen Weltliteratur zählen. Und es entwickelte sich sogar eine Welle der Kinder- und Jugenddramatik, also speziell für junge Leute geschriebener Werke, von denen man sich eine erzieherische Wirkung versprach. Texte, in denen menschliche Laster nur angedeutet, gesellschaftlich erwünschte Tugenden dagegen überdeutlich hervorgehoben wurden und in denen sich Liebe allenfalls auf Eltern oder Geschwister bezog. Eines dieser Dramen trug zum Beispiel den Titel »Die jungen Spieler, oder: Böse Gesellschaften verderben gute Sitten« – ob sowas jemals als cool gelten konnte?

Auf jeden Fall kann man mit einem weiterreichenden zweiten Blick erkennen: Je mehr es in diesen Dramen um den moralischen Gehalt ging, je mehr das Inhaltliche eines Dialoges in den Vordergrund trat, desto weniger Beachtung brauchte man einer spielerischen Umsetzung zu schenken. Letztlich reichte es aus pädagogischer Perspektive völlig, wenn man die entsprechenden Werke zu Hause mit den Eltern oder im schulischen Rahmen gemeinsam las und interpretierte. Die Pädagogen der Zeit standen also letztlich vor der Frage: Warum soll man den Aufwand eines schulischen Theaterspiels überhaupt auf sich nehmen, wenn die erwünschten pädagogischen Ziele auch viel direkter und leichter zu erreichen sind?

Unter diesen Vorzeichen verschwand das Theater fast vollständig aus den deutschen Lehr- und Bildungsplänen.

Auch die reformpädagogischen Strömungen des 20. Jahrhunderts konnten daran nicht viel ändern. Zwar erkannte man nun dem Spiel wieder einen Eigenwert zu und nahm die ganzheitliche und gemeinschaftsfördernde Wirkung des Theaterspielens in den Blick, letztlich aber hat das nicht verhindert, dass Theater an deutschen Schulen nach wie vor eine Randerscheinung ist.

Theaterpädagogisches Schultheater: Grenzen der Annäherung

Aber stimmt das? Sind nicht viele theaterpädagogische Verfahren an vielen Schulen längst etabliert? Und ist das Schattendasein dieses Fachbereichs darum nicht längst einer neuen Aufmerksamkeit gewichen? Allein die Flut entsprechender Fachliteratur scheint darauf hinzuweisen.

Man muss genau hinsehen.

Zunächst gibt es nach wie vor das Problem, dass man in Deutschland kaum angemessen ausgebildete Theaterlehrer findet.

Theaterarbeit an Schulen wird noch immer oft von Lehrerinnen und Lehrern geleitet, die einfach ohne spezifische Qualifikation versuchen, das Beste daraus zu machen. An Gymnasien werden meist die Deutschlehrer für die Leitung von Theaterprojekten vorgesehen, vermutlich, weil man irrtümlich glaubt, die Kenntnis der Dramengeschichte käme theaterpädagogischem Know-How gleich, oder zumindest sei das irgendwie so ähnlich. Bezeichnend! Man könnte sich stattdessen ebenso gut fragen, warum nicht zum Beispiel Sportlehrer hierfür geeigneter wären. Geht es nicht um die Kunst des Ver-Körperns?

Manche Lehrerinnen und Lehrer können sich auf den Besuch einiger Fortbildungen stützen, manche haben vielleicht eine theaterpädagogische »Grundlagenbildung« absolviert. Und in ganz seltenen Fällen kann jemand auf ein abgeschlossenes Erweiterungsstudium »Darstellendes Spiel« oder Ähnliches verweisen. Aber selbst diese haben kein Vollstudium absolviert, wie es in anderen Fächern üblich ist.

Allein diese Voraussetzungen stehen einer konsequenten theaterpädagogischen Arbeit an der Schule deutlich entgegen. Zu beheben wäre das Problem durch Qualifikationsmaßnahmen oder den Einbezug externer Profis.

Aber Schultheater ist nicht Schultheater. Im Prinzip gibt es nämlich drei Bereiche, in denen man im schulischen Kontext theaterpädagogisch arbeiten kann.

Der erste umfasst den Einsatz theaterpädagogischer Verfahren *im* Unterricht. Hier werden Übungen und Spiele, die ursprünglich aus dem Trainingsraum von Schauspielerinnen und Schauspielern kommen, zum Erreichen bestimmter Ziele genutzt, die außerhalb des jeweiligen Spieles liegen. Man nutzt zum Beispiel Improvisationsverfahren zum freieren Umgang mit Fremdsprachen. Oder man erschließt gemeinsam ein literarisches Werk mit Methoden des szenischen Interpretierens. Auf diesem Gebiet hat sich in den letzten Jahrzehnten ungeheuer viel bewegt – wenn es gut gemacht ist, dann sicherlich sehr zum Nutzen und zur Freude der Schüler. Allerdings hat solche Arbeit mit dem Kern eines theaterpädagogischen Schauspieltrainings kaum etwas zu tun, das sich ja gerade dadurch auszeichnet, dass es den Spielprozess nicht für externe Zwecksetzungen instrumentalisiert. Wie gesagt.

In einem zweiten Bereich steckt hinsichtlich einer Annäherung ein weitaus höheres Potenzial: in dem schulischen Bereich nämlich, der ausdrücklich *außerhalb* des regulären Unterrichts liegt, also in der Arbeit mit Theater-Arbeitsgemeinschaften, die auf freiwilliger Basis stattfinden. Hier ließe sich die Orientierung am Ideal der ästhetischen Bildung durchaus umsetzen, denn immerhin steht das gemeinsame kreative Spiel hier nicht automatisch im Dienste anderer Zwecke, zumindest theoretisch.

Praktisch aber dominiert hier noch immer eine sehr traditionelle Auffassung von Schultheater. In vielen Theater-AGs dreht sich die gemeinsame Arbeit nämlich weniger darum, spezifische Fähigkeiten als Schauspielerin oder Schauspieler zu erwerben, es geht vielmehr von vornherein um die Theaterproduktion, die dann auch als repräsentatives Aushängeschild der Schule dient und entsprechend mindestens ein abendfüllendes Programm zu bieten hat, nicht selten die Umsetzung eines literarischen Klassikers.

Dies aber zeigt, dass künstlerische Anliegen allenfalls beiläufig wahrgenommen werden. Schauspiel oder Regie scheinen nicht als Fachgebiete gesehen zu werden, die man erlernen muss, in die man sich hineinarbeiten muss, die Übung voraussetzen, sie scheinen eher mehr oder weniger allen Menschen intuitiv geläufig. Eine neu gegründete Theater-AG nimmt sich zu Beginn des Schuljahres vor, den »Faust« zu inszenieren oder »Kabale und Liebe«: Eigentlich ist das so, als würde man eine AG von Musikinteressierten zusammenstellen, denen man erst erklären muss, wie man eine Geige in der Hand hält, um ihnen dann zu verkünden, dass man bis zum Ende des Schuljahres Beethovens »Neunte« in den Griff bekommen will. Und dass man selbstverständlich ein großes Konzert vor großem Publikum geben wolle – welcher Musiklehrer käme auf eine solche Idee?

Der dritte Bereich schließlich ist der jüngste. Er umfasst alle Bestrebungen, theaterpädagogisches Arbeiten *als* Unterricht zu betrachten. Umsetzbar ist dies dort, wo Theater als eigenständiges Unterrichtsfach aufgebaut wird.

Einerseits sind hier besonders günstige Rahmenbedingungen für die Umsetzung eines theaterpädagogischen Schauspieltrainings zu erwarten, schließlich bekommt das kreative Gestalten in einem solchen Theaterfach einen hohen Stellenwert, es wird an verbindliche Lehr- und Bildungspläne geknüpft und es setzt eine ebenso verbindliche fachliche Qualifikation der Lehrkräfte voraus. Möglicherweise tritt hier sogar die traditionelle Erwartung zurück, man müsse bei Schultheater in erster Linie an publikumswirksame Inszenierungsprojekte denken.

Andererseits aber tauchen mit der Einführung eines regulären Theaterfaches auch Schwierigkeiten auf, die in den anderen beiden Bereichen kaum eine Rolle spielen. Wie nämlich lässt sich kreatives Handeln bewerten? Wie kann man die Leistung eines Ensembles benoten? Wie vertragen sich verbindliche Zielvorgaben mit der Offenheit von Spielprozessen? Lässt die Institution Schule überhaupt den erforderlichen Freiraum für Prozesse ästhetischer Bildung?

Insgesamt wird deutlich: Obwohl theaterpädagogisches Denken an den Schulen in Deutschland angekommen ist (und auch auf die theaterpädagogische Szene zurückwirkt), bleiben doch große Teile des heutigen Schultheaters nach wie vor weit entfernt von einem Ansatz, der die künstlerische und persönliche Entwicklung der Spielenden ins Zentrum seiner Arbeit stellt. Es lässt sich sogar fragen, ob die Möglichkeiten einer Annäherung an dieses Ideal nicht aufgrund der institutionellen Rahmenbedingungen von vornherein begrenzt sind.

1.3 Schauspielausbildung

Zuletzt kann man versuchen, eine am Ideal der ästhetischen Bildung orientierte theaterpädagogische Arbeit abzugrenzen von der Ausbildung angehender Schauspielerinnen und Schauspieler.

Weil es bislang kaum zum Selbst- oder Fremdbild von Theaterpädagogen gehört, Ausbildungsgänge an Schauspiel-Akademien mitzugestalten, bleibt diese Grenzziehung zwar (noch) theoretisch. Andererseits jedoch kann es sein, dass man bei dieser vermeintlichen Distanz eher über gewohnte Begriffe stolpert als über die Sache selbst. Denn sicherlich wird an zahlreichen Akademien längst in einem theaterpädagogischen Sinne gearbeitet – eben nur unter anderer Bezeichnung.

Eine kurze Erfolgsstory

Schauspiel-Akademien gibt es in Deutschland noch nicht besonders lang.

Wer in einem Ensemble aktiv war, lernte früher ganz individuell von älteren Schauspielern, über Beobachtung, über ein paar hilfreiche Tipps und über viel Übung.

Parallel zu dieser sehr handwerklich aufgefassten Lehr- und Lerntradition mehrten sich seit der Aufklärung intellektuelle Auseinandersetzungen mit der Schauspielkunst. In ihrem Zentrum stand die zum Teil heftig geführte Debatte um den »heißen« oder »kalten« Schauspieler: Wirkt eine auf der Bühne dargestellte Emotion glaubwürdiger und realistischer, wenn sie der Schauspieler wirklich empfindet, wenn er also in dem jeweiligen Moment zum Beispiel ebenso traurig ist wie die dargestellte Figur? Oder geht es eher darum, die angestrebte Wirkung innerlich »kalt« zu erzielen, indem man ganz kontrolliert bestimmte Techniken einsetzt? Zur Entwicklung abgeschlossener Berufsausbildungen aber führten diese Überlegungen noch nicht, man verblieb zunächst bei Ratgebern oder Traktaten.

Als im 19. Jahrhundert einige Schauspielerinnen und Schauspieler zu regelrechten Superstars stilisiert wurden, die den Ruf des künstlerischen Genies pflegten, hätte es in dieser Hinsicht einen neuen Schub geben können, aber auch deren Impulse waren allenfalls gering. Zum Teil wollten sie sich nicht in die Karten sehen lassen, damit sie ihre Einzigartigkeit nicht verloren. Und zum Teil waren sie tatsächlich, auch wenn sie es versuchten, kaum in der Lage zu erklären, wodurch ihr Spiel zu etwas Besonderem wurde.

Genau das ist der Ausgangspunkt für die Forschungen des berühmten russischen Theaterreformers Konstantin S. Stanislawski (1863-1938), der schon als junger Mann nicht nur selbst auf der Bühne stand, sondern auch darüber nachdachte, mit welchen Methoden man Schauspielerei systematisch lehren und lernen könnte. Eine hemdsärmelige Orientierung am Erfolg schien ihm dafür ebenso ungeeignet wie eine abgehobene Künstlerpose.

Seine Frage war: Was muss man tun, damit ein normaler, also ein vielleicht auch nur mittelmäßig talentierter Mensch ein erfolgreicher Schauspieler werden kann? Die Antworten, die er hierzu anbietet, sind so vielfältig, dass sein Lebenswerk, bestehend aus vielen umfangreichen Schriften, insgesamt eher das Dokument eines fortwährenden Forschungsprozesses darstellt als ein theoretisch kohärentes System. In der Betonung des einen oder anderen Aspekts unterscheiden sich seine Schüler und Nachfolger deswegen erheblich, die einmal aufgeworfene Frage aber beschäftigt seit Stanislawski unzählige Schauspiellehrer und Schauspielschüler. In ihr liegen die Wurzeln heutiger Schauspielausbildungen.

Seit der Gründung der ersten professionellen deutschen Schauspielschule durch Max Reinhardt im Jahr 1905 lassen sich in Hinblick auf die Ausbildung von Schauspielerinnen und Schauspielern bis zum heutigen Zeitpunkt in Deutschland zwei gegenläufige Tendenzen beobachten. Einerseits nämlich eine zunehmende Ausdifferenzierung, da es neben den staatlichen viele staatlich anerkannte und private Schauspielschulen mit den unterschiedlichsten methodischen Herangehensweisen und inhaltlichen Schwerpunkten gibt.

Andererseits erkennt man die Tendenz zu einer gewissen Standardisierung, ohne die die erworbenen Abschlüsse ihr Ziel verfehlen würden. Man versucht, trotz aller Differenzen Gemeinsamkeiten (und Vergleichbarkeiten) herzustellen. In den Ausbildungsplänen zeigt sich das darin, dass Grundlage und Bezugspunkt nach wie vor das realistische Spiel ist, das auf die Umsetzung dramatischer Vorlagen ausgerichtet ist. Schauspielerinnen oder Schauspieler, die damit überhaupt nichts anzufangen wissen (wollen), kann man nach wie vor als Exoten bezeichnen.

Darüber hinaus aber gehören heute an allen Akademien auch Elemente derjenigen Schauspieltraditionen zum Lehrplan, die sich deutlich vom Realismus abgrenzen lassen, zum Beispiel weil sie die »vierte Wand« durchbrechen, weil sie Figuren stilisieren oder weil sie ein anderes Verhältnis zu Texten einnehmen.

Insgesamt gilt weniger die konkrete künstlerische Äußerung als entscheidend, die vom Filmschauspiel bis zur Performance-Kunst reichen kann. Als wichtiger wird die Vermittlung schauspielerischer Grundlagentechniken eingestuft, die eine derartige Spezialisierung überhaupt erst ermöglicht.

Der Unterschied: eine Sache des Prinzips

Das ist nur eine kurze Charakterisierung. Aber auf ihrer Grundlage lassen sich auch zwischen aktuellen Schauspielausbildungen und einem theaterpädagogischen Schauspieltraining deutliche Grenzlinien ziehen, die sowohl Gemeinsamkeiten als auch Unterschiede markieren.

Hinsichtlich der künstlerischen Ausrichtung gibt es deutliche Parallelen, denn die Theaterpädagogik orientiert sich seit ihren Anfängen in den 1970er-Jahren an schauspieltheoretischen Grundfragen, die auch in der Ausbildung angehender Berufsschauspieler eine Rolle spielen. Entsprechend überschneidet sich das Interesse an den Theorieansätzen einschlägiger Autoren: an Stanislawski, Meyerhold, Tschechow oder Strasberg, an Brecht, Grotowski, Brook, Lecoq oder Johnstone.

Gegenüber einer theaterpädagogischen Perspektive muss man dennoch systembedingte Differenzen annehmen.

Ausbildungen sind im Allgemeinen dadurch bestimmt, dass sie nicht nur bestimmte Qualifikationen vermitteln, sondern auch dadurch, dass sie als etwas Abschließbares verstanden werden. Nach dem Erwerb bestimmter Fähigkeiten und Kenntnisse, die bestimmten Standards genügen, ist es den Absolventinnen und Absolventen eines Ausbildungsganges möglich, Zugang zu beruflichen Positionen zu erlangen. Ausbildungen haben somit auch eine Auswahlfunktion – das ist bei angehenden Schreinern oder Ingenieurinnen nicht anders als bei Schauspielern.

Freilich ist ein solches Vorhaben im künstlerischen Bereich sehr kompliziert und darum auch umstritten. Wann ist man ein »richtiger« Künstler? Welche Standards sollen gelten? Kann Kunst überhaupt standardisiert werden? Und: Sind nicht gerade Avantgarde-Künstler oft solche, die schulische Curricula entweder hinter sich lassen oder gar völlig ignorieren?

Trotz dieser Schwierigkeiten wird zu Beginn einer Ausbildung an Schauspielakademien verständlicherweise geprüft, wer überhaupt zugelassen werden soll, so gelten beispielsweise das Alter und auch das Spieltalent als Kriterien einer solchen Auslese. Diese pragmatisch nachvollziehbare Maßnahme ist aus theaterpädagogischer Perspektive dennoch problematisch, denn eine bereits gefestigte Persönlichkeit ist aus pädagogischer Sicht ebenso wenig hinderlich für Bildungsprozesse wie ein weniger ausgeprägtes Talent.

Und während eine Berufsausbildung irgendwann abgeschlossen wird, ist der Prozess der (ästhetischen) Bildung prinzipiell offen. Der Mensch wird während seines gesamten Lebens als entwicklungsfähig angesehen – was freilich nichts darüber aussagt, ob er diese Möglichkeiten auch nutzt.

Das Format »Ausbildung« stößt also ganz grundsätzlich an Grenzen, wenn es um Bildungsprozesse geht. Aber das sollte kein Hindernis sein, sich im Verlauf einer Schauspielausbildung am Ideal ästhetischer Bildung zu orientieren. Die Möglichkeit für theaterpädagogisches Schauspieltraining besteht durchaus.

Unterschiede treten besonders dann zutage, wenn die Vermittlung von künstlerischen Techniken allzu stark in den Vordergrund tritt gegenüber der ganzheitlichen Persönlichkeitsbildung. Man kann durchaus jahrelang fechten, singen, sprechen und Rollen erarbeiten, ohne dabei als Mensch wirklich gefördert zu werden. Vielleicht allenfalls nebenher. Gelegentlich kann der Unterricht sogar das Gegenteil bewirken, besonders wenn der Trainer Verfahren anwendet, die darauf abzielen, eine Person zu »brechen«, damit sie sich leichter »formen« lässt. Hier ist dann die Grenze zum theaterpädagogischen Arbeiten längst überschritten, denn dieses geht (wie gezeigt) von der Grundannahme aus, dass Menschen genau dann besser werden, wenn sie nicht zum Objekt degradiert, sondern als Subjekt entwickelt werden.

Man kann also festhalten: Hinsichtlich der künstlerischen Arbeit ergeben sich deutlich Anknüpfungspunkte. In pädagogischer Hinsicht mögliche Differenzen fallen umso geringer aus, je deutlicher sich die Ausbildung angehender Berufsschauspieler auch an deren persönlicher Entwicklung orientiert.

Verbindungen

Ein erneuter Blick auf den Bogen Papier mit dem schwarzen Kreis in der Mitte. Was ist nun das Ergebnis? Was ergibt sich für das Verständnis eines theaterpädagogischen Schauspieltrainings aufgrund der ersten Abgrenzung? Worin liegt das Besondere der Komponente »theaterpädagogisch«?

Man kann diese Fragen beantworten, indem man das Trennende beiseitelegt und die herausgearbeiteten Gemeinsamkeiten betrachtet. Die hier gewählte theaterpädagogische Perspektive ist orientiert an der pädagogischen Professionalität des Schultheaters und der künstlerischen Professionalität der Theaterschulen. Je deutlicher diese beiden Ausrichtungen erfolgen, desto offensichtlicher tritt jedoch die dritte hinzu: die aus der Laientheatertradition kommende Haltung, dass trotz aller Professionalisierung das Schauspielen nicht ein Mittel für schulische oder berufliche Qualifizierung bleiben darf, sondern zu etwas werden muss, das um seiner selbst willen besteht: zu einem Spiel.

Diese Verortung kann sich unmittelbar auswirken auf die alltägliche theaterpädagogische Berufspraxis, denn sie verhilft nicht nur zu einer größeren Klarheit in der Arbeit mit der jeweiligen Klientel, zum Beispiel was Auswahl der Methoden und Ziele angeht. Sie verhilft auch zu einer klaren Position gegenüber Außenstehenden: gegenüber der Intendanz oder der Schulleitung, gegenüber dem Publikum oder den Sponsoren. Und zwar nicht nur im Sinne radikaler Forderungen, sondern auch im Sinne des Kompromisses.

Wer weiß, wo er steht, kann auf andere zugehen.

2. SCHAUSPIEL

Die zweite Komponente des Begriffs ist »Schauspiel«. Die genauere Betrachtung einer Geschichte und Theorie des Schauspiels könnte also helfen, ein theaterpädagogisches Schauspieltraining weiter zu konkretisieren.

Bereits durch diese ausdrückliche Orientierung ergibt sich eine Eingrenzung der im ersten Abschnitt entwickelten »ästhetischen Bildung«, verweist sie doch darauf, dass es nicht nur um künstlerische Tätigkeit im Allgemeinen geht. Denn während es Konzepte ästhetischer Bildung zum Beispiel auch (und sogar schon länger) im Zusammenhang mit den bildenden Künsten gibt, dreht es sich hier ausschließlich um die künstlerische Tätigkeit des Schauspielers und der Schauspielerin und die an deren Tätigkeit geknüpften Bildungspotenziale.

Damit verbunden ist eine bislang unausgesprochene Fokussierung auf den Bereich, den die Theaterwissenschaften »Sprechtheater« oder »Schauspielertheater« nennen. Formen des Musiktheaters, des Tanztheaters oder des Figurentheaters spielen also von vornherein eine untergeordnete Rolle. Aber freilich führen derartige Unterscheidungen nicht weit, denn einerseits wäre sehr wohl ein theaterpädagogisches Schauspieltraining denkbar, das den Akzent beispielsweise auf Tanztheater legt. Und andererseits ist es aus theaterpädagogischer Sicht weniger wichtig, ob man diejenigen, die auf der Bühne stehen, Schauspielerinnen oder Performer nennt, ob sie singen, tanzen, sprechen oder schweigen. Viel spannender ist die Frage, inwiefern die Akteure dabei künstlerisch kreativ werden können. Wenn beispielsweise eine Spielerin in einer Schultheater-AG während der Probenarbeit ihre Aufmerksamkeit auf das fehlerfreie »Aufsagen« des Textes legt und darüber hinaus noch versucht, den choreografischen Anweisungen des Kursleiters nachzukommen, dann könnte es sein, dass für schauspielerische

Kreativität nicht viel Raum bleibt und somit auch nicht für ästhetische Bildung. Zumindest dann nicht, wenn sie vorher kein entsprechendes Training durchlaufen hat. Und dass derartige Zwangssituationen nicht nur bei Amateuren aufkommen, sondern auch in großen deutschen Schauspielhäusern immer wieder heraufbeschworen werden, zeigt ein Blick in die Geschichte des Schauspiels.

In der Auseinandersetzung mit dem »Literaturtheater« einerseits und dem »Regietheater« andererseits geht es also um zwei Fragen: Welche Rolle spielen Schauspielerinnen und Schauspieler im künstlerischen Prozess? Wo findet man Denkansätze und Traditionen, die ihnen kreative Freiräume zuerkennen? Die Antworten auf diese Fragen versprechen Einsichten in Möglichkeiten und Notwendigkeiten theaterpädagogischer Arbeit.

2.1 Literaturtheater

Die allgemeine Vorstellung, dass Theater irgendwie bestimmt sei von Literatur, ist in Deutschland ungewöhnlich ausgeprägt. Man kann das zum Beispiel an den Kommentaren erkennen, die man aufschnappt, wenn man nach einer Vorstellung noch ein wenig im Foyer des Theaterhauses herumsteht: Das »Stück« sei wirklich umwerfend gewesen, heißt es da immer wieder an der einen oder anderen Ecke. – Was bedeutet das? Was ist ein »Stück«? Eine solche Formulierung lässt zwar offen, inwieweit damit die Leistung des Ensembles gemeint ist oder die der Regie, vielleicht sind sie irgendwie mitgemeint. Oft aber wird man den Eindruck nicht los, dass sich dieser ganz selbstverständlich verwendete Begriff in erster Linie auf eine angenommene Textfassung der Dialoge bezieht, auf ein gedruckt vorliegendes Drama also.

Theater ist dramatisch – die meisten Menschen scheinen diese Verbindung im Kopf zu haben, ob sie nun im Zuschauerraum sitzen oder auf der Bühne stehen. Selbst junge Spielerinnen und Spieler, sogar die, die noch nicht lesen können, fragen nach einer gewissen Zeit spielerischer Improvisation, wann man denn nun endlich anfange, Theater zu spielen, so richtig eben, mit Texten, die man auswendig zu lernen habe.

Diese Beobachtung ist umso erstaunlicher, als solch eine Verbindung beim Film beispielsweise kaum eine Rolle zu spielen scheint. Wer kennt schon Drehbuchautoren? Und wer würde behaupten, er könne keinen Film drehen, weil er keinen Text vorliegen habe?

Es scheint bei uns also eine besondere kulturelle Prägung zu geben, die dafür sorgt, dass man ausgerechnet Theater unwillkürlich mit Textheften verknüpft. Um dieser Prägung auf die Spur zu kommen, lohnt sich es sich, der Geschichte des bürgerlichen Literaturtheaters nachzugehen und dabei auch jene Erscheinungsformen des Theaters zu skizzieren, die durch eine andere Auffassung dem Text gegenüber bestimmt sind.

Erneut also eine Zeitreise.

Hof- und Straßentheater

Sie setzt ein bei der vielseitigsten Epoche der deutschen Theatergeschichte, dem Zeitalter des Barock nämlich, in dem zwei Grundtypen des Theaters parallel zueinander existierten: das Hoftheater einerseits und das Straßentheater andererseits.

Das Hoftheater des Barock war eine Veranstaltung von reichen Adligen für reiche Adlige, das ganz einfach für deren Unterhaltung zu sorgen hatte. Menschen, die alles besaßen, was man besitzen konnte und die weder arbeiten mussten, noch sonst irgendwelche Verpflichtungen hatten, außer gelegentlich einen Krieg zu erklären, denen wurde es leicht langweilig. So langweilig, dass sie zum Beispiel anfingen darüber nachzudenken, wie viele Sandkörner sie gerade auf dem Handrücken balancierten. Um dieser Langeweile entgegenzuwirken, ließ man sich einiges einfallen: Man ließ Parks anlegen und Labyrinthe, man organisierte Jagden und große Festessen, man amüsierte sich bei Tanz, Musik, Oper und Feuerwerk. Oder eben bei Theaterveranstaltungen. Und am besten war es, wenn man Partys veranstalten konnte, auf denen möglichst viel von alledem geboten wurde.

Gleichzeitig waren höfische Feste zu dieser Zeit auch willkommene Gelegenheiten, sich in seiner Macht und in seinem Reichtum vor all den anderen Gästen zu präsentieren. Teure Kutschen, Schmuck und aufwendige Garderobe wurden vorgeführt, man stilisierte sich selbst und versuchte Beachtung zu finden. Auf diese Weise ergaben sich bemerkenswerte Vermischungen zwischen der »Vorstellung«, die zwischen den Partygästen ablief, und der, die (parallel dazu) auf der Bühne stattfand. Nicht selten trat zum Beispiel der Fürst, der das Fest ausrichtete, selbst in einer kleineren Rolle auf der Bühne auf. Oder man konnte ein Buffet, das von Fackeln umringt im Park vor der Bühne aufgebaut war, als Teil der Inszenierung auffassen – es *war* Inszenierung, aber welche? Ein solches Verschwimmen der Realitätsgrenzen äußerte sich in der für das Barock typischen Metapher vom *theatrum mundi* (Welttheater), in dem alles hinter Masken verborgen schien, alles Schöne als Trug entlarvt werden konnte.

Theater wurde dadurch zu mehr als nur einer attraktiven Möglichkeit des Zeitvertreibs. Es diente gleichsam als Symbol einer Lebenshaltung, das das Spiel zwischen Sein und Schein sinnfällig zum Ausdruck brachte.

Die Aufführungspraxis erscheint aus heutiger Sicht ebenso konsequent wie befremdlich. Selbst wenn man sich entschieden hatte, dem Schauspiel zumindest für eine gewisse Zeit die gemeinsame Aufmerksamkeit zu schenken, dann waren die adligen Zuschauer fortwährend bemüht, sich selbst in Szene zu setzen. Spuren dieses »Zuschauer«-Verhaltens findet man heute in der Architektur barocker Theaterhäuser: Die Fürstenloge, erster Rang Mitte, ist eigentlich der einzige Platz im ganzen Theater, von dem aus man die Bühne sehen kann, ohne Nackenverspannungen zu bekommen. Die Logen dagegen, die sich direkt seitlich am Rande der Bühne befinden (bei den »Muppets« von Waldorf und Statler besetzt), bieten eine hundsmiserable Sicht auf die Bühne, und zwar deshalb, weil es weniger darum ging zu sehen, als vielmehr darum, gesehen zu werden. Und das funktionierte auf diesen seltsamen Plätzen hervorragend, denn man wurde Teil des Bildes – oder eigentlich: der Bilderrahmen der gezeigten Vorstellung.

Bei vielen Gelegenheiten jedoch nahm man die jeweilige Aufführung gar nicht so ernst und betrachtete sie eher als nebensächlichen Teil des Festes, weswegen es durchaus üblich war, nicht den Bühnenraum durch Beleuchtungseffekte hervorzuheben, sondern den Zuschauerraum.

Nach diesen Rahmenbedingungen richtete sich die Auswahl der Theatermittel. Grundsätzlich war alles auf Versinnlichung, auf visuelle oder akustische Effekte ausgerichtet. So wurden beispielsweise auf der Bühne besonders einfallsreiche Kostüme und Bühnenbilder gezeigt. Außerdem versuchte man mit hoch entwickelter Bühnentechnik, das Publikum zum Staunen zu bringen, indem man zum Beispiel Figuren in die Höhe oder in den Boden verschwinden ließ. Insgesamt mussten die Darbietungen so geschaffen sein, dass man die Zuschauer hierfür nicht zu stark beanspruchte. Ein auch heute noch im Schauspieltraining zu findendes Element, das sich hierfür gut eignete, war die Standbild-Technik. Durch das Wegziehen des bis dahin geschlossenen Theatervorhangs konnten die Gäste mit spannungsreichen Tableaus überrascht werden, ohne dass die Party damit allzu lange aufgehalten wurde. Ein kurzer Applaus und dann konnte man weiteressen.

Die zweite wichtige Theaterform dieser Zeit bekommt in den Theaterwissenschaften heute unterschiedliche Bezeichnungen. Eine Möglichkeit besteht darin, sie in Analogie zum »Hof«-Theater danach zu benennen, wo gespielt wurde, und darum einfach von »Straßentheater« zu sprechen.

In vieler Hinsicht erscheint dieses Theater geradezu als Gegenpol zum Hoftheater, besonders was die materiellen Rahmenbedingungen angeht.

Die Spieler des Straßentheaters waren fahrendes Volk, sie gehörten den bereits erwähnten Wanderbühnen an, welche im Süden Deutschlands stärker von der Tradition der *Commedia dell'arte* beeinflusst waren, im Norden stärker von Ensembles, die dem starken Konkurrenzdruck in England ausgewichen waren, indem sie sich neues Publikum auf dem Kontinent suchten. Das Ziel dieser

Wanderbühnen bestand natürlich zuallererst darin, Geld zu verdienen, und sofern sie nicht die Möglichkeit hatten, an einem der Fürstenhöfe zu gastieren, so suchten sie als Publikum das einfache (also nicht-adlige) Volk. Am besten an Orten und bei Gelegenheiten, wo man auf gute Einnahmen hoffen konnte, also beispielsweise auf Jahrmärkten oder Festen.

Und das Publikum, von dem man annehmen kann, dass es zu dieser Zeit wohl in der Mehrzahl recht ungebildet war, ließ sich auf diese Art und Weise gern unterhalten. Bei dessen Unterhaltungsbedürfnis ging es freilich nicht um die Vertreibung des »krassierenden Müßiggangs«, der die Adelshöfe so beschäftigte, sondern eher um ein Stück Abwechslung in einem harten und oft entbehrungsreichen Leben. Man darf nicht vergessen, dass die Barockzeit geprägt war durch den 30-jährigen Krieg, die Pest und zahlreiche Hungersnöte, die ganze Landstriche entvölkerten.

Somit kann man die Wahl der künstlerischen Gestaltungsmittel nachvollziehen, die die Erscheinungsform des Straßentheaters prägten. Weil die Ensembles oft ebenso arm waren wie ihr Publikum, mussten sie auf teure Kostüme, Kulissen und Requisiten verzichten. Als Bühne diente vielleicht ein einfaches Holzpodest, ein kleiner Vorhang als *Off*, fertig. Umso mehr musste die jeweilige Vorstellung von der schauspielerischen Qualität leben. Und weil die Schauspieltruppen oft aus fremden Ländern kamen, reduzierte man die sprachlichen Elemente nicht selten auf das erforderliche Minimum und setzte stattdessen auf stark körperliches Spiel, pantomimische Einlagen und extreme, oft archetypische Figuren. Das war schlicht, aber wirkungsvoll.

Die Entgegensetzung von Hoftheater einerseits und Straßentheater andererseits wird hier im Sinne der Modellbildung etwas zugespitzt. In der Realität war die Trennlinie zwischen den beiden Erscheinungsformen keineswegs undurchlässig, denn es gab vielfältige Wechselwirkungen. Insbesondere insofern, als außergewöhnlich erfolgreiche Ensembles auch gern gesehene Attraktionen bei höfischen Feierlichkeiten waren, was für die betreffenden Künstler meist als großer Glücksfall betrachtet werden konnte: Immerhin war man hier nicht auf den Hut der Straßenkünstler angewiesen, sondern wurde im wahrsten Wortsinne »fürstlich« entlohnt.

Aber auch ohne direkte personelle Verknüpfungen bestanden zwischen dem Theater am Hofe und dem auf der Straße deutliche Gemeinsamkeiten. Erstens waren beide strikt an der Unterhaltung des Publikums orientiert und zweitens konnten beide auf literarische Qualität (und manchmal gar auf Sprache insgesamt) weitgehend verzichten. Nicht zufällig ist das Zeitalter des Barock aus heutiger Sicht eine Blütezeit des Theaters, nicht aber des Dramas.

Vor einem solchen Hintergrund ist die Entstehung eines »bürgerlichen Literaturtheaters« seit der Aufklärung als etwas ganz Neues zu verstehen.

Bürgerliches Literaturtheater

Will man sich Grundzüge des bürgerlichen Theaters vor Augen führen, so kann man nicht wie bei Hof- oder Straßentheater an den institutionellen Rahmenbedingungen ansetzen, um daraus Ziele und gewählte künstlerische Mittel abzuleiten. In diesem Fall ist das Umgekehrte erforderlich. Man muss bei den Zielen beginnen, denn die vom Aufklärungsgedanken angetriebene Bewegung war – nicht nur im Theater – zunächst eine Vision, ein Ideal, etwas, für das man kämpfen musste. Die realen Verhältnisse ließen sich erst auf langen Umwegen dementsprechend verändern.

Das wichtigste dieser Ideale ist bekanntermaßen das Vernunftdenken: die Vorstellung, der menschliche Geist sei in der Lage, die Welt zu verstehen und zu gestalten. Die Vorstellung, der Einzelne könne sein Leben bewusst in die Hand nehmen und gemäß der eigenen vernünftigen Einsichten befreien von Zwängen und überflüssigen Traditionen. »Aufklärung ist der Ausgang des Menschen aus seiner selbstverschuldeten Unmündigkeit« – diese berühmte Definition von Immanuel Kant bringt die Denkrichtung auf den Punkt. Ein Theater, das sich in den Dienst derartiger Bemühungen stellt, ist darum nicht länger nur auf die Unterhaltung des Publikums ausgerichtet, sondern es wird von vornherein von einer pädagogischen Grundintention getragen.

Ein zweites Ideal jedoch, das mit dem ersten untrennbar verbunden ist, besteht in der Vorstellung einer aus vernünftigen Einsichten abgeleiteten Moral. Die individuelle Entfaltung des Einzelnen findet ihre Begrenzung darin, dass man sich an einen strikten Moralkodex bindet, sodass Freiheitsstreben und das geordnete menschliche Zusammenleben (auch innerhalb der göttlichen Ordnung) gewährleistet sind. Auch darum geht es dem neuen Theater: um das Bilden und Festigen einer bürgerlichen Moral.

Allein mit dieser doppelten Ausrichtung grenzte man sich bereits deutlich ab vom Hoftheater, das aus bürgerlicher Sicht die Falschheit und die verkommene Moral des Adels repräsentierte, und ebenso vom bildungsfernen Straßentheater. Jenseits dieser beiden Welten propagierte das neue Theater eine heile bürgerliche Welt der Toleranz, des Mitgefühls, der Religiosität und Ehre.

Zentral für die Präzisierung eines heutigen theaterpädagogischen Schauspieltrainings ist nun die Konsequenz in der Wahl der Gestaltungsmittel. Denn all dies konnte man nur erreichen über eine literarische Vorlage, über ein Drama. Der Schriftsteller garantiert die Einlösung der hochgesteckten Ziele, er schafft das eigentliche Kunstwerk – hier liegt die Wurzel einer Literarisierung des Theaters in Deutschland.

Weil aber das Wort des Dichters Kern und Ursprung des neu gedachten Theaters wurde, galt Improvisation den Aufklärern als chaotischer Wildwuchs, als »unordentlich« und nicht selten auch als unmoralisch. Kein Wunder, dass der Schriftsteller und einflussreiche Literaturtheoretiker Johann Christoph Gottsched eines Tages (im Jahr 1737) auf die Idee kam, eine Harlekin-Puppe in einer Vorstellung auf der Bühne symbolisch verbrennen zu lassen. Der gefeierte Held des damaligen Theaterpublikums musste verschwinden, weil er nicht mehr ins Konzept passte.

Ein Problem für das bürgerliche Literaturtheater war, dass es tatsächlich eher Konzept war, eine faszinierende Idee, dass es für die Umsetzung dieser Idee aber zunächst keinen institutionellen Rahmen gab. Und daran hatte das Publikum, das die Literaten im Blick hatten, durchaus gehörigen Anteil. Denn die Leute, auch diejenigen, die gerne Theatervorstellungen besuchten, waren durchaus nicht immer begeistert, wenn sie mal wieder »gebildet« oder »moralisch erbaut« werden sollten. Sie bevorzugten eher das, was den Aufklärern so suspekt geworden war: Unterhaltsames, leichte Kost zum Feierabend.

Aber auch die reine Anzahl der bürgerlichen Zuschauer stellte ein Problem dar, weil es durch die Zergliederung Deutschlands in viele kleine und kleinste Fürstentümer keine einflussreiche bürgerliche Öffentlichkeit gab. Deswegen erwies sich der Versuch, in wirtschaftlich bedeutenden Städten bürgerliche Schauspielhäuser zu etablieren (»Nationaltheater«) als ein überaus langwieriges Projekt. Bis weit ins 19. Jahrhundert blieb man auf kunstorientierte adlige Gönner angewiesen, die bereit waren, ihr Hoftheater für Theaterexperimente zur Verfügung zu stellen. Die neuen Abhängigkeiten, die sich daraus ergaben, führten oft dazu, dass die Schauspielensembles, die an Hoftheatern arbeiten durften, geradezu Zentren reaktionären Denkens wurden.

Obwohl also die Herausbildung des bürgerlichen Literaturtheaters keineswegs ohne Umwege verlief und sich aus heutiger Sicht über einen Zeitraum von über 200 Jahren erstreckte, waren die Folgen für den Schauspieler im künstlerischen Prozess weitreichend. Das Drama war zur dominierenden Größe im Theater geworden. Und deswegen es kam zu einem sich zuspitzenden Spannungsverhältnis zwischen der Gestaltungsmacht des Dichters und der des Ensembles.

Wirklich neu war nicht, dass man niedergeschriebene Dialogtexte verwendete, das hatte es auch zuvor schon gegeben. Neu war der Stellenwert dieser Texte: Sie waren vom Hilfsmittel zum Kern theatralen Schaffens geworden. Somit wurde die Wahl der schauspielerischen Gestaltungsmittel nicht mehr nach Gesichtspunkten eigenständiger Kreativität beurteilt, sondern ausschließlich danach, ob sie der Umsetzung der Ideen des Autors dienten. Eine atemberaubende Degradierung! Schauspieler wurden zu »Sekundärkünstlern« im Dienste der Autoren.

Um solche Dienste zu fördern, wurden am Theater Leseproben eingeführt. Die Bedeutung des Souffleurs nahm zu. Und schließlich wurden die Spielerinnen und Spieler auf striktes Auswendiglernen der vorliegenden Texte verpflichtet. Willkürliche Eingriffe in den »wohleingerichteten« Text waren absolut tabu und Texthänger während einer Vorstellung wurden mit drakonischen Strafen belegt.

Betrachtet man die Geschichte des Theaters in Deutschland aus diesem Blickwinkel, dann lassen sich viele Ereignisse als Maßnahmen zur Unterwerfung der Schauspielerei interpretieren.

Schiller zum Beispiel war 1784 Hausautor am Mannheimer Nationaltheater – allein das ist schon bemerkenswert! Im Umfeld der Arbeit an »Kabale und Liebe« kam es zu großen Spannungen mit dem Schauspielensemble, weil der Autor mehr Texttreue einforderte, während die Schauspieler beklagten, derlei gekünstelte Texte könne man weder auswendig lernen noch sprechen. Spiegelt sich in solchen Auseinandersetzungen nicht der Kampf des Dichters um die Vormachtstellung am Theater?

Während Schiller in Mannheim letztlich den Kürzeren ziehen musste, hatte sich sein späterer Freund und Kollege Goethe als Intendant am Weimarer Hoftheater umfangreiche Befugnisse zusichern lassen. Er besaß dort eine Machtfülle, die es ihm erlaubte, in die Arbeit der Schauspieler bis ins Detail nach eigenen Vorstellungen einzugreifen. Seine »Regeln für Schauspieler« schreiben darum fest, wie man sich auf der Bühne zu verhalten hat. In Paragraf 37 zum Beispiel heißt es:

> »Die Haltung des Körpers sei gerade, die Brust herausgekehrt, die obere Hälfte der Arme bis an die Ellbogen etwas an den Leib geschlossen, der Kopf ein wenig gegen den gewendet, mit dem man spricht, jedoch nur so wenig, dass immer dreiviertheil vom Gesicht gegen den Zuschauer gewendet ist.«[1]

Hier hat der Dichter die Oberhand. Wie viel Raum mag wohl der schauspielerischen Kreativität angesichts solcher Vorschriften zugekommen sein? Eine rhetorische Frage.

Selbst gegen Ende des 19. Jahrhunderts, zu einer Zeit also, als der bürgerliche Fortschrittsglaube längst brüchig geworden war, erschien die Vormachtstellung des Dichters unverändert. Gerhart Hauptmann zum Beispiel liefert in seinen

---

1 Zitiert nach Roselt, Jens (Hg.): Seelen mit Methode. Schauspieltheorien vom Barock- bis zum postdramatischen Theater. 2. Aufl., Berlin 2009, S. 182.

naturalistisch geprägten Dramen nicht nur die zu sprechenden Dialogtexte, er versucht auch mithilfe umfangreicher Regieanweisungen Bewegungen, Positionen, Emotionen oder Beziehungen zwischen den Figuren festzuschreiben. Lassen sich diese Nebentexte nicht als Kontrollinstrumente des Dichters betrachten, die dazu dienen, den Subtext des Schauspielers, dessen eigenständige Interpretation einzuschränken?

Sicherlich ist dieser generell feststellbare Trend zum Teil darauf zurückzuführen, dass der soziale Status des Schriftstellers seit Beginn der Aufklärung höher eingestuft wird als der des Schauspielers – eine Hierarchie, die man auch theoretisch legitimierte, besonders durch die Rezeption der aristotelischen »Poetik«, dem vermeintlich wichtigsten Regelwerk abendländischen Theaters. In dieser Schrift wird die berühmte »kathartische« (innerlich reinigende) Wirkung des Theaters auf den Zuschauer auf ein entsprechend gestaltetes Drama zurückgeführt. Über die Theatervorstellung dagegen, das Live-Ereignis vor Publikum, äußert sich Aristoteles allenfalls beiläufig. Zumindest für die Gelehrten, die sich in den Anfängen um eine neue Ausrichtung des bürgerlichen Theaters Gedanken machten, war dies sicherlich prägend.

Es ist aber anzunehmen, dass die zum Programm erhobene Dramatisierung des Theaters nicht nur Ergebnis einer Auseinandersetzung *innerhalb* des Theaterbetriebs war, vielmehr liegt es nahe, dass auch außenstehende Autoritäten auf diese Entwicklung Einfluss nahmen: insbesondere die geistlichen und weltlichen Eliten.

Für die Kirche gab es mehrere Motive, die Schauspielkunst in enge Grenzen zu weisen. In Anlehnung an platonische Philosophie hatte man eine gehörige Skepsis gegenüber dem Theater als Ganzem. Es galt als Ort der Verstellung und des Trugs. Besonders aber galt es als Ort der Sinnlichkeit, des Lasters und der diesseitigen Unterhaltung. Darum strebt der alte Jorge in »Der Name der Rose« nach der Vernichtung der (bis heute verschollenen) Komödienschrift des Aristoteles. Und es lässt sich vermuten, dass kirchliche Moralwächter dem verkörpernden Schauspieler darum kritischer gegenüberstanden als dem grübelnden Wortkünstler. Immerhin kann man Dramentexte auch lesen, ganz im Stillen, ganz ohne den moralisch zweifelhaften Theatertrubel.

Den weltlichen Eliten dagegen war natürlich Moral weniger wichtig, höchstens als Mittel zum (politischen) Zweck. Dafür waren die Fürsten verständlicherweise sehr darauf bedacht, dass die mit der Aufklärung entfachten Freiheitsideale kein politisches Potenzial entfalteten und nicht umschlugen in revolutionäre Bewegungen. Um in diesem Sinne alles unter Kontrolle zu halten, war es nur folgerichtig, ein dramenorientiertes Theater zu fördern, das man erheblich leichter der Zensur unterwerfen konnte als Improvisation.

Nicht zuletzt sind die Verschiebungen hin zu einem bürgerlichen Literaturtheater auf ein ganz grundsätzliches Datenträger-Problem zurückzuführen. Während nämlich der Speicherung von Wissen seit der Aufklärungsepoche eine immer größere Bedeutung zukam, ließ sich das Theaterereignis, also die leibliche Ko-Präsenz von Spielern und Zuschauern nicht oder nur schwer »festhalten« – ein Problem, vor dem auch die heutige Theaterwissenschaft noch steht, insbesondere, wenn sie sich mit der Geschichte des Theaters befasst. Ihr Forschungsgegenstand ist eigentlich in dem Moment »über die Bühne«, in dem er entsteht, er ist ein momentanes und einmaliges Ereignis. Lessing sprach vom »transitorischen Charakter« der Aufführung und meinte damit ebendiese schwer greifbare Flüchtigkeit der Kunstform Theater. Aus diesem Grund wird es verständlich, dass die Begriffe »Theatergeschichte« und »Dramengeschichte« heute oftmals synonym verwendet werden, oder dass man im alltäglichen Sprachgebrauch von einem »Stück« spricht: Über die Aufführungen des »König Ödipus« im Griechenland der Antike wissen wir ziemlich wenig, der dramatische Text aber ist seit Jahrtausenden »gespeichert«.

Seit der Entwicklung des Films als Speichermedium lockert sich dieser Zusammenhang ein wenig. Man kann heute zumindest einen Teil des Moments einfangen – dass dies aber nicht vollständig möglich ist, weiß jeder, der schon mal versucht hat, den Mitschnitt eines »sagenhaften« Theaterabends zu genießen. Oft ist die Aufzeichnung trotz moderner Technik nur ein schwaches Abbild des wirklichen Ereignisses.

All dies sind Ansatzpunkte für ein Verständnis des bürgerlichen Literaturtheaters als historisches Phänomen.

Welche Rolle aber spielt es heute? Und welche kreativen Freiräume bietet es heutigen Schauspielerinnen und Schauspielern? Antworten auf diese Fragen liefert erneut der russische Theatermacher Konstantin S. Stanislawski. Mit ihm nämlich erreichte das dramatisch orientierte Theater einerseits eine neue Stufe der Vollendung, andererseits aber wurde es auch grundlegend hinterfragt.

Stanislawski experimentierte. Und als »Labor« für seine Experimente diente das 1898 gegründete »Allgemeine Moskauer Künstlertheater«. Allein der Name war schon programmatisch gemeint: Die Schauspielerinnen und Schauspieler des Hauses sollten sich ausdrücklich als Künstler verstehen. Und eben darin liegt – jenseits all der methodischen Anregungen – die Besonderheit seiner Arbeit. Stanislawski versuchte, den Schauspieler als gleichrangigen Künstler zu etablieren, ihn aus seiner Rolle als »Sekundärkünstler« zu befreien, ohne dabei jedoch vom dramatisch dominierten Theater abzuweichen. Sein Ziel war somit die Auflösung der Spannung, die das bürgerliche Literaturtheater von Anfang an geprägt hatte. Schriftstellerische und schauspielerische Arbeit sollten zu einer harmonischen Einheit werden.

Inspiriert war diese Position zunächst vom Naturalismus. Die bürgerlichen Theaterhäuser waren in vielen Teilen Europas im späten 19. Jahrhundert zu dem geworden, was man zu Beginn der Aufklärung so vehement abgelehnt hatte: zu Orten der Repräsentation und der Unterhaltung. Das Abendkleid war wichtig geworden, man gefiel sich in der Kopie adliger Rituale, an anspruchsvoller oder gar kritischer Theaterkunst war man kaum interessiert.

Hier setzten die Forderungen der Naturalisten an. Das Theater sollte nicht länger Ort des schönen Scheins bleiben, sondern zu einem Ort kritischer Auseinandersetzung mit den Problemen der Zeit werden. Somit ging es um das Aufdecken bürgerlicher Lebenslügen und der Scheinmoral hinter den Fassaden. Auch um die Darstellung dessen, was bis dahin auf der Bühne vollständig ausgeblendet blieb: Hunger, soziale Kälte, Ausbeutung, Alkoholismus, Kriminalität.

Stanislawski war in dieser Hinsicht kein Programmatiker – er verstand sich als Theaterkünstler, nicht als Schriftsteller oder Gelehrter. Aber er war überzeugt von den Konsequenzen solchen Denkens: Das Theater war hohl geworden. Es musste sich rückbesinnen auf zentrale Anliegen, die bereits seit der frühen Aufklärung formuliert waren, aus Stanislawskis Sicht in erster Linie auf glaubhafte, realistische Figuren. Das zeitgenössische Schauspiel erschien ihm geprägt von leerem Pathos, von schablonenhafter Darstellung und stilisierter Deklamation. Eine Verbindung zum Leben, zur Welt außerhalb des Theaters, konnte auf diese Weise nicht zustande kommen.

Genau in dieser lebendigen Verbindung liegt nach Stanislawski die Herausforderung für schauspielerische Kreativität. Doch wie lässt sie sich realisieren? Wie gelangen Schauspieler zu glaubhaften Figuren?

Zunächst benötigt man Zeit. Das klingt vielleicht banal, es war aber bei damaligen Theaterproben ebenso wenig selbstverständlich wie heute.

Zeit braucht man erstens für das Training der Schauspielerinnen und Schauspieler, für ihre wachsende Fähigkeit, einerseits kontrolliert zu handeln, andererseits »durchlässig« zu sein für Impulse. Und zwar jeweils geistig, emotional und körperlich. Das geht nicht von heute auf morgen, aber es wirkt sich langfristig aus auf die künstlerische Qualität.

Zweitens braucht man Zeit für kreative Arbeit an der jeweiligen Rolle. Man spielt keine vorgefertigten Schablonen, sondern arbeitet in kleinen Schritten an der Entwicklung einer individuellen Figur. Gespeist wird dieser Prozess aus dem Material des dramatischen Textes und dem Material, das der Schauspieler mitbringt, also etwa dessen persönlichen Erfahrungen, Beobachtungen, Gefühlen oder Assoziationen.

Und drittens benötigt man Zeit, um in einer Art Theaterlaboratorium herauszufinden, wie man das allgemeine Grundlagentraining und die spezifische Rollenarbeit am besten voranbringen könnte. Methoden also, auch Lehrmethoden müssen hierbei entwickelt und überprüft werden.

Im »Künstlertheater« waren diese drei Schritte oft kaum voneinander trennbar. Training, Probe und Grundlagenforschung bildeten eine Einheit, zumindest bekommt man diesen Eindruck, wenn man die Schriften Stanislawskis oder seiner Schüler heute liest.

Wassili Toporkow, einer dieser Schüler, beschreibt zum Beispiel, wie eine Schauspielerin völlig unvorbereitet eine Rolle bekam.

»›Wer spielt die Mstislawskaja?‹ Die junge Darstellerin wagte sich schüchtern hervor. Man stellte sie Stanislawski vor. Er begrüßte sie freundlich und bat sie auf die Bühne zu gehen und zu proben. ›Aber ich weiß doch gar nichts, ich habe ja den Text noch gar nicht gelernt.‹ ›Das ist gerade gut, dass Sie ihn nicht gelernt haben. Legen Sie das Textbuch hin, und gehen Sie zum Stelldichein mit einem jungen Mann in den Garten. Sehen Sie, da ist er im Begriff über den Zaun zu klettern, um zu Ihnen zu kommen. Warten Sie auf ihn, horchen Sie, versuchen Sie zu erraten, woher er kommt! Dann kommt er zu Ihnen über den Zaun gesprungen. Nehmen Sie sich irgendein Spiel mit ihm vor, verstecken Sie sich, erschrecken Sie ihn! Das bringen Sie doch fertig, was? Nun, dann fangen Sie mal an.‹ ›Aber was soll ich denn sagen?‹ ›Sagen Sie, was Sie unter den gegebenen Umständen sagen möchten!‹«[2]

Man kann sich heute vorstellen, wie groß das Erstaunen der versammelten Schauspielerinnen und Schauspieler gewesen sein musste, wenn sie derartige Experimente erleben durften. Es ist gut, wenn du den Text noch nicht gelernt hast! – allein eine solche Aussage stellte vieles auf den Kopf, was man bis dahin von Intendanten oder Regisseuren gehört hatte.

Für die Abgrenzung eines heutigen theaterpädagogischen Schauspieltrainings sind derartige Passagen von erheblicher Bedeutung. Unter anderem wird deutlich: Der literarische Text wird nicht überflüssig, im Gegenteil. Er wird nur seiner Dominanz beraubt und erfährt eine bewusste Erweiterung durch den Subtext. Das heißt: Stärker in den Fokus rückt das, was vor, hinter und zwischen den Worten liegt.

Es ist bezeichnend für Stanislawskis Arbeit, dass sie sich in der intensiven Auseinandersetzung mit zeitgenössischen Dramatikern entwickelte, besonders mit Anton Tschechow, der einer der »Hausautoren« am Künstlertheater war. In dessen Werken liegt ein besonderes Gewicht auf dem Unausgesprochenen, auf

2 Toporkow, Wassili: Stanislawski bei der Probe. Erinnerungen. Leipzig 2013, S. 107.

der Pause, dem Schweigen der Figuren – ein idealer Spielraum für die Schauspieler, die diese Lücken ausfüllen können: mit einem federnden Schritt, einem kurzen Seitenblick, dem langsam eingezogenen Atem, einem plötzlichen Tempowechsel beim Tischdecken oder unvermittelter Reglosigkeit.

In diesem russischen Theaterlabor, so kann man aus heutiger Sicht zusammenfassend sagen, entwickelte sich eine bis dahin nicht realisierte Harmonisierung von Drama und Theater, von Text und Spiel.

Postdramatisches Theater

Bereits in dem Textauszug von Toporkow deutet sich vorsichtig an, dass Stanislawski nicht nur zu einer Vervollkommnung des bestehenden Literaturtheaters beitrug, sondern auch schon einen Weg zu dessen Überwindung eröffnete. In der ausdrücklichen Bitte nämlich, die junge Schauspielerin möge doch trotz fehlender Textkenntnis einfach mithilfe ihrer persönlichen Vorstellungskraft an der Szene arbeiten, steckt mehr als die Erweiterung bisheriger Ansätze, die das Literaturtheater auf ein neues Niveau zu heben vermochte. Denn: Verweist Stanislawskis Aufforderung nach einem *vorübergehenden* Spielen ohne Text nicht auf die Möglichkeit, das Schauspiel irgendwann *dauerhaft* ohne Text zu gestalten? Verweist sie nicht auf die Möglichkeit, ihn irgendwann allenfalls als Ausgangspunkt der Arbeit, als Inspirationsquelle zu verwenden? Je erfolgreicher die Probenexperimente im Künstlertheater verliefen, desto mehr lagen solche Möglichkeiten in der Luft!

Der Altmeister ist diesen Weg nicht selbst gegangen. Aber andere. Insbesondere diejenigen Theaterkünstler der Jahrhundertwende und des angehenden zwanzigsten Jahrhunderts, die man heute zur »historischen Avantgarde« zusammenfasst, haben in diese Richtung weitergedacht und weitergeprobt. Sie waren Vorreiter eines Theaters ohne Drama.

Diese Avantgardisten waren getrieben von der Sehnsucht nach Neuem. Aus der geteilten Ablehnung des »alten« Theaters entstanden Gemeinsamkeiten in der Neuausrichtung – trotz aller Differenzen im Einzelnen und trotz der Tatsache, dass sich die Vertreter dieser Strömung keineswegs alle untereinander kannten. Sie verband die Ablehnung des bürgerlichen Literaturtheaters mit seiner Text- und Sprachdominanz, mit seiner Tendenz zum Bühnenrealismus und seiner Vorstellung, das Theater habe mimetisch die Welt zu spiegeln. Und darum experimentierten sie mit neuen Bühnenformen, die oft die »vierte Wand« zum Zuschauer durchbrachen, mit neuen (oft sehr körperlich orientierten) Schauspieltechniken und sie versuchten insbesondere ein Theater zu schaffen, das nicht mehr nur Abbild der Welt sein sollte, sondern eine Kunstrealität für sich.

Und noch eins war den Vertretern der »historischen Avantgarde« gemeinsam: Zu ihrer Lebenszeit kam ihnen nicht annähernd die Anerkennung zu wie heute – Künstlerschicksal.

Einer dieser jungen Wilden war der russische Theatermacher Wsewolod Meyerhold (1874-1940). Er war zunächst Schüler am Moskauer Künstlertheater, sogar ein regelrechter Musterschüler, hatte sich aber bald sowohl von seinem Lehrer als auch von dessen Schauspielauffassung abgewandt, um eigene Wege zu gehen.

Diese Abwendung hob er selbst immer besonders deutlich hervor, zum Teil begründete seine Selbststilisierung zum großen Gegenspieler Stanislawskis sogar eine gewisse Einseitigkeit im Denken, die ihn selbst einschränkte. Aber obwohl er das Theater tatsächlich in einiger Hinsicht aus anderer Perspektive betrachtete, ließ er seine Ausbildung doch keineswegs einfach spurlos hinter sich. Wie sein Lehrer verband er unermüdlich künstlerische Tätigkeit mit künstlerischer Grundlagenforschung. Hinter dem, was er im Proberaum oder auf der Bühne tat, steckte die grundsätzliche Frage: Wie kann man schauspielerische Gestaltungsräume erweitern? Und das Ziel seiner Studien war die Entwicklung eines wissenschaftlich fundierten Systems der Schauspielausbildung.

Insofern also ganz wie der Alte. Das, was ihn wirklich von Stanislawski unterschied, war der Zugang zum Schauspiel. Denn er war der Überzeugung, dass es für einen guten Schauspieler am wichtigsten war, seinen Körper kennenzulernen und zu beherrschen, während ihn innerseelische Vorgänge kaum interessierten. Anregungen hierfür fand er bezeichnenderweise in Theatertraditionen, die außerhalb des bürgerlichen Literaturtheaters lagen, in den Spielformen der *Commedia dell'arte* zum Beispiel oder im *Kabuki*, einer japanischen Theaterform, die besonders von Gesang, Tanz und pantomimischen Elementen geprägt ist.

Aus jahrelangen Experimenten entstand schließlich eine Trainingsmethode für Schauspielerinnen und Schauspieler, die man auch heute noch mit Meyerhold verbindet: die Biomechanik.

Die Geschichte ihrer Entstehung ist überaus spannend, inspiriert wurde sie nämlich von der industriellen Arbeitswelt. Meyerhold hatte die Verfahren der Tayloristen kennengelernt, deren Bestreben es war, Bewegungsabläufe von Fließbandarbeitern so weit zu zerlegen, dass man überflüssige (und damit betriebswirtschaftlich unrentable) Teile davon systematisch ausklammern konnte. Dass es sich hierbei um Methoden handelte, die den Menschen im Arbeitsprozess wie eine Maschine betrachteten, deren Wirkungsgrad man steigern könne, war für Meyerhold kein moralisches Thema. Vielmehr war er fasziniert von der Idee, den menschlichen Bewegungsapparat derart perfekt unter Kontrolle zu bekommen. Und er erkannte sogar im Ausführen einer oft ausgeübten Tätigkeit des Arbeitslebens eine tänzerische Leichtigkeit, an der sich der darstellende Künstler orientieren konnte. Eine nachvollziehbare Beobachtung. Man kann einer geübten Köchin oder einem erfahrenen Friseur bei der Arbeit zusehen wie einem Schauspieler auf der Bühne – und man wird in deren Bewegungen nichts Überflüssiges finden, man wird sie als rund, harmonisch und rhythmisch erleben, vielleicht sogar insgesamt als »schön«.

Meyerhold begann systematisch, eine für das Schauspiel taugliche Körpersprache zu entwickeln, die man so gezielt einsetzen konnte, dass nur das Wesentliche einer Bewegung übrig blieb. Grundprinzipien waren zum Beispiel der Wechsel von Statik und Dynamik, von Anspannung und Entspannung sowie Rhythmus, Gleichgewicht oder der Zusammenhang zwischen Atem und Bewegung. Und all diese Elemente verdichtete er in kanonisierte Übungen, die Schauspieler an seinen Laboratorien erlernen und deren Grundprinzipien sie durch Wiederholung verinnerlichen sollten.

Das heißt: Meyerhold ging es eigentlich nicht in erster Linie darum, die Biomechanik-Übungen in Inszenierungen zu verwenden, seine Absicht war es, an ihnen das körperliche Ausdrucksvermögen der Schauspielerinnen und Schauspieler zu schulen. Wer die Übungen wirklich beherrschte, sollte in der Lage sein, die verschiedensten Rollen zu verkörpern.

Die Bedeutung dieser Ideen für die Herausbildung eines postdramatischen Theaters liegt darin, dass Meyerhold allein durch die besondere Betonung der Körpersprache im Theater dazu beitrug, dass die gesprochene Sprache kaum noch nötig war. Durch die Erweiterung der schauspielerischen Gestaltungsräume ergab sich – beinahe nebenbei – ein Rückzug des Literarischen!

Demgegenüber gab es auch Vertreter der »historischen Avantgarde«, die in dieser Hinsicht weitaus direkter waren, die ohne Umschweife jegliches dramatische Theater als unzeitgemäß verwarfen und eine Rückbesinnung des Theaters auf sein »eigentliches« Wesen forderten.

Zu denen gehörte der Franzose Antonin Artaud (1896-1948). Im Gegensatz zu Meyerhold ging dieser in seinen Schriften, obwohl er Schauspieler und Regisseur war, nicht von der Praxis aus, also nicht von der Arbeit im Proberaum oder an der Bühnenkante. Er war in erster Linie Theoretiker. Und seine programmatischen Texte lassen zumindest in einer Hinsicht keinen Zweifel zu: Das zu seiner Zeit dominierende, am dramatischen Text orientierte Theater war für ihn hohl, dumm, langweilig und wirkungslos – eine reine Katastrophe also. Er vertrat die radikale Auffassung, dass Dialoge als niedergeschriebene Sprache grundsätzlich nicht auf die Bühne gehörten, sondern ins Buch. Und folglich lehnte er auch die bedeutende Stellung der Literaten für das Theater rundweg ab.

Doch was sollte an die Stelle dieses »alten Theaters« treten? Wie sollte nach Artaud ein modernes Theater aussehen? Die Antwort auf diese Fragen ist nun leider keineswegs eindeutig, vielmehr kreist er in zahlreichen Anläufen metaphernreich um das Thema herum, man bekommt den Eindruck, seine vielen Versuche bilden eine Entsprechung zu den immer neuen praktischen Experimenten, die Meyerhold zur selben Zeit in weit entfernten russischen Theaterlaboren unternahm.

Artauds Texte sind schwer zugänglich. Immer wieder stolpert man über Stellen wie diese:

»Wenn es überhaupt etwas Infernalisches, wirklich Verruchtes in dieser Zeit gibt, so ist es das künstlerische Haften an Formen, statt zu sein wie Verurteilte, die man verbrennt und die von ihrem Scheiterhaufen herab Zeichen machen.«[3]

Es gehört nicht viel Fantasie dazu, sich auszumalen, wie sich Artauds Zeitgenossen irritiert am Kopf kratzten oder seine Texte irgendwann wütend aus dem Fenster warfen. Und auch nach seinem Tod erkannte man vielfach kaum die Ernsthaftigkeit dieser Suchbewegungen, verbuchte sie vielmehr als verrückte Ideen eines überspannten Intellektuellen, der unter Drogenproblemen litt und einen Teil seines Lebens in der Psychiatrie verbracht hatte.

Ein Irrtum. Denn seine Texte gelten heute als erste programmatische Vorläufer des postdramatischen Theaters.

Artaud war geprägt vom französischen Surrealismus und vermutete tiefer gehende Erkenntnis und den Raum für künstlerisches Schaffen jenseits des Begrifflich-Rationalen (sur-real = über der Wirklichkeit). Worte erschienen ihm als Teil der Vergangenheit: Indem man einen Zusammenhang erkennt, bringt man ihn auf den Begriff und bewahrt ihn auf diese Weise auf. Etwas wird fixiert, »eingefroren« könnte man sagen. Deswegen sind Worte für ihn nicht Teil der lebendigen Gegenwart, sondern Teil des Gestern. Künstler (und insbesondere die am Theater) mussten in andere Bereiche menschlicher Erkenntnis vordringen, wenn sie etwas ausdrücken wollten: in den Bereich des Traums, des Rausches oder der Trance.

Davon war sein Bild des neuen Theaters geprägt. Theatervorstellungen sind in seinen Visionen keine Unterhaltungsabende mehr, in denen das Publikum das Innenleben bestimmter Figuren gezeigt bekommt, sie werden vielmehr zu energiereichen kultischen Handlungen. Und sie kreisen um die Urängste und Urhoffnungen des Menschen. Vorbild hierfür waren ihm asiatische und lateinamerikanische Theaterformen.

3 Artaud, Antonin: Das Theater und sein Double. Berlin 2012, S. 17.

Ein eingekesseltes Publikum in der Raummitte, auf Drehstühlen platziert. Schauspieler, die auf Galerien ringsherum agieren. Ein Ensemble, das Rhythmen stampft, unartikulierte Laute von sich gibt. Lichteffekte, Instrumente und ein energiereiches körperliches Spiel: Dies alles klingt nach einer deutlichen Ablösung des bürgerlichen Literaturtheaters. Artaud nannte dieses Gegentheater »grausames Theater«, weil es das Publikum unmittelbar ergreift und ohne Umwege über gewohnte Filter direkt mit der Wirklichkeit konfrontiert. Er hat diesen Gedanken wieder und wieder erklären müssen: Grausam sind keineswegs die Aktionen auf der Bühne, es fließt kein Blut, es muss nicht zu Gewalt kommen. Grausam ist das Theater, weil die Welt grausam ist.

Mit Blick auf die Rolle der Schauspielerinnen und Schauspieler allerdings wurde der französische Theatermacher oft missverstanden. Denn er hatte keineswegs im Sinn, das Ensemble zu ungehemmter Spontanität zu bringen, im Gegenteil! Um die angestrebten magischen Wirkungen des »grausamen Theaters« zu erreichen, bedurfte es vielmehr einer präzisen Körpersprache. Denn:

»Es geht darum, die artikulierte Sprache durch eine von ihr abweichende Natursprache zu ersetzen, deren Ausdrucksmöglichkeiten der Wörtersprache ebenbürtig sein werden, deren Ursprung aber an einem noch verborgeneren und weiter zurückliegenden Punkt des Denkens erfasst werden wird.«[4]

In dieser Hinsicht ähneln sich die Ideen Meyerholds und Artauds. Sie suchen nach verstärkter Körperlichkeit auf der Bühne, die durch eine perfekte Kontrolle zu neuen Ausdrucksmöglichkeiten führen kann. Die Überwindung des Literaturtheaters aber wird von den beiden mit zwei unterschiedlichen Akzenten vorangetrieben: durch eine Entwicklung der schauspielerischen Möglichkeiten einerseits (Meyerhold) und durch radikale Kulturkritik andererseits (Artaud).

Freilich sind das nur zwei Vertreter der »historischen Avantgarde«, es gab viele mehr. Aber man kann mithilfe ihrer Ideen exemplarisch nachvollziehen, unter welchen Vorzeichen Theater zu dieser Zeit neu gedacht wurde. Auf dem Weg zu heutigen Formen postdramatischen Theaters – man spricht davon erst mit Blick auf das Theater seit den 70er-Jahren – waren das zunächst nur erste Ansätze.

Wie aber kam diese neue Ausrichtung insgesamt ins Rollen?

Man kann aus heutiger Sicht sagen, dass besonders zwei Faktoren von vornherein ausschlaggebend waren: die Entwicklung des Films und die Krise der Moderne.

4 Artaud, Antonin: Das Theater und sein Double. Berlin 2012, S. 143.

Mit dem Bedeutungszuwachs des Films wird klar, dass das Spezifische der Theaterkunst nicht länger in der realitätsnahen Nachahmung der Wirklichkeit bestehen kann. Das kann der Film besser. Schnitte, Effekte, Sounds und Licht werden zu Werkzeugen der Filmstudios. Spannungsbögen lassen sich dort leichter mitreißend gestalten und man gelangt oft auch zu tieferen Einsichten in die Emotionen der Figur. Eine *Overshoulder*-Einstellung auf das Gesicht des Helden, dem eine Träne im Auge hängt – mit solchen Möglichkeiten kann das Theater nicht konkurrieren und man sucht sich darum neue Nischen, zum Beispiel stilisierte Überhöhung oder Abstraktion.

Besonders aber besinnt sich das Theater angesichts der Konkurrenz durch den Film auf ein Spezifikum, das eine Theatervorstellung auf ganz eigene Art und Weise atemberaubend machen kann: die physische Ko-Präsenz von Akteuren und Zuschauern, deren wechselseitige Wahrnehmung und Interaktion. Das ist nicht ersetzbar, grundsätzlich nicht, insbesondere nicht durch einen guten Film, denn eine Leinwand bleibt eine Leinwand. Das heißt: Zu einem gewissen Teil ist die Abwendung von einem Theater, wie es noch Stanislawski vertrat, auch durch die Auseinandersetzung mit dem vergleichsweise neuen Kunstmedium »Film« zu erklären. Die Betonung schauspielerischer Präsenz erfolgte also nicht nur aus Interesse am Neuen, sondern mit einer gewissen Folgerichtigkeit.

Wie stark die Übereinstimmung des dramatischen Theaters mit dem Film heute ist, zeigt bereits ein flüchtiger Blick auf gängige Hollywood-Produktionen: »Dramatisch« ist etwas, das eine überschaubare Handlungslinie verfolgt, das Haupt- und Nebenfiguren unterscheidet, das einen Spannungsbogen aufweist, eine innere oder äußere Entwicklung der Helden, die Möglichkeit der Identifikation. Darüber hinaus persönliche Konflikte, die der Einzelne entweder bewältigt oder an denen er scheitert. Das kennt man aus dem Kino und es entspricht nahezu direkt den aristotelischen Auffassungen über das Drama.

Vertretern postdramatischen Theaters ist diese Perspektive suspekt. Sie sehen eine grundsätzliche Krise des Dramas, die auf eine umfassende Zivilisationskrise zurückführbar sei. In erster Linie zielt ihre Kritik auf die auch im Kino (oder noch mehr im Fernsehen) erkennbare Eindeutigkeit. Wer kennt das nicht? Nach wenigen Minuten weiß man, welche Figur böse ist, welche wichtig ist, welche sich in welche verlieben wird, meist sogar, wie das Ganze wohl ausgehen wird. Und die Fragen der Kritiker lauten: Stimmt das so? Sind Identitäten eindeutig? Handeln Personen als übersichtliche Charaktere? Ist das Handeln des Einzelnen wirklich entscheidend für politische Veränderungen? Ist menschliches Handeln »stimmig«? Und letztlich: Lässt sich die Welt überhaupt in solch einem künstlichen Mikrokosmos abbilden?

Postdramatisches Theater setzt stattdessen auf Vieldeutigkeit. Darum ist es also nicht nur geprägt durch die Abwendung vom gestalteten dramatischen Dialog, sondern auch durch die Abwendung von vielen Merkmalen des Theaters, die unausgesprochen als Standard galten. Und insofern stehen Schriftsteller des 20. Jahrhunderts, die in einiger Hinsicht versuchten, diesen Fragen gerecht zu werden, viel stärker in der Tradition des bürgerlichen Literaturtheaters, als sie das selbst vielleicht sehen konnten. Episches oder absurdes Theater beispielsweise bleibt aus dieser Perspektive dennoch »dramatisch«.

Postdramatiker dagegen können völlig auf Dramen verzichten, sie benutzen sie allenfalls als Material für eigenständige Collagen. Sogenannte »Theatertexte«, die man einer postdramatischen Literatur zurechnen könnte, etwa von Elfriede Jelinek oder Heiner Müller, kommen ohne Figur, Dialog oder Handlung aus, sie bleiben vieldeutig und eröffnen dadurch Spielräume für schauspielerische Gestaltung. Sie erscheinen unmittelbar als etwas, das man eher lyrischen oder epischen Literaturgattungen zurechnen würde.

Seit Anfang des 20. Jahrhunderts also entsteht im Theater eine neue Strömung. Aber man darf ihren aktuellen Stellenwert nicht überbewerten, denn das Publikum ist konservativer als so manche Intendantin es gerne hätte.

Erneut ein Seitenblick ins Kinoprogramm: Es gibt Filme, die die Identität der Figur durchbrechen und auf die Eindeutigkeit der Handlung verzichten, die den Zuschauer ratlos zurücklassen. »Lost Highway« von David Lynch zum Beispiel ist so ein Film. Fred steht im ersten Stock am Türöffner und sieht durch die Überwachungskamera sich selbst unten an der Haustür klingeln. Dieser Film spielte Millionen ein, aber wie viele Filme dieser Art werden produziert und konsumiert? Der Mainstream bleibt dramatisch und zeigt Bruce Willis, wie er mal eben die Welt rettet.

Und diese Publikumserwartung ist auch an den deutschen Theaterhäusern nach wie vor spürbar. Während die postdramatische Welle in den Metropolen längst zu einem grundlegenden Wandel des Spielplans und der Inszenierungen geführt hat, muss man derartige Experimente andernorts durch ganz klassisches Programm ausgleichen, allein schon aus finanziellen Gründen. Die Freilichtproduktion im Sommer ist dann eben doch wieder »Robin Hood« für die ganze Familie. Und zwar ganz so, wie man sich Theater traditionellerweise vorstellt: dramatisch.

Es bleibt abzuwarten, wie das wohl in zehn Jahren aussehen mag. Aktuell jedenfalls sind dadurch nicht nur Intendantinnen gefordert, sondern auch Theaterpädagogen.

Macht und Gewohnheit

Was ergibt sich nun aus diesen Überlegungen? Inwiefern bekommt ein theaterpädagogisches Schauspieltraining dadurch eine deutlichere Kontur?

Zunächst erkennt man ein Spannungsfeld, dem theaterpädagogisches Arbeiten grundsätzlich ausgesetzt ist, sofern es sich am Grundgedanken ästhetischer Bildung der Spielerinnen und Spieler orientiert. Es herrscht nämlich eine Spannung zwischen den Erwartungen des professionellen Trainers einerseits und denen des Ensembles und seines sozialen Umfelds andererseits, die schwer zu lösen ist.

Die Erwartungen der Spieler sind – zumindest zu Beginn des Trainings – oft geprägt vom allgemein vorherrschenden Bild des dramenorientierten Theaters. Sie erwarten unreflektiert die Degradierung der Schauspieler zum Sekundärkünstler, die ihnen vertraut ist. Theater ist, wenn Textheft ist. Theater ist, wenn man Figuren hat und Dialoge. Theater ist, wenn man ein Publikum unterhält.

Demgegenüber aber orientiert sich ein theaterpädagogisches Schauspieltraining, das den bisherigen Einsichten Rechnung trägt, genau entgegengesetzt: Wenn im Training mit Texten gearbeitet wird, dann immer nur so weit, dass dadurch die Entfaltung schauspielerischer Kreativität gefördert wird. Das kann dazu führen, dass Texte zunächst nur als »Steinbruch« dienen, aus dem man sich einzelne Bruchstücke herausholt. Oder dass Texte situativ studiert werden, um sie dann mit eigenen Worten zu spielen. Und selbst, wenn der Trainer dem Ensemble irgendwann die texttreue Erarbeitung einer Dramenszene zutraut, dann auch nur, indem er ihnen – ganz Stanislawski – zunächst das Textheft aus der Hand nimmt: Maßnahmen, die einzig darauf ausgerichtet sind, dem Schauspieler Kreativräume zu erhalten.

Ebenso gut ist es möglich, sich an Theatertraditionen zu orientieren, die man als »dramenfern« bezeichnen könnte: an der *Commedia dell'arte*, am Straßentheater, an den Tableaus des Barocktheaters, an Clownerie, Pantomime, an außereuropäischen Theaterformen, am Tanz, der Performance oder verschiedenen Erscheinungsformen postdramatischen Theaters. Kurz: an alldem, was kaum jemand erwartet.

Mit dieser Spannung umzugehen ist nicht leicht. Besonders noch unerfahrene Theaterpädagogen lassen sich durch den allgemeinen Gegenwind leicht aus der Bahn bringen. Sie geraten in Gefahr, ihre eigenen pädagogischen und künstlerischen Maßstäbe zu opfern, vielleicht sogar begleitet von einem Unbehagen der eigenen Tätigkeit gegenüber. Eine fundierte Abgrenzung von einem einseitig verstandenen Literaturtheater kann insofern helfen, die eigene Position und Richtung zu stärken. Erst wenn das gelingt, erhält ein theaterpädagogisches Schauspieltraining die wünschenswerte Klarheit.

2.2 Regietheater

Eine konsequente Schauspielorientierung kann durch eine zweite Abgrenzung konkretisiert werden, nämlich durch eine Abgrenzung gegenüber allen Erscheinungsformen des Theaters, die den Regisseur als künstlerisches Zentrum betrachten. Zumindest dann, wenn dieses Zentrum dafür sorgt, dass die kreative Gestaltung der Schauspielerinnen und Schauspieler verhindert wird.

Allerdings muss man, um dieser Spannung auf den Grund zu gehen, weniger ausholen als beim »Literaturtheater«, denn eine Regie im heutigen Sinne gibt es an den Bühnen Europas noch nicht lange, frühestens seit Mitte des 19. Jahrhunderts. Und man gewinnt den Eindruck, sie habe sich lange Zeit nur sehr langsam fortentwickelt, um dann irgendwann raketenartig aufzusteigen.

Die Fragen liegen auf der Hand: Wie kam es zu diesem plötzlichen Schub? Welchen Einfluss hatte das Aufkommen der Regie auf die Schauspieler? Und wie gestaltet sich das Spannungsverhältnis zwischen Schauspiel und Regie seither?

Geld, Recht und Ordnung – die Anfänge

Der erste ausführliche Versuch in deutscher Sprache, den Begriff »Regie« inhaltlich zu klären, stammt von dem Theatermacher August Lewald (1792-1871). In seinem Artikel mit dem Titel »In die Szene setzen«, der 1838 veröffentlicht wurde, findet man folgende aufschlussreiche Textpassage:

> »Auch ist noch zu bemerken, dass es dem Regisseur sowie den Künstlern Ernst mit der Sache sein muss, und dass das Theater überhaupt die gehörigen Mittel bietet, auch ein großes Stück, wie es sein soll, in die Szene zu setzen. Es gibt in Deutschland genug Bühnen, wo weder das eine noch das andere stattfindet. Hie und da ist der Regisseur wohl nur dazu da, die Fehler anzuschreiben für Zuspätkommen oder andere kleine Theaterpolizei-Vergehen; zu klingeln, wenn Probe oder Vorstellung angehen soll, und den Choristen oder Statisten, wenn's dienlich, einen Verweis zu geben. Ist die Sache so bestellt, dann machen die Künstler, welche die ersten Rollen geben, alles unter sich aus; sie besprechen sich auf der ersten Probe und sagen, wie sie es haben wollen…«[5]

Offenbar wurden die ersten Vorläufer der Regie im 19. Jahrhundert eher als Vertreter der Obrigkeit wahrgenommen, die dafür zu sorgen hatten, dass im jeweiligen Ensemble Regeln eingehalten wurden, dass Ordnung und Disziplin herrsch-

5 Lewald, August: In die Szene setzen. Allgemeine Theater-Revue 3. 1838. Zitiert nach: Klaus Lazarowics/Christopher Balme (Hgg.): Texte zur Theorie des Theaters. Stuttgart 2000, S. 311.

te. In diesem Sinne waren Regiefragen zuerst politische Fragen und sie hatten – sehr zu Lewalds Bedauern – mit Kunst wenig zu tun.

Erklärbar ist das dadurch, dass sich die Hoftheater dieser Zeit in einen künstlerischen und einen nicht-künstlerischen Teil ausdifferenziert hatten, eine Aufteilung, die sich bis heute an praktisch jedem öffentlichen Theaterhaus durchgesetzt hat. Und die Regie wurde nötig, weil die (nicht-künstlerische) Theaterleitung trotz dieser Trennung Kontrolle über das Ensemble behalten wollte. Man kann davon ausgehen, dass diese »Theater-Polizei« auch zur Aufwertung der Theaterkunst insgesamt beitragen sollte: Sofern man nämlich nach außen das Bild vermitteln konnte, an den Häusern werde seriös und diszipliniert gearbeitet und man halte sich zudem an einen strengen Moralkodex, so konnte man hoffen, das Image der gesamten Branche aufzupolieren und dadurch ein wenig aufzuholen gegenüber der Musik oder der Literatur.

Insgesamt wurde die Regie aus diesen Gründen von den Schauspielern nicht nur belächelt, sondern auch gefürchtet. Dass Fragen der Regie ganz grundsätzlich in die Nähe politischer Fragen geraten, zeigt sich besonders in autoritären Regimen immer wieder. Als zum Beispiel knapp hundert Jahre nach der Veröffentlichung von Lewalds Schrift die Nationalsozialisten in Deutschland die Macht übernommen hatten, galt Regie (erneut) in erster Linie der Disziplinierung und der ideologischen Überwachung der Schauspieler.

In der Zwischenzeit aber hatte sie auch zunehmende künstlerische Bedeutung erlangt. Allgemein war in einem ersten Schritt das Bedürfnis gewachsen, die verschiedenen Kräfte des Theaters besser zu integrieren und damit die Arbeitseffizienz zu steigern. Darum wurden die Informationen aus den Bereichen der Bühnenbildner, der Kostümschneider, des Schauspielensembles und anderer Abteilungen mehr und mehr zusammengeführt und unter eine zentrale Leitung gestellt. Man konnte also sichergehen, dass jede Abteilung auf die andere abgestimmt ist und die verschiedenen Bereiche eine qualitative Verbesserung erfahren. Das klingt nicht zufällig wie das Reformprogramm für ein marodes Unternehmen, denn tatsächlich übernimmt die Theaterregie eine Art Manager-Funktion. Sie koordiniert. Und auch wenn reine Koordination noch nicht automatisch zu höherem künstlerischen *»Output«* führen muss, so schafft sie doch eine wichtige Voraussetzung dafür.

Ein frühes Modell für eine koordinierende Regie, die sich selbstbewusst in den Vordergrund stellt und mit ihren Inszenierungen öffentliche Aufmerksamkeit genießt, bot das Meininger Hoftheater. Unter der Leitung des Herzogs persönlich schuf man naturgetreue Bauten, historisch bis ins Detail rekonstruierte Kostüme und Requisiten, und man entwickelte Choreografien mit zum Teil unglaublich zahlreichen Komparsen. Das war in den 80er-Jahren des 19. Jahrhunderts ein neuer Stil, der nicht nur beim Publikum in ganz Europa große Erfolge erzielte, sondern auch Fachkreise beeindruckte. Bald waren die Meininger so berühmt, dass man gelegentlich etwas spöttisch vom »Meininger Stil« sprach, wenn eine besonders große Kluft zwischen dem aufwendigen visuellen Arrangement und der schauspielerischen Qualität einer Inszenierung erkennbar wurde.

Damit wurde der zweite Schritt nötig: die Beteiligung des Regisseurs an der Rollenarbeit. Auch er hat seine Wurzeln in einem ursprünglich rein administrativen Akt. Der Regisseur hatte als leitender Angestellter die Aufgabe, die Rollen zu besetzen, und diese Zuweisung hatte konkrete gesellschaftliche Bedeutung. Wer nämlich eine große Sprechrolle bekam, wurde besser bezahlt als jemand, der nur in einer kleinen Nebenrolle auftreten durfte. Und somit war der Regisseur jemand, der auch über Wohlstand und Prestige anderer mitbestimmen konnte.

Bisweilen muss es also ein regelrechtes Gerangel um die Hauptrollen gegeben haben. Und das folgerichtige Vorgehen eines gewissenhaften Regisseurs kann man sich darum vereinfacht etwa so vorstellen: Er schloss sich, um dem hysterischen Lärm zu entgehen, in seinem Büro ein und beschäftigte sich intensiv mit dem Dramentext, um herauszufinden, wie sich ihm die jeweiligen Figuren darstellten. Irgendwann kam er wieder heraus und teilte mit, wer wofür am besten in Frage komme. Manche heulten vielleicht ein wenig und ein paar andere waren beleidigt, aber immerhin konnte man jetzt arbeiten. Der Regisseur aber musste bei den anstehenden Proben überprüfen, inwieweit sein inneres Bild mit dem übereinstimmte, was er dann auf der Bühne sah. Und er musste – sofern er einigermaßen vom Ehrgeiz gepackt war – versuchen, diese beiden Bilder einander anzunähern. Damit war er mittendrin in einem Inszenierungsprozess, der weit über Organisieren und Arrangieren hinausging.

Insofern lassen sich die Anfänge künstlerischer Regie also aus ihrer ursprünglichen Verwaltungsfunktion erklären.

Untermauert wird diese gewachsene Bedeutung durch den illusionistischen Anspruch, der sich in den Theaterhäusern gegen Ende des 19. Jahrhunderts immer mehr durchsetzt. Wenn nämlich die Ereignisse auf der Bühne so wirken sollen, als seien sie »real«, so setzt dies einen komplexen Interpretationsvorgang voraus, schließlich muss hierfür ausgelotet werden, inwiefern die Textgrundlage und die Erwartungshaltungen des Publikums so zusammengeführt werden können, dass für die Zuschauer der Anschein der Authentizität entsteht. »Real« aber wirken Figuren nur, wenn sie individuell erscheinen. Anders also als bei den archetypischen Figuren des Volkstheaters muss man die Rollen auf Grundlage des dramatischen Textes jeweils eigenständig neu erfinden. Auch dabei hilft ein Regisseur.

Re-Theatralisierung und Regie-Despoten

Der wirklich rasante Aufstieg der Theater-Regie beginnt aber erst, als es um die Jahrhundertwende zur Krise des Dramas kommt und man von einer Re-Theatralisierung des Theaters spricht. Waren die bisherigen Regiekonzepte nämlich stets geleitet vom Gedanken einer Unterordnung unter den dramatischen Text, so treten die Regisseure nun weitaus selbstbewusster auf.

Als Beispiel hierfür können zwei Theaterkünstler gelten, von denen bereits die Rede war: Wsewolod Meyerhold stellte sich selbst als Regisseur gleichberechtigt neben den Text, indem er sehr frei mit ihm umging und indem er die Inszenierungen wesentlich um Ideen erweiterte, die ausdrücklich nicht mit dem Autor in Verbindung standen. Als er 1925 bei einer Inszenierung von Gogols »Revisor« aus dem bekannten Fünfakter eine Montage machte, die als lockere Szenenfolge in Erscheinung trat, kam es darum zu einem regelrechten Eklat.

Noch weitaus radikaler war sein Zeitgenosse Antonin Artaud. Er betrachtete den Regisseur als das eigentlich schöpferische Zentrum des Theaters. Auf Schauspieler wollte und konnte er nicht verzichten, darum widmete er auch ihnen seine Aufmerksamkeit. Seine Verachtung gegenüber einem dramatischen Theater jedoch erscheint ungebremst:

> »Jedenfalls beeile ich mich zu sagen, und zwar auf der Stelle, dass ein Theater, das die Inszenierung und Realisation, das heißt alles, was es an spezifisch Theatereigenem besitzt, dem Text unterordnet, ein Idiotentheater ist, ein Verrückten-, Invertierten-, Grammatiker- und Zuckerbäckertheater, ein antipoetisches, ein Positivistentheater, das heißt ein abendländisches.«[6]

Es zeigt sich: Die Regie erweitert ihre Spielräume. Sie geht über szenisches Arrangieren und Interpretieren des Textes hinaus und sieht sich verantwortlich für die Gestaltung eines Gesamtkunstwerkes. Das war zu Beginn des 20. Jahrhunderts freilich noch die außergewöhnliche Position einzelner Avantgardisten, sollte sich aber bis in die Gegenwart unter dem Einfluss des epischen Theaters und der Postdramatik mehr und mehr durchsetzen. Heute spricht man tatsächlich von einer »Castorf-« oder »Pollesch-Inszenierung«. Oder wie sie alle heißen.

Befördert wird diese zentrale Stellung der Regie heute dadurch, dass auch gut ausgebildete Schauspielerinnen und Schauspieler kaum mehr in der Lage sind, die Sache unter sich auszumachen. Im 19. Jahrhundert war es problemlos möglich, einen »Wallenstein« so weit vorzubereiten, dass der zur Premiere anreisende Starschauspieler die Hauptrolle ohne vorherige Generalprobe in die Aufführung einbauen konnte – heute wäre das allenfalls ein abgefahrenes Thea-

6 Artaud, Antonin: Das Theater und sein Double. Berlin 2012, S. 53.

terexperiment. Denn durch die ungeahnte Ausweitung der Arbeitsweisen und Ausdrucksmöglichkeiten ist eine gemeinsame Sprache verloren gegangen. Man braucht den Regisseur heute schon allein deshalb, weil man wissen muss, welcher Stil bei der anstehenden Inszenierung gewählt werden soll. Er gestaltet das Kunstwerk, indem er die Richtung vorgibt. Und Ensembles gehen notfalls auch dann mit, wenn der Regisseur schlecht ist oder bei den Proben einschläft.

Disziplinierung, Koordination, szenisches Arrangement, Rollenvergabe, Textinterpretation und -erweiterung, Stilauswahl – die Theater-Regie hat in ihrer noch recht kurzen Geschichte eine Vielzahl von Aufgaben bekommen, denen sich auch heutige Regisseure stellen müssen.

Das zeitgenössische Theater aufgrund dieser Entwicklungen »Regietheater« zu nennen, erscheint dennoch nicht angebracht. Der Begriff ist nicht wertneutral, sondern wird spätestens seit den Reformbewegungen der 70er-Jahre als Ausdruck der Unterdrückung anderer Theaterkünstler verwendet. Wer vom »Regietheater« spricht, zielt polemisch ab auf die seit jeher mit der Position verbundenen Machtpotenziale, vielleicht sogar auf antidemokratische Strukturen und obrigkeitsorientierte Haltungen. Oder der Begriff wird – in einer Geste trotziger Gegenreaktion – ebenso provokativ von jungen Regisseuren verwendet, denen diese Vorwürfe auf den Wecker gehen und die ausdrücken wollen: Ja, wir sind dominant. Na und?

Zur Präzisierung eines theaterpädagogischen Schauspieltrainings sind solche Pauschalisierungen wenig hilfreich. Um zu prüfen, in welchem Verhältnis Regie und schauspielerische Kreativität zueinander stehen, ist eine differenziertere Betrachtung erforderlich. Im Prinzip kann man zwar recht leicht unterscheiden zwischen Regieansätzen, die Schauspielerinnen und Schauspieler programmatisch fördern und solchen, die sie hemmen. Weniger leicht zuzuordnen aber sind die dazwischen liegenden Grenzfälle, die für eine Verortung eines theaterpädagogischen Konzepts umso aufschlussreicher erscheinen.

Eine radikale Position besteht darin, die Gestaltungsmacht der Schauspieler nicht nur dem Regisseur unterzuordnen, sondern sie sogar regelrecht aus dem künstlerischen Prozess herauszustreichen. Berühmtester Vordenker einer solchen Richtung war Edward Gordon Craig (1872-1966), ein britischer Theatermacher, der zunächst selbst Schauspieler war, sich aber schon in jungen Jahren für moderne Regie interessierte. Dieser sah in seinem Heimatland weder inspirierende Impulse noch ein Umfeld für Experimente auf dem Theater und lebte darum seit seinem zweiunddreißigsten Lebensjahr auf dem europäischen Festland, unter anderem ein paar Jahre in Moskau, wo er als Gastregisseur am berühmten »Moskauer Künstlertheater« tätig war.

Sein Ziel war es, Theaterregie in Theorie und Praxis umfassend neu zu begreifen. Dass er hierbei mit neuartigen Herangehensweisen spielte oder versuchte, der dramatischen Vorlage nur eingeschränkte Aufmerksamkeit zu schenken, reiht ihn aus heutiger Sicht ein in das neue Denken der »historischen Avantgarde«. Seine Sonderstellung aber beruht auf der konsequenten Verachtung des Schauspielers im modernen Theater.

Er schreibt:

»Die Schauspielkunst ist keine echte Kunst. Es ist deshalb unrichtig, vom Schauspieler als von einem Künstler zu sprechen. Denn alles Zufällige ist Feind des Künstlers. Kunst ist das genaue Gegenteil des Chaotischen, und Chaos entsteht aus dem Zusammenprall vieler Zufälle. Kunst beruht auf Plan. Es versteht sich daher von selbst, dass zur Erschaffung eines Kunstwerks nur mit den Materialien gearbeitet werden darf, über die man planend verfügen kann. Der Mensch gehört nicht zu diesen Materialien.«[7]

Freilich ist die Prämisse dieser Überlegungen durchaus streitbar. Beruht Kunst nur auf Plan? Ist Zufall wirklich der Feind künstlerischer Arbeit? Zwar wird Regie heute tatsächlich mehrheitlich als planvolle Tätigkeit aufgefasst, als ein Prozess der bewussten Gestaltung von theatralen Ereignissen. Gleichwohl kann in einem solchen Prozess das Zufällige, Nichtgeplante eine bedeutende Rolle spielen – Schiller, schon wieder.

Überspringt man derartige Zweifel, so erscheint Craigs Argumentation durchaus plausibel. Man kann die Situation des Regisseurs mit der anderer Künstler vergleichen, mit der eines Bildhauers zu Beispiel. Dieser muss, wenn er eine Skulptur erschaffen möchte, natürlich sehr genau überlegen, welche Materialien er einsetzt. Und zum Bearbeiten dieser Materialien muss er sie »im Griff« haben. Er muss sich darauf verlassen können, dass eine bestimmte Marmorart so oder so springt, wenn man den Meißel ansetzt und er muss sich darauf verlassen können, dass sich eine Skulptur aus Ton nicht verformt, wenn er sie mal ein paar Minuten im Atelier stehen lässt, um sich ein Glas Wein zu holen.

Betrachtet man die Schauspieler in diesem sehr eigenwilligen Sinne als das »Material« des Regisseurs, so kann man die Verzweiflung verstehen, die Craig ausdrückt, wenn er sich über seine Arbeit äußert. Die Menschen auf der Bühne seien weder durch einen Außenstehenden kontrollierbar, noch hätten sie sich selbst im Griff. Ihr Körper bewege sich unwillkürlich und bei jedem neuen Versuch anders, ihre Mimik gerate immer wieder außer Kontrolle, die menschlichen Emotionen stünden einer präzisen Darstellung ständig im Weg und Proben seien somit künstlerische Lachnummern. Darum ist auch Craigs Herumfummeln an

7 Craig, Edward Gordon: Über die Kunst des Theaters. Berlin 1969, S. 52.

Bühnenbild und Lichtstimmung nachvollziehbar: Die Schauspieler stören sein Gesamtkunstwerk, auf einen Scheinwerfer oder einen Vorhang dagegen kann man sich verlassen. Kein Wunder, dass er bei den Ensembles, mit denen er arbeitete, nicht gerade beliebt war.

Einen Ausweg sieht er darin, anstelle der bisherigen Schauspieler eine sogenannte »Über-Marionette« einzusetzen. Dieser schillernde Begriff lässt offen, ob man sich darunter eher eine Art völlig durchlässigen, nahezu entmenschlichten Menschen vorstellen muss oder eine menschenähnliche Marionettenfigur, aber das ist in diesem Zusammenhang auch gar nicht so wichtig. Wichtig ist vielmehr, dass sich hierin Craigs Utopie von moderner Regie ausdrückt, die über alle Gestaltungsmittel verfügen kann, auch über die auf der Bühne erscheinenden Figuren.

Zusammengefasst läuft eine solche Regieauffassung darauf hinaus, dass ein Schauspieler umso besser ist, je weniger er sich künstlerisch wie persönlich einbringt – die Abgrenzung zu einer theaterpädagogischen Perspektive liegt auf der Hand.

Etwas schwerer fällt so eine Abgrenzung bei denjenigen, die Stanislawski »Regiedespoten« nennt. Auf den ersten Blick scheinen diese Regisseure ganz so zu handeln, wie Craig es sich vorgestellt hat: ganz den eigenen Vorstellungen nach, ohne Rücksicht auf Ideen anderer, überaus selbstbewusst. Schauspielerinnen und Schauspieler wirken wie das »Material« in den Händen des Künstlers, sie werden herumgescheucht, bekommen Anweisung »hier doch viel lauter« zu sein oder den Weg nach vorne »bitte deutlich dynamischer« auszuführen. All das ist keine Seltenheit, man findet es an den verschiedensten großen oder kleinen Bühnen.

Allerdings muss nicht immer ein kleiner Craig dahinterstecken. Oft existiert nämlich ein erheblicher Unterschied: Während der britische Theatermacher den Schauspielern seiner Zeit einfach nicht zutraute, den enormen Herausforderungen gewachsen zu sein, die ein modernes Regietheater an sie stellt, kann ein sehr dominanter Regisseur durchaus an das Gegenteil glauben. Er setzt dann voraus, dass das Ensemble aus gut ausgebildeten Experten besteht, die durchaus in der Lage sind, seine Anweisungen so umzusetzen, dass sie am Ende nicht »aufgesetzt« wirken. Er setzt (vielleicht unreflektiert) voraus, dass die Spieler in der Lage sind, sich fremde Vorstellungen zu eigen zu machen und mit eigenen Impulsen zu harmonisieren. Somit entstünde eine bestimmte Theater-Rolle durchaus unter Beteiligung schauspielerischer Kreativität, vielleicht würde sie sogar durch die Reibung mit den Vorgaben der Spielleitung beflügelt und erweitert.

Man kann annehmen, dass Artaud und Meyerhold in diese Richtung gedacht haben.

Entscheidend ist: Diese Art der Zusammenarbeit zwischen Schauspiel und Regie ist nur sinnvoll möglich, wenn es zu einer Passung kommt zwischen den Fähigkeiten der Spieler und den Anforderungen, die an sie gestellt werden. Eigentlich eine ganz normale Sache – je besser jemand ausgebildet ist, je mehr Erfahrung er hat, desto größere Aufgaben kann er bewältigen. Je dominanter also der »Regiedespot«, desto besser müssen die Spieler sein.

Theaterpädagogische Arbeit und Regie

Zu einem Problem kommt es also nur dann, wenn Anforderungen und Fähigkeiten nicht zueinanderpassen. Bei unerfahrenen Spielern, insbesondere im Bereich des Schul- oder Amateurtheaters, kann man diese Kluft oft beobachten. Zum Beispiel übernimmt ein junger Lehrer, der schon einige Male als Regieassistent beim Stadttheater gearbeitet hat, die Leitung einer schulischen Theater-AG. Er hat Erfahrung, sieht sich als Profi. Und er leitet die Proben so, wie er es kennt: Er gibt Anweisungen, verbessert, lässt Passagen wiederholen, fordert mehr Gefühl, regt sich auf – kurz: Er nimmt die Regiepose ein, die man fast schon als Klischee bezeichnen kann. Weil die Spielerinnen und Spieler durch seinen Leitungsstil überfordert sind, werden sie nun tatsächlich zu Marionetten degradiert. Und der dynamische Lehrer fühlt sich in seinem Vorgehen umso mehr bestätigt, je schlimmer die Situation wird, denn je deutlicher sich das Ensemble überfordert zeigt, je weniger es mitspielt, je gehemmter es ist, desto mehr muss er in die Bresche springen. »Ohne mich läuft es nicht«, wird er denken. Er wird irgendwann auf die theaterpädagogischen Spielchen zu Beginn der Probe verzichten, allein schon aus Zeitnot, schließlich kommt man nur sehr zäh vorwärts. Und womöglich muss man zu allem Übel auch zwei Spielerinnen ersetzen, die kurzfristig aus dem Projekt ausgestiegen sind, weil es ihnen zu blöd war.

So oder so ähnlich. Das Scheitern eines solchen Projektes wäre eine tragische Sache, da ja eigentlich alle das Beste wollten und es trotzdem irgendwie danebenging. Und selbst, wenn die Premiere dann trotz allem in der Lokalpresse über den grünen Klee gelobt wird, war das, was da ablief, im Grunde das Gegenteil dessen, was ein theaterpädagogisches Schauspieltraining anstrebt.

Mit Blick auf diese Art von Regie kann man also sagen: Um der schauspielerischen Kreativität Raum zu geben, muss entweder das Ensemble sein Niveau steigern – das wäre dann eine Zielmarke für ein entsprechendes Training – oder die Regie muss ihre Anforderungen zurücknehmen. In der Theorie ganz einfach. In der Praxis ist es ein schwerer Weg.

Von hier aus ist es nicht weit zu Regiekonzeptionen, die ausdrücklich beim Schauspielensemble ansetzen. Regisseure, die man einer solchen Richtung zuordnen kann, versuchen den Spielern in der Probe Anregungen zu geben, sie vielleicht zu überraschen und gelegentlich an ihre Grenzen zu bringen. Gleichzeitig aber versuchen sie, eigene Ideen an das anzupassen, was gerade passiert, das Gezeigte sensibel wahrzunehmen. Eigentlich kann man sagen: Sie improvisieren mit den Schauspielern.

Wenn das der Fall ist, dann liegt die Arbeit eines Regisseurs sehr eng an der eines Theaterpädagogen – auch wenn beide aus unterschiedlichen Richtungen kommen.

Ein Regisseur möchte in erster Linie eine gute Inszenierung erarbeiten. Kurzfristig hilft ihm dabei die kreative Beteiligung des Ensembles, indem er sich von dessen Fantasien und Ideen anregen lässt. Die Inszenierung wächst möglicherweise über das hinaus, was er mit einem autoritären Stil zusammengebracht hätte. Dass er mit dieser Herangehensweise die Schauspieler auch langfristig fördert, ist mehr als nur ein Nebeneffekt, denn es ist anzunehmen, dass das wechselseitige Vertrauen ebenso wächst wie die Motivation der Spielerinnen und Spieler. Und: Es ist zu erwarten, dass die angestoßene Entwicklung der Schauspieler die zukünftige Arbeit erleichtert und bereichert, also etwa bei der nächsten Inszenierung. Anstelle frustrierter »Marionetten« würde er langfristig mit einem immer besseren und wohl auch inspirierten Ensemble arbeiten dürfen. Leider ist so eine nachhaltige Arbeit in der beruflichen Realität selten möglich. Werkverträge, Zeitdruck und Geldmangel stehen dem entgegen und sorgen für die Orientierung am schnellen Erfolg. Aber man findet sie dennoch.

Ein Theaterpädagoge setzt einen anderen Akzent. Ihm geht es vorrangig um die Entwicklung der Spielerinnen und Spieler. Eine theaterpädagogische Inszenierung kann hierbei eine wichtige Station sein, denn das Ensemble sammelt bei der Arbeit an der Inszenierung wichtige Erfahrungen, die es bei bloßem Training im Proberaum nicht machen könnte, besonders weil es ein konkretes Ziel vor Augen hat. Und weil es sich in einem kreativen Prozess erlebt, der deutlicher auch die Interaktion mit dem Publikum einbezieht.

Aus zwei unterschiedlichen Richtungen kommend gelangt man also zu demselben Punkt. Was trennt den Regisseur hier noch vom Theaterpädagogen? Wahrscheinlich nichts. Wahrscheinlich wird der Berührungspunkt zwischen den beiden Berufsfeldern darum so wenig wahrgenommen, weil er nur im Idealfall und eben nur an dieser Stelle zustande kommt. Denn eine Inszenierung ist mehr als nur Arbeit mit den Schauspielern und theaterpädagogisches Arbeiten erschöpft sich nicht in der Erarbeitung einer Inszenierung. Vielleicht sollte die im Zuge eines Abgrenzungsversuchs deutlich gewordene Nähe gelegentlich stärker berücksichtigt werden. Vielleicht sollte man sich wechselseitig mehr in die Karten schauen (lassen). Oder mal tauschen, wer weiß.

2.3 Drei künstlerische Energien

Zuletzt eine Rückschau und ein abschließender Gedanke. Der Ansatz, um den es hier geht, setzt auf eine konsequente Orientierung an schauspielerischer Kreativität am Theater. Und ein tieferes Verständnis dafür, was damit gemeint sein kann, erhält man über die Abgrenzung gegenüber »Literaturtheater« und »Regietheater«.

Im Nachhinein erweist sich die Auseinandersetzung mit dem »Literaturtheater« aufgrund seiner längeren Geschichte als weitaus umfangreicher. Aber – irgendwie auch distanzierter, weniger persönlich. Das könnte an dem Umstand liegen, dass der Autor heute im Proberaum selbst kaum noch anwesend ist und in vieler Hinsicht durch den Regisseur vertreten wird, der ja – wie gesagt – auch für den Umgang mit Theatertexten verantwortlich ist. Darum erscheinen dramatische oder postdramatische Werke »vermittelt« durch die Regie.

Dadurch wird auch deutlich, dass die Bereiche, die bislang aus Gründen argumentativer Klarheit getrennt voneinander betrachtet wurden, in Wirklichkeit eng miteinander verwoben sind. Text, Schauspiel und Regie sind drei künstlerische Energien, die im Arbeitsprozess vielfältige Verbindungen eingehen. Deswegen erscheint es sinnvoll, abschließend noch einen Blick auf das Ganze zu richten, die drei Aspekte miteinander in Verbindung zu bringen.

Die Extreme sind erneut schnell skizzierbar und deswegen kaum überraschend. Da wäre zum einen eine Theaterpraxis, die mit Blick auf die Entfaltung schauspielerischer Kreativität als Ideal erscheint: Texte und Regie-Impulse spielen im Training immer nur soweit eine Rolle, als sie das Spiel vorantreiben oder kreative Einfälle hervorbringen. Sie sind nicht immer zwingend nötig, da Schauspiel auch ohne sie funktionieren kann, aber sie bieten das Potenzial zur Auseinandersetzung und können darum das künstlerische Tun der Akteure erweitern sowie Bildungsprozesse in Gang setzen.

Umgekehrt besteht der leider allzu häufig anzutreffende *worst case* darin, dass das Schauspiel nicht nur durch eine der beiden anderen Energien erdrückt wird, sondern durch beide gleichzeitig. Die Schauspieler sind mit Anforderungen konfrontiert, die ihnen entweder jeglichen Freiraum nehmen oder sie sogar komplett überfordern. Ihnen fällt bei solchen Projekten nach einer »überstandenen« Premiere oft sprichwörtlich eine Last von den Schultern. Sie sind froh, dass es vorbei ist.

Das ist klar und verursacht allenfalls etwas Nachdruck, aber nichts wesentlich Neues. Außerdem konnten zwar bis hierhin Anhaltspunkte für das Ausloten eines in theaterpädagogischem Sinne »richtigen« Energie-Mix herausgearbeitet werden, die Konkretisierung aber hängt natürlich ab von der jeweiligen Situation, also etwa von der Zusammensetzung des Ensembles, den Arbeitsbedingungen, den Zielvorgaben oder dem bisherigen Trainingsstand. Und wann kann man schon gemeinsam den Arbeitsprozess eines Ensembles verfolgen? Höchst selten, als Einzelperson vielleicht oder allenfalls noch als Teil einer Ausbildungsklasse.

Aber es gibt diese Glücksfälle. Projekte, deren Akteure sich in die Karten sehen lassen, ganz öffentlich, und darüber hinaus Grenzgänge versuchen, die eine Auseinandersetzung reizvoll machen.

Ein berühmtes Beispiel hierfür ist »Rimini Protokoll«. Ein Regie-Team, das seit 2000 in unterschiedlichen Zusammensetzungen arbeitet und in Deutschland immer wieder Aufmerksamkeit erregt hat, weil es Spaß daran hat, einiges durcheinanderzuwirbeln, was bis dahin seinen festen Platz zu haben schien.

In ihren viel beachteten Inszenierungen arbeiten sie nämlich ausdrücklich weder mit schauspielerischen Profis, noch mit Laien oder Amateuren. Der Clou besteht darin, dass sie Menschen zusammensuchen, die sie als »Experten des Alltags« in ihre Inszenierungen einbauen. Fernfahrer, arbeitslose Stewardessen oder die Bewohner eines Seniorenstifts treten hier auf. Und zwar ausdrücklich nicht in einer fiktiven Rolle, sondern in ihrer jeweiligen sozialen Rolle, mit ihren realen Erfahrungen und Geschichten.

Betrachtet man diese Arbeit nun vor dem Hintergrund des hier vertretenen theaterpädagogischen Ansatzes, dann erkennt man schnell zahlreiche Aspekte, die mit einer Schauspielorientierung hervorragend vereinbar sind.

Zunächst liegen keine (post-)dramatischen Texte vor. Die Akteure geraten darum nicht in Gefahr, in etwas unterzugehen, dem sie nicht gewachsen sind. Sie können in diesem Sinne also nicht zu »Sekundärkünstlern« degradiert werden. Im Gegenteil, sie werden selbst an der Erarbeitung von Textmaterial beteiligt: In ausführlichen Gesprächen wird in der Vorbereitungsphase Material gesammelt, das dann später von den Regisseuren zu Theatertexten verdichtet wird. Durch diese beiden voneinander getrennten Schritte erreicht »Rimini Protokoll« eine besondere Wertschätzung der Akteure, denn trotz der persönlichen Geschichten werden sie nicht persönlich »ausgestellt«, wie man es aus zahlreichen Dokusoaps im Fernsehen kennt. Die Bindung an einen festgelegten und gestalteten Text verschafft ihnen etwas, das man den »Schutz der Rolle« nennen könnte (wenn es sie gäbe).

All dies steht in Einklang mit dem Profil eines theaterpädagogischen Schauspieltrainings. Allerdings stößt man auch auf eine Grenze. Und die liegt darin, dass man ja eigentlich gar nicht von Schauspielern ausgehen kann. Die Akteure gelten weder als Spieler noch als Künstler, ihre persönliche Entwicklung steht im Hintergrund – sie sind am besten, was sie sind: theatrale *Readymades*. Und darum werden sie auch immer nur für den Zeitraum einer Inszenierung benötigt.

Die eigentlichen Künstler sind die Regisseure, die das Ensemble jeweils neu nach bestimmten Gesichtspunkten zusammenstellen, die die Interviews führen, die Texte verfassen und die (vorwiegend monologischen) Auftritte in einen inszenatorischen Rahmen setzen.

Das Beispiel zeigt: Da Schauspielorientierung nicht immer leicht zu bestimmen ist, muss man genau hinsehen. Das fein ausgetüftelte und sensible Vorgehen von »Rimini Protokoll« verhindert, dass die Alltagsexperten zu Objekten einer Inszenierung gemacht werden. Sie werden nicht überfordert, sie bekommen die Möglichkeit, sich persönlich einzubringen und werden nicht zu Marionetten der Regie degradiert.

Und dennoch ist diese Art der Theaterarbeit mit den Zielen eines theaterpädagogischen Schauspieltrainings nicht vereinbar. Die drei künstlerischen Energien stehen nicht im richtigen Verhältnis zueinander.

3. Training

Die letzte der drei Abgrenzungen dreht sich um den Begriff »Training«. Einerseits vielleicht nicht besonders vielversprechend, schließlich weiß jeder, was man darunter versteht. Andererseits aber gewinnt man wesentliche Einsichten oft gerade da, wo man sie am wenigsten vermutet.

Wovon also ist die Rede?

»Training« ist in Deutschland ursprünglich, also im 19. Jahrhundert, ausschließlich im Bereich der Pferdedressur verwendet worden, wurde aber bald auch auf den Menschen übertragen, insbesondere auf ein soziales Phänomen, das sich seit der Wende zum 20. Jahrhundert immer mehr ausbreitete: auf den Sport. Und hier ist der Trainingsbegriff seither zu Hause, auch wenn sich mittlerweile weitere Bedeutungsübertragungen ergeben haben. So spricht man zum Beispiel nicht nur vom »Trainingslager« oder von »Trainingsrückständen«, sondern auch von »Mathe-Abitur-Training«, »Gedächtnistraining« oder »sozialem Kompetenztraining«.

Aber selbst wenn man sich zunächst auf den Bereich des Sports beschränkt, muss man vorsichtig sein, denn man stößt in der Regel auf zwei verschiedene Auffassungen: In einem engeren Sinne spricht man von »Training«, wenn es um die konditionelle Verbesserung eines Sportlers geht, also um dessen physische Fähigkeiten. Je nach Trainingsschwerpunkt und Sportart kann hierbei zum Beispiel eher Kraft, Ausdauer oder Schnelligkeit im Vordergrund stehen. Solche Trainingsprozesse laufen ab beim täglichen Joggen oder beim Hantelnheben im Fitness-Studio.

In einem weiteren Sinne jedoch kann sich ein Training auch auf das Erwerben körperlicher Fertigkeiten beziehen, die für die jeweilige Sportart von Bedeutung sind, also auf Bewegungsabläufe, besondere Wahrnehmungs- oder Koordinationsleistungen. Man trainiert in diesem Fall an bestimmten Techniken, an einer Wurftechnik im Judo zum Beispiel. Oder am Versenken eines Dartpfeils in der *triple-20* – auch eine Wurftechnik.

Das Gemeinsame an diesen beiden Arten des Trainings ist, dass man nur über systematisches und kontinuierliches Üben zu Leistungssteigerungen kommt. Der bedeutendste Unterschied hingegen besteht darin, dass sich die Anpassungsleistungen beim Konditionstraining in der Muskulatur abspielen, beim Techniktraining dagegen in verschiedenen Gehirnarealen – auch wenn es einem vielleicht nicht so vorkommt.

In den meisten Trainingszusammenhängen allerdings sind die beiden Prozesse kaum voneinander zu trennen. Die körperliche Kondition ist nämlich verständlicherweise oft Voraussetzung für das Erlernen einer bestimmten Technik und ein Üben an der Technik verbessert umgekehrt oft auch die Kondition eines Sportlers. Somit stellt sich kaum die Frage, ob eine Schwimmerin eher auf eine besonders gekräftigte Rückenmuskulatur oder eine saubere Kraultechnik angewiesen ist – wenn sie erfolgreich sein will, braucht sie beides. Und das ist in den meisten Sportarten so, sieht man einmal von so technikbetonten Disziplinen ab wie dem gerade erwähnten Dart, bei dem man vielleicht auch als Kettenraucher Weltmeister werden kann.

Wie verhält es sich nun beim theaterpädagogischen Schauspieltraining? Grundsätzlich ist auch hier von einer Verschränkung der beiden Trainingsprozesse auszugehen.

Auf der einen Seite darf das Training des Schauspielers die konditionelle Entwicklung nicht außer Acht lassen, denn er wird in vieler Hinsicht körperlich gefordert. Für die Umsetzung einer präzisen *Slowmotion*-Bewegung braucht man ebenso Voraussetzungen wie beispielsweise für das Entwickeln einer kräftigen Bühnenstimme. Die in jeder Hinsicht erforderliche Körperkontrolle von Schauspielerinnen und Schauspielern setzt also konditionelle Grundlagen voraus.

Auf der anderen Seite aber steht doch deren physische Entwicklung eher im Hintergrund. Vorrangig geht es in einem theaterpädagogischen Schauspieltraining um Techniken. Der *Doubletake* des Clowns, der zweimal hinsehen muss, um etwas zu bemerken, die aus der Hüfte kommende Körperdrehung beim Fechten oder die Umsetzung einer Improvisationstechnik sind in erster Linie koordinative Fertigkeiten. Die Anpassungsleistungen des Spielers an die gestellten Herausforderungen sind darum in erster Linie mental.

Damit lässt sich der Trainingsbegriff vorläufig genauer bestimmen. Ein tieferes Verständnis jedoch erreicht man über die Abgrenzung zu benachbarten Begriffen. Könnte man anstelle von »Training« nicht auch »Schauspiel-Unterricht«, »Schauspiel-Workshop« oder ganz einfach »Theaterprobe« sagen?

3.1 Unterricht

Unterricht ist, wenn man lernt – das meint jeder zu wissen, der einmal Schüler war. Und ganz falsch ist das sicherlich nicht. Allerdings würde dies zur Definition des Begriffs nicht ausreichen, schließlich lernen Menschen immer, auch beim Frühstücken, beim Kelleraufräumen oder sogar (ganz intensiv) im Schlaf. Unser Gehirn ist ständig dabei, Wahrnehmungen zu verarbeiten und sich dabei zu verändern. Es passt sich dynamisch den jeweiligen Erfordernissen an – und das ist, was man »Lernen« nennt. Nicht mehr und nicht weniger.

Damit man also von Unterricht sprechen kann, muss man zusätzliche Bestimmungsfaktoren annehmen. In der Wissenschaft, deren Fachgebiet die Lehre vom Unterricht ist (allgemeine Didaktik), ist man sich über drei solcher Faktoren relativ einig. Erstens: Die Aneignung von Wissen und Fertigkeiten erfolgt im Unterricht nach einer gewissen Systematik, es werden zum Beispiel Ziele definiert und Lerninhalte oder Lernmethoden ausgewählt. Zweitens: Auch wenn es Formen von Selbstunterricht gibt (Autodidaktik), so wird doch in der Regel davon auszugehen sein, dass eine Lehrerin oder ein Lehrer die Lernprozesse begleitet. Und schließlich: Dieses Lernen und Lehren findet in der Regel innerhalb eines besonderen institutionellen Rahmens statt, also zum Beispiel in der Schule oder an der Universität.

Das ist zunächst ganz einfach. Es zeigt sich aber, dass all diese Faktoren nicht nur im Unterricht eine Rolle spielen, sondern auch beim »Training« im hier verwendeten Sinne: Wer trainiert, der lernt. Außerdem wurde im Verlauf bisheriger Überlegungen deutlich, dass theaterpädagogische Arbeit durch die Beteiligung einer Leitung bestimmt ist. Und die Trainingsprozesse, um die es hier geht, laufen jeweils innerhalb sozialer Institutionen ab, also etwa an einer Schauspielschule, einer Amateurtheaterbühne oder in einem Jugendspielklub.

Eine eindeutige Abgrenzung zwischen Unterricht und Training erscheint anhand dieser Kriterien also nicht möglich.

Weil es aber Unterrichtsformen gibt, die man keineswegs als Training auffassen kann, so ist die logische Folge: »Unterricht« ist der Oberbegriff, »Training« dagegen stellt eine besondere Form des Unterrichts dar. Und eine Abgrenzung kann darum nur erfolgen zwischen dem, was *in der Regel* als Unterricht aufgefasst wird auf der einen Seite und der speziellen Sonderform »Training« auf der anderen Seite. Man kann unterschiedlichen Akzentsetzungen nachgehen.

Übung macht den Meister

Eine erste Möglichkeit besteht darin, das Spezifische des Trainings im Üben zu sehen. Über regelmäßige Wiederholung bestimmter Lernschritte kommt man zu Erfolgen. Beim Sport ist das eine kaum bestreitbare Tatsache, denn wer regelmäßig am Training teilnimmt, verbessert seine Leistungen. Und in einem solchen Sinne wird der Begriff offenbar auch außerhalb des Sports verwendet, wenn man zum Beispiel von »Mathe-Abitur-Training« spricht.

Ein einleuchtender Gedanke – aber bringt er die erhoffte Klarheit? Wenn Wiederholung das Besondere am Training ist, ist dann Einmaligkeit das Merkmal der übrigen Unterrichtsformen? Kaum. Ein Beispiel aus dem schulischen Unterricht kann das verdeutlichen: Ein Schüler erkennt im Erdkundeunterricht beim Arbeiten mit dem Atlas eine mögliche Erklärung für ein Phänomen. In einer Partnerarbeitsphase tauscht er sich mit seinem Tischnachbarn über seine Entdeckung aus. Sie übernehmen die Idee mit einer kleinen Veränderung in ihr Heft und fertigen dann eine dazugehörende Zeichnung an. Anschließend bringen sie ihre Erkenntnisse in das Unterrichtsgespräch ein. Und die Lehrerin kommt in der nächsten Stunde darauf zurück. Lauter Wiederholungen! Aber: Sollte man dazu »Training« sagen?

Und wie könnte man sich einen Unterricht vorstellen, der nicht durch systematische Wiederholungen bestimmt ist? Das geht nicht. Selbst ein Vortrag muss für die Lernenden Wiederholungen bereithalten, sonst würde er wirkungslos verpuffen. Lernpsychologisch lässt sich das einfach erklären: Lernen erfolgt in unserem Gehirn nämlich ausschließlich über Wiederholung! Der Mensch speichert in seinem Gedächtnis Zusammenhänge, die immer wieder auftauchen und die für ihn bestimmte wiederkehrende Muster bilden. Das ist zum Überleben durchaus nützlich, denn er hat dadurch die Möglichkeit, sein Verhalten in einer gegebenen Situation zu optimieren. Beim nächsten Mal kann er bestimmte Fehler vermeiden und sein Verhalten wird erfolgreicher verlaufen.

Lernende speichern also Muster als Kenntnis über bestimmte Zusammenhänge in der Welt. Je weiter der Lernfortschritt gelangt ist, desto besser ist der Mensch in der Lage, Verbindungen wiederzuerkennen, er kennt mehr Muster und die Muster werden komplexer. Einmalige Zufälle und unverbundene Einzelheiten dagegen werden vom Gehirn als überflüssiger Datenschrott aussortiert.

Zusammengefasst heißt das: Das systematische Üben als Besonderheit des Trainings aufzufassen, ist keine brauchbare Lösung.

Explizites und implizites Lernen

Deswegen ist eine zweite Möglichkeit vorzuziehen. Sie unterscheidet nämlich Training von anderen Formen des Unterrichts durch die dabei ablaufenden Lernprozesse.

Die meisten Erscheinungsformen von Unterricht betonen das kognitive Lernen. Es ist dadurch gekennzeichnet, dass es dem Bewusstsein zugänglich ist. Die Zusammenhänge, die man lernt, werden im »expliziten Gedächtnis« abgelegt. Man weiß also, was man weiß, man kann es sich selbst oder einem anderen erklären. Das wäre in dem Beispiel der Schüler der Fall, die im Erdkunde-Unterricht an einem Problem arbeiten. Die Lehrerin hat genau dann das Gefühl, erfolgreiche Lernprozesse in Gang gesetzt zu haben, wenn die beiden Schüler in der kommenden Erdkundestunde nicht nur die neu erkannten Zusammenhänge wiedergeben können, sondern darüber hinaus in der Lage sind, selbstständig ein Problem zu lösen, das dem der vorherigen Stunde zwar ähnlich ist, aber doch ein Stück komplexer. Dann haben sie Muster aufgebaut – sie haben gelernt.

Allerdings findet nur ein kleiner Teil menschlichen Lernens explizit statt. Die meisten Lernvorgänge sind uns gar nicht bewusst.

Trotzdem steht kognitives Lernen im Unterricht meistens im Zentrum. Warum ist das so? Der Grund ist ganz einfach: Es lässt sich im Rahmen der Institution Schule erheblich leichter bürokratisch verwalten! Explizites Wissen kann man relativ leicht messen und vergleichen. Deswegen ist zum Beispiel Notengebung in Bereichen, die der begrifflichen Analyse zugänglich sind, wo man Zusammenhänge als richtig oder zumindest als plausibel einstufen kann, einfach möglich. Die Korrektur einer Klassenarbeit in Chemie ist deswegen selten ein Problem. Ganz anders in Fächern, in denen intuitive oder emotionale Aspekte eine größere Rolle spielen und in denen bestimmte Fähigkeiten keineswegs explizit erworben werden. Die Korrektur eines Aufsatzes ist meist erheblich schwieriger, denn der Deutschlehrer steht vor dem Problem, dass er einerseits klare Bewertungskriterien ansetzen möchte, um einer Leistung gerecht zu werden, dass er aber mit dem Durchzählen von Satzbaufehlern oder argumentativen Ungenauigkeiten nicht weit kommt.

Wenn man dagegen Training ganz ohne Umwege als das auffasst, was es im Alltag zuallererst bedeutet, nämlich als ein Lernen durch Bewegung, dann merkt man schnell, dass hier eine ganz andere Form des Lernens im Zentrum steht. Gegenüber den meisten Formen von Unterricht nämlich spielen kognitive Prozesse bei einem Training eine eher untergeordnete Rolle. Das Lernen erfolgt größtenteils implizit, also ohne dass wir es begrifflich-rational erfassen können. Und es findet auch in anderen Regionen des Gehirns statt.

Im »prozeduralen Gedächtnis« speichert der Mensch Bewegungsabläufe und deren Bindung an bestimmte situative Wahrnehmungen (auch an Emotionen). Man kann sich den Unterschied zu den fleißigen Erdkunde-Schülern deutlich machen, wenn man deren Handeln mit dem Erlernen einer Bewegungstechnik vergleicht. Kauft zum Beispiel jemand, der *Aikido* erlernen möchte, einen ganzen Stapel von Fachliteratur über diese Bewegungskunst, schließt er sich damit in seinem Studierzimmer ein, lernt er alle wichtigen Prinzipien auswendig und legt er Tabellen oder Skizzen an zu allen möglichen Angriffs- und Verteidigungstechniken – so hat er doch das Wesentliche verpasst. Ohne auf der Matte zu stehen, kann er kein *Aikido* lernen.

Wenn er sich deswegen doch auf den Weg des praktischen Übens gemacht hat, dann kann er sich zwar vielleicht noch immer an die Prinzipien erinnern, die er einmal in den Büchern gefunden hatte, seine Lernfortschritte aber werden größtenteils außerhalb seines Bewusstseins liegen. Sie verlaufen implizit.

Hierin liegt eine deutliche Abgrenzung, die einem Training ein klares Profil gibt. Wenn man die bisherigen Überlegungen pointiert zusammenfasst, kann man sagen: Es ist vorrangig mental, aber nicht vorrangig kognitiv.

Das ist eine wichtige Erkenntnis für die Leitung eines theaterpädagogischen Schauspieltrainings. Der Trainer braucht ein Ensemble in körperlicher Bewegung, wenn er seine Ziele erreichen will. Da er kognitives Denken, argumentative Auseinandersetzung und kritische Textlektüre aber nicht einfach über Bord werfen kann, ist seine Arbeit geprägt durch einen spezifischen (und schwer zu lernenden) Umgang mit kognitiven Lernprozessen im Training.

Zwei grundsätzliche Strategien lassen sich hierbei unterscheiden.

Die erste Strategie besteht darin, dass man im Training das Begrifflich-Rationale systematisch in den Hintergrund drängt. Zunächst zumindest, so lange, bis sich aus der Dominanz des vernünftig-kritischen Denkens ein harmonisches Wechselspiel ergeben kann mit sinnlichen, körperlichen und emotionalen Impulsen.

Das ist ein weiter Weg und Anfänger tun sich damit in der Regel schwer. Sie stehen nämlich vor folgender Ausgangssituation: Sie sind es gewohnt, dass man sie daran misst, ob sie »erst denken und dann reden«. Ob sie still sitzen beim Arbeiten, ob sie »anständig« sind beim Essen und ob sie bemüht sind, möglichst wenige Fehler machen. Sie sind es gewohnt, zu bewerten und bewertet zu werden. Und sie tragen eine Ehrfurcht vor Sprache mit sich herum, weil sie begrifflich die Welt erfassen. Das ist ganz normal und letztlich auch in den allermeisten Lebenssituationen mehr oder weniger hilfreich. Das körperliche Lernen von Schauspielerinnen und Schauspielern kann aber durch diese Haltung erheblich eingeschränkt werden.

Der Theaterpädagoge versucht also, besonders in frühen Stadien des Trainings immer wieder Situationen herzustellen, die sich einer rationalen Kontrolle entziehen. Je konsequenter das Training in dieser Hinsicht angelegt ist, desto schneller zeigen sich positive Wirkungen.

Sie äußern sich in der Erweiterung des nicht-kognitiven Ausdrucks. Jenseits bereits gedachter und bewerteter Phänomene eröffnet sich Neuland. Neue Bewegungsmuster entstehen und Figuren entwickeln sich fernab ausgetretener Wege. Außerdem lernen die Schauspielerinnen und Schauspieler, körperlich-sinnlichen Impulsen mehr Vertrauen zu schenken und ihnen auch (und gerade dann) Raum zu geben, wenn ihnen der dahinterliegende Sinn vorläufig unklar ist.

Wie gesagt: Diese erste Trainingsstrategie bedeutet keineswegs eine Absage an kritisch-rationales Denken insgesamt. Sie läuft vielmehr darauf hinaus, die Spielerinnen und Spieler zunächst von kognitiven Blockaden zu befreien. Je weiter der Trainingsfortschritt, desto mehr kann das Kognitive wieder ins Spiel gebracht werden. Im Idealfall kommt es letztlich zu einem ausgewogenen Wechselspiel zwischen den verschiedenen mentalen und körperlichen Impulsen des Spielers.

Es gibt aber noch eine zweite Strategie. Und diese ist der ersten in einer Hinsicht genau entgegengesetzt: Man betont nämlich das Rationale, um es dann mit wachsendem Trainingsfortschritt langsam wieder loszulassen. Wie kann man sich das vorstellen?

Viele Handlungen des Menschen erfolgen, ohne dass er sich darüber Gedanken macht. Wenn er zum Beispiel spricht, dann richtet er seine Aufmerksamkeit in den meisten Fällen auf den Inhalt der Worte oder auf die Reaktion seines Gesprächspartners. Ein Schauspielschüler, der nun das Sprechen als Teil seiner künstlerischen Arbeit betrachtet, wird von seinem Trainer zunächst dazu gebracht, sich einzelne Phasen oder bestimmte an dem Sprechvorgang beteiligte Körperregionen *bewusst* zu machen. Seine Aufmerksamkeit wird also auf etwas gerichtet, das ihm sonst nicht bewusst ist. Manchmal bekommt er die Möglichkeit, auf diese Weise etwas zu entdecken, das er bereits anwendet, seit er auf der Welt ist. Den Zusammenhang zwischen Atem und Stimme beispielsweise. Oder den Ruhepunkt im Atemrhythmus. Oder Resonanzräume, die sich bis in die Nierengegend erstrecken. Oder in die Fußzehen. Das können sehr spannende Erlebnisse sein, manchmal regelrechte Schlüsselerlebnisse.

Im Laufe des Trainings versucht der Schauspielschüler dann durch bewusste Betonung des einen oder anderen entdeckten Zusammenhangs und durch eine gestärkte Achtsamkeit seinem eigenen Körper gegenüber seine alltägliche Art des Sprechens für das Theater zu entwickeln und zu verfeinern. Manchmal wird er das Gefühl haben, er habe das Sprechen komplett verlernt. Seine intuitive Herangehensweise ist durch ein neues Selbst-Bewusstsein ins Wanken geraten. Er wird technische Fehler bemerken und feststellen, dass er nur mit viel Übung all die Fertigkeiten entwickeln kann, die er erwerben möchte. Ein in diesem Sinne selbstbewusster Spieler braucht die besondere Aufmerksamkeit des Trainers – fällt diese weg, dann kann es sein, dass der Spieler auf der Bühne schließlich gehemmter ist als zu Beginn des Trainings.

Der Grund für diese Art der Verunsicherung liegt in dem bereits benannten Problem, dass man komplexe Bewegungsabläufe und dahinterliegende Bewegungsprinzipien kognitiv nicht vollständig erfassen kann. Das heißt: Eine Technik ist nicht in so kleine Bewegungsatome zerlegbar, dass man sie durch den bewussten Zugriff kontrollieren könnte. Das Bewusstmachen reduziert sich allenfalls auf einige Schwerpunkte einer Technik, Inseln des Bewusstseins, die aber ihre Bedeutung in dem Maße verlieren, wie das prozedurale Gedächtnis das Muster als Ganzes abspeichert und verfeinert.

Der gesamte Lernprozess bleibt also trotz allem bestimmt von impliziten Lernvorgängen, die an körperliche Bewegung gebunden sind.

Was ist nun die Perspektive dieser zweiten Strategie? Aus den strengen Formen im Training entwickelt sich nach und nach ein spielerischer Umgang. Nach der Phase der bewussten Arbeit stellt sich ein Zustand unbewusster Kompetenz ein, in dem die Abläufe einfach funktionieren. Der Spieler spricht aus dem Bauch, seine Stimme klingt, der Atem fließt, der ganze Körper ist am Sprechen beteiligt. Und all dies schneller, als ein ordnender Verstand hinterherkäme. Insofern wäre es vielleicht irreführend, den Meister einer Technik als »selbstbewusst« zu bezeichnen – er hat ja die Phase des Bewusstmachens gerade hinter sich. Der energiereiche Zustand, in dem sich eine Schauspielerin oder ein Schauspieler nach einem langen Training befindet, lässt sich mit einem anderen Prädikat besser erfassen: Sie oder er ist präsent. Ganz gegenwärtig, spielerisch und aus dem Bauch.

Trainingsziele

Die beiden Strategien – erst Rücknahme oder erst Stärkung bewusster Lernprozesse – haben trotz ihres entgegengesetzten Verlaufes eine Gemeinsamkeit. Jenseits der im Vordergrund stehenden Techniken vermitteln sie eine schauspielerische Grundhaltung, die es den Spielern später möglich macht, auch in Ensembles zu spielen, die von ganz anderen Trainingsinhalten geprägt sind. Diese implizit erworbene Grundhaltung macht einen wesentlichen Teil der künstlerischen Persönlichkeit aus: Offenheit gegenüber Neuem, Mut zum Risiko, Wachsamkeit gegenüber sich selbst und anderen, Vertrauen und Verantwortung, Präsenz – wer all dies aus einem theaterpädagogischen Schauspieltraining mitnimmt, hat mehr gelernt als nur eine bestimmte Auswahl von Techniken. Die Orientierung an der Persönlichkeitsbildung bekommt hier konkrete Anhaltspunkte.

Ergibt sich nun ein Spannungsfeld zwischen zwei gegenläufigen Trainingszielen? Und: Gibt es Kriterien für eine angemessene Auswahl?

Die Antwort auf diese Fragen ist leichter und konkreter möglich, als man vermuten könnte. Denn die Überbetonung des rationalen Denkens findet man bei Trainingsanfängern fast unweigerlich in den großen Zusammenhängen. Unerfahrene Spieler versuchen, auf der Bühne Sinnzusammenhänge zu konstruieren, sie versuchen Wirkungen zu erzielen und sie versuchen Texte zu interpretieren. Und zwar so deutlich, dass von Spiel keine Rede sein kann. Abstraktes wird hier inszeniert, Originalität ausgestellt. Und eigentlich stehen darum lauter Regisseure, Theaterwissenschaftler, Dramaturgen oder Zuschauer auf der Bühne. Es wird in solchen Fällen einige Trainingszeit in Anspruch nehmen, bis man sie zum ersten Mal zum Spielen bringt. Strategie eins.

Umgekehrt aber – und vermutlich, weil man ja den Kopf für anderes braucht – wird den Kleinigkeiten auf der Bühne fast keine Aufmerksamkeit geschenkt. Anfänger merken nicht, dass sich die von ihnen verkörperte Figur völlig unkontrolliert bewegt. Sie trampelt hin und her, rudert mit den Armen, läuft quer durch imaginierte Wände und verhält sich in einem fremden Zimmer wie zu Hause. Alles gerät durcheinander. Und es entsteht im Zuschauerraum die Wirkung, die Theaterabende »theatralisch« werden lassen: aufgesetzt, unecht, voller ungewollter Widersprüche. In diesem Bereich ist es angesagt, im Training körperlich-sinnliche Prozesse *bewusst* zu machen. Wie steht man gerade? Wie fließt der Atem? Wo befinden sich die realen Mitspieler? Wo verläuft die imaginierte Kaimauer und wo liegt das imaginierte Segelschiff? Ganz eindeutig: Strategie zwei.

Das verschafft schon einige Klarheit. Durch die Abgrenzung zu einem sonst üblichen Bild von Unterricht ergibt sich also ein vertieftes Verständnis dessen, was man sich hier unter Training vorstellen kann. Diese Klarheit ist für Theaterpädagoginnen und Theaterpädagogen auch dann hilfreich, wenn das Aufziehen eines Schauspieltrainings in »Reinform« nicht möglich ist.

3.2 Workshop

Die Begriffe »Training« und »Workshop« geraten in der alltäglichen Verwendung oft durcheinander, vermutlich weil beide mit Lernen aus praktischem Tun verbunden werden. Deswegen ist es sicher hilfreich, präzise zu sagen, was eigentlich ein Workshop sei. Damit kann man zu wichtigen Unterschieden gelangen und den hier im Zentrum stehenden Trainingsbegriff weiter vertiefen.

»Workshop« heißt auf Deutsch nichts anderes als »Werkstatt«. Und dieser seit dem Mittelalter gebräuchliche Begriff bezeichnet zunächst das, was ursprünglich in bestimmten Gassen der Stadt zu finden war und was heute auch in manchem Keller oder mancher Garage versteckt ist: die Arbeitsstätte von Handwerkern, Bastlern oder Künstlern. Als Ort schöpferischer Tätigkeit ist der Begriff auch in den Theaterbereich übernommen worden, wo man nicht selten von einer »Werkstattbühne« oder einer »Theaterwerkstatt« spricht.

Infolge einer Bedeutungsverschiebung ist heute aber oft, wenn man »Werkstatt« sagt, nicht mehr der Ort, sondern der Prozess kreativen Tuns gemeint. Wo finde ich denn die »Schreibwerkstatt«? Die ist gerade in der Mittagspause. Man meint also keineswegs ein bestimmtes Gebäude oder ein bestimmtes Zimmer im Haus, sondern die Zusammenarbeit von Menschen, die Texte verfassen oder bearbeiten und dabei Kaffee trinken. Und in eben diesem übertragenen Sinne wird der Begriff »Workshop« heute verwendet – niemand denkt dabei noch an den düsteren Keller des berühmten Schusters.

Prozesse kreativer Gestaltung. Das scheint der Kern. Aber es ist zu wenig, um einen Workshop zu definieren, schließlich gibt es kreative Prozesse auch anderswo. Wenn man morgens aus dem Bett aufspringt, um eine tolle Idee zu notieren. Wenn man eine Eingebung hat beim Musizieren. Oder in verschiedenen Formen des Unterrichts.

Zwei unterschiedliche Workshop-Modelle

Wenn man genauer sein will, stößt man auf ein Problem. Es gibt nämlich (mindestens) zwei verschiedene Auffassungen davon, wie denn ein Workshop »eigentlich« auszusehen habe.

Die einen stellen sich Folgendes vor: Ein bestimmter Kreis von Personen trifft sich in einem Tagungshaus und arbeitet dort für eine gewisse Zeit gemeinsam an einer Aufgabe. Zum Beispiel könnten sich die Mitarbeiter einer kleinen Firma für ein paar Tage dorthin zurückziehen, um neue Strategien der Vermarktung ihrer Produkte zu entwickeln, da in diesem Bereich in letzter Zeit immer wieder Probleme aufgetaucht waren. Sie versuchen nun, die Angelegenheit von allen Seiten neu zu durchdenken. Weil es wichtig ist, dass kein Gedanke zu früh verworfen wird, halten sie alles fest: auf bunten Kärtchen oder Plakaten, in Form von Mindmaps oder irgendwelchen Skizzen. Und weil nicht nur der zu Wort kommen soll, der ohnehin immer redet, gibt es meist einen Moderator, der auch ganz viele Kärtchen und Filzstifte hat. Ein erfolgreicher Workshop bringt aus einer Vielzahl von möglichen Verbindungen neue Ideen hervor, er wirkt sich aus auf die Zeit danach. Die kleine Firma wird dann möglicherweise wieder mehr verkaufen.

Solche Workshops gibt es nicht nur, um Strategien zu entwickeln. Man kann zum Beispiel auch bestehende Konflikte aufarbeiten oder eine Entscheidung treffen, wenn die Alternativen bereits auf dem Tisch liegen.

Der eine oder andere Theaterpädagoge wird sich angesichts einer solchen Beschreibung vielleicht fragen, ob er überhaupt jemals einen Workshop besucht oder gar geleitet hat. Und damit ist er nicht allein. Viele haben ein ganz anderes Bild vor Augen, wenn sie an einen Workshop denken. Sie denken an eine Veranstaltung, die man vielleicht auch »Lehrgang« oder »Seminar« nennen könnte: Menschen, die in einem bestimmten Bereich etwas Neues lernen möchten, ziehen sich dazu für ein paar Tage vom Alltag zurück. Zum Beispiel könnte eine Gruppe an einem Clownerie-Workshop teilnehmen, der in einem Tagungshaus irgendwo am Rande der Alpen stattfindet.

Der wesentliche Unterschied zwischen den beiden Positionen liegt in der jeweils vorausgesetzten Rollenverteilung. Die Teilnehmer dieser zweiten Workshopart kommen (auch als Fortgeschrittene) in der Erwartung zu dem Treffen, etwas Neues kennenzulernen. Der Erfolg des Workshops ist darum nicht nur von der Gruppe, sondern ganz wesentlich von der Leitung abhängig. Sie ist es, die mithilfe geeigneter Methoden und auf Grundlage langjähriger Erfahrung wichtige Impulse geben kann. Sie steht viel stärker im Zentrum als bei dem ersten Format.

Auch wenn die Auseinandersetzung mit diesen beiden Arten von Workshop für theaterpädagogische Positionsbestimmungen hilfreich sein kann, so ist sie doch für die Abgrenzung zum Training keineswegs entscheidend. Denn die beiden vermeintlich so unterschiedlichen Formate weisen in Wirklichkeit wichtige Gemeinsamkeiten auf.

Erstens kommt der Interaktion zwischen den Teilnehmerinnen und Teilnehmern eine besonders große Bedeutung zu, denn unabhängig von der Ausgestaltung der Leitungsrolle geht es darum, dass die Gruppe miteinander arbeitet. Bei einer defensiven Moderatoren-Leitung versteht sich das von selbst. Aber auch in dem Clownerie-Workshop, bei dem eine offensivere Leitung viele Übungen vorgibt, Anregungen gibt und gelegentlich auch über theoretische Zusammenhänge informiert, improvisiert die Gruppe miteinander, entwickelt sie Ideen, sammelt sie Erfahrung durch aktives Tun. Keinesfalls ist also ein Workshop ein Vortrag, der vorrangig rezeptive Haltungen erwartet.

Zweitens sind alle Arten von Workshops dadurch gekennzeichnet, dass sie aus der Reihe fallen. Das kreative Potenzial einer jeweiligen Gruppe soll ja gerade dadurch entfaltet werden, dass man längst bekannte Wege verlässt. Das fängt schon bei vermeintlich unwichtigen Äußerlichkeiten an: Man befindet sich an einem Ort, der für alle etwas Besonderes ist, etwa in einem Tagungshaus, einem

Hotel, einer Berghütte oder zumindest in einem Raum, den man sonst anders nutzt. Dort gibt es kaum Routinen: Man sitzt in einer anderen Anordnung als sonst, man hat einen anderen Tagesablauf oder man beschäftigt sich mit anderen Menschen als sonst, auch außerhalb der offiziellen Arbeitsgruppen. Ein außergewöhnlicher Rahmen, bestens geeignet um etwas Neues zu planen oder zu gestalten.

Die bei Workshops oft übliche Klausuratmosphäre hat aber noch eine weitere Wirkung: Sie schirmt ab, sie lässt den Alltag draußen. Übliche Hierarchien werden zum Beispiel ebenso in den Hintergrund gedrängt wie alltägliche Verpflichtungen. Hier muss niemand daran denken, den Mülleimer an die Straße zu stellen, Einkäufe zu erledigen oder einen Kunden zu empfangen. Hier kann man sich auf *eine* Sache konzentrieren – sicherlich ein Faktor, der die Kreativität einer Gruppe steigern kann.

Aktivierung, Interaktion, Konzentration, Freiheit, Kreativität: All diese Schlagworte machen deutlich, warum Workshops in der theaterpädagogischen Berufspraxis so verbreitet sind.

Der Unterschied zum Training

Allerdings zeichnet sich bereits ab, worin der wesentliche Unterschied zu einem Training besteht: Workshops stehen außerhalb aller Routine und sind deswegen auf einen kurzen Zeitraum beschränkt. Sie sind die Ausnahme, die für ein paar Tage gilt, vielleicht für eine Woche oder zwei. Deswegen dienen sie eher dazu, der Gruppe oder einzelnen neue Ideen, neue Impulse zu geben. Die Umsetzung, das Erproben oder Vertiefen findet anderswo statt, außerhalb des Workshops.

Ein Training dagegen wirkt nur durch Kontinuität. An die Stelle der Ausnahme tritt hier die Regel. Was sich als Abgrenzungsmerkmal gegenüber Unterricht als untauglich erwiesen hat, bekommt also mit Blick auf die Unterscheidung zum Workshop eine besondere Wichtigkeit, nämlich die Wiederholung, das regelmäßige Üben.

Der Workshop als Punkt, das Training als Linie – so könnte man den wesentlichen Unterschied kurz gefasst charakterisieren. Dieses vielleicht wenig überraschende Ergebnis hat eine nicht zu unterschätzende Bedeutung für die theaterpädagogische Praxis, denn Planung oder Leitung bekommen vollkommen unterschiedliche Akzente, je nachdem, ob es sich um einen Workshop oder ein Training handelt.

In einem Workshop muss alles auf den sprichwörtlichen Punkt gebracht werden. Ein dreitägiger Workshop mit dem Titel »Clownerie für Anfänger« kann angesichts der knappen Zeit nicht darauf abzielen, dass die Teilnehmerinnen und Teilnehmer die notwendigen Techniken am letzten Tag beherrschen, dass sie bis dahin einen eigenen Clown oder bühnenreife Szenen entwickelt haben. Das geht nicht und wird zum Glück meistens auch gar nicht erwartet. Stattdessen aber muss sich die Leitung darum bemühen, Perspektiven zu eröffnen. Wie kann man grundsätzlich an eine Clown-Szene herangehen? Worin besteht eigentlich Komik? Welche Übungen kann man wählen und worauf muss man bei ihnen achten? Das aktive Spielen und Erproben ist also eigentlich eher exemplarisch gemeint, es dient dazu, das Wesentliche zu erfassen.

Wenn man einer derartig anspruchsvollen Auffassung von guten theaterpädagogischen Workshops folgt, die dann deutlich mehr sind als eine wilde Mischung von Übungen zu einem bestimmten Thema, dann setzt deren Planung und Leitung wahre Meisterschaft voraus. Solche Workshops geraten gelegentlich zu (schlecht bezahlten) Kunstwerken.

Die Planung und Leitung eines theaterpädagogischen Trainings dagegen sieht ganz anders aus. Die großen Zusammenhänge bleiben hier im Hintergrund zugunsten der vielen kleinen Lernschritte. Wiederholung dominiert, eine Übung taucht immer wieder auf, wird variiert und vertieft, sodass die Trainingsteilnehmer über eine längere Zeitspanne hinweg immer mehr Techniken verinnerlichen und für die eigene Kreativität erschließen können. Um zu dem Beispiel zurückzukommen: Zielperspektive eines Trainings kann es durchaus sein, jedem Ensemblemitglied zur Entfaltung einer eigenen Clownfigur zu verhelfen oder eine »Nummer« zu erarbeiten. Insofern ist ein gutes Training nicht weniger anspruchsvoll als ein guter Workshop.

Natürlich bringt eine solche grundsätzliche Unterscheidung zwischen einem theaterpädagogischen Workshop und einem Training eine Vielzahl möglicher Mischformen hervor: Trainingseffekte können beispielsweise auch in einem Workshop angestrebt werden, wenn dieser entweder außergewöhnlich lang oder als Teil einer ganzen Serie konzipiert ist. Umgekehrt kann zum Beispiel eine Schauspielausbildung workshopartige Elemente beinhalten, wenn bestimmte Impulse gegeben werden sollen, ohne dass ein Beherrschen der damit verbundenen Techniken erforderlich wäre.

3.3 Probe

Die Auseinandersetzung mit dem Begriff der Theaterprobe beginnt mit einem Rätsel. Im Alltag trifft man nämlich auf zwei Bedeutungen des Probierens, die sich mit künstlerischem Tun nur schwer verbinden lassen.

Zum einen kann man einen Löffel unter die Nase gehalten bekommen, aus dem es wunderbar duftet und man könnte aufgefordert werden, doch mal zu probieren. Ein selbst zubereitetes Gericht wird also nach bestimmten Gesichtspunkten untersucht, zum Beispiel danach, ob genügend Pfeffer dran ist oder Rosmarin. Man könnte sagen: Es findet ein Test statt.

Zum anderen kann Probieren auch im Sinne von Ausprobieren verwendet werden. Passt es geschmacklich zusammen, wenn man einen Esslöffel Fencheltee in eine Nudelsuppe gibt? Schließlich ist Fenchel eigentlich nichts anderes als eine Art Gemüse. Man weiß es nicht und probiert es einfach aus – wenn es scheitern sollte, muss man notfalls eine Pizza bestellen. In dieser Verwendung des Wortes geht es um etwas, das es noch nicht gibt, von dem man allenfalls eine Idee hat. Um diese Idee zu überprüfen, führt man ein Experiment durch und weil ein Experiment immer ein Wagnis ist, kann dabei schon mal was danebengehen.

Seltsam ist vor diesem Hintergrund, dass die Probe in keiner dieser Verwendungen einen kreativen Akt bezeichnet. Sowohl beim Test als auch beim Experiment liegt der eigentlich schöpferische Vorgang bereits in der Vergangenheit, denn entweder hat man bereits etwas geschaffen oder man hat bereits eine Idee entwickelt. Wie passt das zusammen? Warum spricht man im Theater dennoch von einer Probe? Warum verbindet man Proben dennoch irgendwie mit kreativem Handeln?

Eine mögliche Antwort auf diese Fragen liefert ein erneuter Blick in die Theatergeschichte, der einiges aufgreift, was bereits im Zusammenhang mit »Regietheater« deutlich wurde.

Spannungsfelder der Theaterprobe

Am Anfang des 19. Jahrhunderts war eine Probe im heutigen Sinne am Theater kaum von Bedeutung. Zu dieser Zeit war es durchaus verbreitet, die Premiere als ersten Durchlauf zu betrachten. Was man damals »Probe« nannte, diente vor allem organisatorischen Absprachen und in zunehmendem Maße auch der gemeinsamen Lektüre des aufzuführenden Dramas.

Erst seit sich in der zweiten Hälfte des Jahrhunderts der Stellenwert der Regie zu wandeln begann, änderte sich auch die Probenpraxis. In den visionären Schriften Lewalds zum Beispiel findet man einen Regisseur, der sich im Vorfeld der Probenarbeit ein akribisches Inszenierungskonzept erarbeitet. Eine gut geleitete Probe diente diesem Bild nach also dem Einstudieren dessen, was in der Kladde des Regisseurs festgelegt war. Das brachte nicht nur Klarheit in die Abläufe am Theater, es erleichterte auch die Arbeit des Ensembles. Seither entwickelte sich die Kunst der Inszenierung zu einem zentralen Bestandteil europäischen Theaters, der bis in die Gegenwart hinein unser Theaterbild wesentlich prägt.

Die Entwicklung von Regie und Probe geht also Hand in Hand. Und in dieser engen Verbindung liegt die Antwort auf die Frage, warum denn eine Probe heute »Probe« heißt: Sie diente von Beginn an dem Überprüfen einer vorher gewonnenen Idee und dem Überprüfen, inwiefern die Umsetzung auf der Bühne diesem Konzept entsprach. Sie war also – gebunden an den Regisseur – tatsächlich Experiment und Test zugleich. Und nicht etwa Spielwiese für Schauspieler.

Eine solche Zuspitzung provoziert zu Recht Widerspruch, denn unserem heutigen Bild von Probe entspricht das nur zum Teil. Dennoch erweisen sich derartige Perspektiven als hilfreich, weil sie grundsätzliche Spannungsfelder erkennbar machen, innerhalb derer sich eine Theaterprobe heute bewegt.

Das erste Spannungsfeld wird bestimmt durch die Frage, wer denn eine Inszenierung überhaupt gestalten darf. Wer ist in welchem Maße beteiligt am kreativen Prozess?

Wie bereits deutlich wurde, sind aus Perspektive der Regie unterschiedliche Grade der Offenheit möglich. Ein geschlossenes Inszenierungsverfahren betrachtet die Arbeit im Proberaum tendenziell als unkreativ, weil die Ideen außerhalb des Proberaums entstehen. Entsprechend gering ist hier also die künstlerische Bedeutung der Schauspielerinnen und Schauspieler. Je offener das Inszenierungsverfahren, je weniger also geprägt durch die vorgängigen Festlegungen eines Regiekonzepts, desto mehr kann die schauspielerische Kreativität in den Probenprozess einbezogen werden. In der Regel bewegt sich Probenarbeit an den maßgebenden Bühnen heute zwischen diesen Extremen. Das heißt: Meist besteht eine Probe aus einem Wechselspiel verschiedener kreativer Impulse und einem Ineinandergreifen von spielerischer Suche und konzeptioneller Planung. Die jeweilige Ausgestaltung dieser Verhältnisse ist eine Frage des Regie-Stils.

Natürlich kann man auch die Offenheit bis ins Extrem treiben. Ein Regisseur kann zum Beispiel vorsätzlich völlig konzeptlos an eine Inszenierung herangehen, indem er zunächst abwartet, was ihm das Ensemble in den ersten Proben an Anregungen und Spielideen liefert. Eine Grenze findet diese Offenheit darin, dass ihre programmatische Konzeptlosigkeit irgendwann in einer Art belangloser Herumspielerei endet, die man kaum noch als Inszenierungsarbeit bezeichnen kann.

Und dies berührt bereits das zweite grundsätzliche Spannungsfeld von Probenarbeit am Theater. Dieses Spannungsfeld betritt man mit der Frage: Gibt es überhaupt eine Inszenierung? Und wie weit reicht sie?

Denn die Probe findet statt unter der paradoxen Zielsetzung, das prinzipiell einmalige Ereignis der Aufführung für seine Wiederholung vorzubereiten. Die Inszenierung erweist sich aus dieser Perspektive als Gegensatz zur einzelnen Vorstellung und ist dennoch auf sie ausgerichtet.

Im Rahmen einer realistisch-illusionären Spielweise lässt sich diese Spannung zumindest teilweise entschärfen, schließlich unterbindet man allzu viel

Interaktion mit dem Publikum durch das konsequente Einziehen der »vierten Wand«. Die Schauspielerinnen und Schauspieler sind in der jeweiligen Vorstellung sozusagen unter sich. Je weniger von außen durch diese Wand dringt, desto weniger kann ein Inszenierungskonzept gestört werden.

Sobald man aber die »vierte Wand« gezielt durchbricht, ergeben sich erhebliche Auswirkungen nicht nur auf die einzelne Theatervorstellung, sondern auch auf die gesamte Probenarbeit insgesamt. Denn durch eine Interaktion zwischen Bühne und Nichtbühne kommen unberechenbare Wechselwirkungen in Gang, die jede Vorstellung – je nach der Stimmung oder Zusammensetzung des Publikums – verändern. Je mehr dies geschieht, desto weniger sinnvoll erscheint es, ein im Vorfeld festgelegtes Regiekonzept Punkt für Punkt umsetzen zu wollen: Die Einmaligkeit des jeweiligen Theaterabends setzt sich zwangsläufig gegenüber der abgezirkelten Wiederholbarkeit durch.

Die angesprochenen Spielräume der Inszenierung und der Probenarbeit wurden von wegweisenden Theatermachern unterschiedlich genutzt. Bertolt Brecht nimmt in dieser Hinsicht eine interessante Zwischenposition ein: Zwar öffnet er den illusionären Bühnenraum programmatisch, indem er das Spiel immer wieder als Spiel entlarvt. Aber obwohl er zum Beispiel die Schauspieler aus der Rolle treten und zum Publikum sprechen lässt und obwohl er mithilfe zahlreicher Methoden das Publikum aus der Passivität reiner Konsumenten herausreißen will, geht es ihm keineswegs darum, das Publikum im Theater zur Interaktion mit den Schauspielern zu bewegen, im Gegenteil. Denn im Gegensatz zu mancher Variante heutigen performativen Theaters will er die Aktivität des Zuschauers gerade nicht im Moment intensiven Erlebens im Theater verbrauchen, sondern er möchte sie wecken für ein Überdenken gesellschaftlicher Verhältnisse. Die Folge: In der Probe arbeitet Brecht trotz der Öffnung zum Zuschauerraum ziemlich kontrolliert. Inszenieren bleibt für ihn möglich und nötig.

Je weiter aber in zeitgenössischen Theaterexperimenten das jeweilige Live-Ereignis in den Vordergrund tritt, je mehr es der Improvisation der Spielerinnen und Spieler Raum gibt und je weiter es ein Eingreifen des Publikums herausfordert, desto mehr hebt sich auch die Probenarbeit der Regie auf. Im Extremfall kehrt sie zurück zu ihren Anfängen: zu organisatorischen und konzeptionellen Absprachen.

Probe und Training

In welchem Verhältnis steht nun die Theaterprobe zum Schauspieltraining?

Zunächst ergibt sich mit Blick auf die grundsätzlichen Spannungsfelder, innerhalb derer sich Probenarbeit bewegt, eine wichtige Positionierung, die sowohl eine Verbindung herstellt als auch eine erste Unterscheidung anbietet. Das Training von Schauspielerinnen und Schauspielern ist nämlich wesentliche *Voraussetzung* für einen erfolgreichen Probenprozess, und zwar unabhängig davon, wer auf der Probe das Sagen hat und wie offen oder geschlossen Probenprozesse verlaufen.

Extrem »offene« Probensituationen verlangen vom Ensemble die Fähigkeit zu erhöhter Präsenz und die Beherrschung grundlegender Improvisationstechniken, schließlich liegt es an den Spielerinnen und Spielern, nicht festgelegte Situationen gemeinsam stimmig zu gestalten.

Umgekehrt setzen auch sehr »geschlossene« Probenverfahren gut trainierte Akteure voraus, die in der Lage sind, körperlich-stimmlich, emotional und kognitiv das präzise umzusetzen, was die Regie von ihnen verlangt, und zwar so, dass sie nicht in das Energieloch fallen, das bei fremdgesteuertem Verhalten immer zu befürchten ist.

Das bedeutet natürlich: Auch in den Mittelbereichen der Probe, die von den Spielerinnen und Spielern ein Ausbalancieren dieser beiden Haltungen erfordert, ist ein entsprechendes Training eine unabdingbare Voraussetzung.

Man kann sich das am besten vor Augen führen, wenn man sich eine scheinbar leicht zu spielende Szene vorstellt: Eine Figur betritt den Raum und setzt sich. Fertig. Man könnte meinen, das sei für jeden Darsteller eine Kleinigkeit und bedürfe darum kaum eines Trainings, schließlich sei das ein Vorgang, den jeder alltäglich zigmal erfolgreich bewältigt. Weit gefehlt. Ein Schauspieler ohne Training verliert auf der Bühne die Kontrolle über seinen Körper und wird bei einfachsten Bewegungen unsicher. Innere Bilder verschwimmen zu einem wilden Durcheinander, Stimmungen oder Handlungen schwanken und bleiben kraftlos, die Wachsamkeit reicht kaum aus für die wesentlichen Wahrnehmungen, die Fantasie ist blockiert und klammert sich ans Klischee – kurz: Sein Auftritt wirkt ebenso blass wie überzogen, eine gelegentlich bis zur Peinlichkeit reichende Mischung.

Spieler dagegen, die über ausreichend Trainingserfahrung verfügen, haben wichtige Spielprinzipien so verinnerlicht, dass sie in der Probe jederzeit abgerufen werden können. In der Regel wird die Figur, die den Raum betritt, zum Beispiel klarer und spannender wirken, weil der Schauspieler die Szene bereits in der ersten Improvisation durch Rhythmus, Gegensätze und Steigerungen ästhetisch gestaltet. Oder weil er gelernt hat, auf imaginierte Wahrnehmungen zu reagieren.

Die Probe kommt also mit einem trainierten Ensemble leichter voran – wen würde das wundern?

Ein denkbarer Einwand gegen diese Behauptung verweist auf einen zweiten wesentlichen Unterschied zwischen Theaterprobe und Schauspieltraining. Man könnte einwenden, es verhalte sich genau umgekehrt! Das Durchlaufen von Probenprozessen am Theater sei das beste Training, nur dort sammle man Erfahrungen, die man beim kuscheligen Üben nie machen könne und man bekomme durch die harte Schule des Theaterlebens letztlich mehr Routine als durch ausgefeilte Trainingskonzepte.

Das mag vielleicht überzeugend klingen und so mancher Theaterkünstler mag tatsächlich völlig ohne Training berühmt und erfolgreich geworden sein, aber man wird in den meisten Fällen davon ausgehen können, dass er seine künstlerische Entwicklung nicht *aufgrund* dieser Umstände durchlaufen hat, sondern *trotz* dieser Umstände.

Denn Erfahrungen sammelt man immer, das ganze Leben lang. Und man lernt auch immer, selbst, wenn man nachmittags Arztserien im Fernsehen verfolgt. Das heißt noch nichts – natürlich kommt es auf die Qualität der Erfahrung an. Wer also zum Beispiel jahrelang mit den falschen Methoden an immer neuen Inszenierungen arbeitet, geht schauspielerisch keinen Schritt nach vorne, sondern eher einige zurück. Theaterpädagogen, die mit »erfahrenen« Amateuren arbeiten, können ein Lied davon singen.

Im Überblick zeigt sich erneut eine prinzipielle Unterscheidung, die sowohl für das Verständnis ästhetischer Bildung als auch für das Profil eines theaterpädagogischen Schauspieltrainings von entscheidender Bedeutung ist: Im Gegensatz zur Probe zielt das Training ausdrücklich ab auf die persönliche wie künstlerische Entwicklung der Spielerinnen und Spieler. Und deswegen ist es kaum verwunderlich, wenn sich daraus andere Ergebnisse entwickeln.

Der Bezug auf einen Entwicklungsprozess legt nahe, die Dauer von Probe und Training als wichtiges Unterscheidungsmerkmal zu betrachten. Weil Probenarbeit auf die Entwicklung einer Inszenierung abzielt, ist mit dem Beginn einer Probenphase auch deren Ende immer schon absehbar. Proben sind, auch wenn sie sich über einen längeren Zeitraum erstrecken, grundsätzlich begrenzt, während jede Art des Trainings (wie auch im Sport) grundsätzlich unbegrenzt stattfinden kann.

Für die Beteiligten hat dies jeweils erhebliche praktische Konsequenzen. Auch wenn etwa ein Probenprozess in den seltensten Fällen völlig geradlinig verläuft und Irrwege als Ursprung neuer Ideen manchmal hochwillkommen sind, so unterliegt die Probe doch aufgrund des begrenzten zeitlichen Rahmens einem gewissen Erfolgsdruck. Zu viele Fehler darf man sich einfach nicht erlauben, man muss sich ein ums andere Mal mit Kompromissen zufriedengeben oder auf allzu tief gehende Reflexionen verzichten. Wer die Arbeit an Theaterhäusern kennt, der weiß: Probenarbeit ist nichts für Freunde der Langsamkeit!

Beim theaterpädagogischen Schauspieltraining kann das anders aussehen, entspannter, man hat mehr Zeit. Und das birgt Chancen und Risiken zugleich.

Einerseits nämlich kann man die Arbeitsprozesse an den Entwicklungsstand der Beteiligten anpassen. Man kann das Training weitgehend frei vom Erwartungsdruck außenstehender Personen gestalten, die sich vom jeweiligen Theaterensemble Prestige, Geld oder Macht versprechen. Und man kann sich deswegen sehr klar zu einer nicht-instrumentalisierten künstlerischen Arbeit bekennen. Kurz gesagt: Ein Training ist in der Regel freier als eine Probe.

Andererseits aber birgt genau diese Freiheit eine Gefahr. Allzu leicht nämlich rutscht man in die Beliebigkeit. Wo alles geht, kann man auch alles sein lassen. Und das führt leicht dazu, dass die Motivation der Spielerinnen und Spieler nachlässt, dass sie energetisch nicht ans Limit gehen, dass das Ensemble schließlich im dauernden Herumprobieren stecken bleibt und auch die angestrebten Entwicklungsprozesse bald ausbleiben. Wer will schon dauerhaft für etwas trainieren, das nie stattfindet?

Um dieser Gefahr zu entgehen, muss auch ein theaterpädagogisches Schauspieltraining immer wieder Momente von Probe und Inszenierung integrieren. In diesem Sinne sind kleinere und größere szenische Entwürfe, die vor den anderen Mitgliedern des Ensembles präsentiert werden, Werkstatteinblicke für geladene Gäste oder sogar gelegentliche Inszenierungsprojekte für ein großes Publikum sinnvoller Bestandteil des Trainings.

Planung und Leitung eines theaterpädagogischen Schauspieltrainings bewegen sich somit auf einem schmalen Grat. Es gilt, Freiräume für Entwicklung zu schaffen, ohne dass daraus weltfremde und bezugslose Leerstellen werden. Es gilt, die Probe (und die Inszenierung) für den Trainingsfortschritt zu nutzen, ohne dass kreative Selbstbestimmung dabei verloren geht.

Rückblick

All die bisherigen Abgrenzungen konnten zu einer Profilierung theaterpädagogischen Schauspieltrainings beitragen, die man in stark geraffter Form so zusammenfassen kann: Es ist geprägt von einer theaterpädagogischen Perspektive, die sich sowohl von Strömungen des Schul- und Amateurtheaters als auch von der Ausbildung angehender Schauspielerinnen und Schauspieler unterscheidet. Die Fokussierung auf das Ensemble als kreatives Element der Theaterarbeit lässt Abgrenzungen zum Literatur- und Regietheater zu. Die Betonung des Trainings schließlich lässt Unterschiede zu anderen Formen des Unterrichts deutlich werden, zu Workshops und zur Theaterprobe.

Abgrenzung ist mehr als Nein-Sagen, es erweist sich als Vertiefung und Erweiterung des Eigenen. Und von jeder Auseinandersetzung nimmt man ein wenig mit.

LITERATUREMPFEHLUNGEN

Artaud, Antonin: Das Theater und sein Double. Berlin 2012.

Belgrad, Jürgen (Hg.): Theaterspiel. Ästhetik des Schul- und Amateurtheaters. Hohengehren 1997.

Bochow, Jörg: Das Theater Meyerholds und die Biomechanik. 2., bearb. Aufl., Berlin 2010.

Dreysse, Miriam/Florian Malzacher (Hgg.): Experten des Alltags. Das Theater von Rimini Protokoll. Berlin 2007.

Gronemeyer, Nicole/Bernd Stegemann (Hgg.): Lektionen 2. Regie. Berlin 2009.

Hilliger, Dorothea: Theaterpädagogische Inszenierung. Beispiele – Reflexionen – Analysen. Milow 2009.

Hinz, Melanie/Jens Roselt (Hgg.): Chaos und Konzept. Proben und Probieren im Theater. Berlin 2011.

Kotte, Andreas: Theaterwissenschaft. Eine Einführung. 2., aktual. Aufl., Köln u.a. 2012.

Lehmann, Hans-Thies: Postdramatisches Theater. 4. Aufl., Frankfurt/M. 2008.

Nix, Christoph/Dietmar Sachser/Marianne Streisand (Hgg.): Lektionen 5. Theaterpädagogik. Berlin 2012.

Roselt, Jens (Hg.): Seelen mit Methode. Schauspieltheorien vom Barock- bis zum postdramatischen Theater. 2. Aufl., Berlin 2009.

Stegemann, Bernd (Hg.): Lektionen 4. Schauspielen – Ausbildung. Berlin 2010.

Merkmale

»Schalte den verneinenden Intellekt aus, und heiße das Unbewusste als Freund willkommen: Es wird dich an Orte führen, die du dir nicht hast träumen lassen, und es wird Dinge hervorbringen, die ›origineller‹ sind, als alles, was du erreichen könntest, wenn du Originalität anstrebst.«
IRVING WARDLE

Wenn man Erfahrung hat, gelangt man immer wieder an diesen Wendepunkt: Die Kräfte verschieben sich um eine Kleinigkeit, wirklich nur ein Stückchen. Und trotzdem wird sich etwas bald in eine völlig andere Richtung drehen, etwas Neues wird in den Vordergrund treten. Dazwischen aber, wenn das Pendel weder weiter schwingt noch zurückkehrt, ergibt sich ein Moment des Innehaltens, der Ruhe. Die Kräfte heben einander auf.

Diesen Moment gilt es wahrzunehmen.

Ein Ensemble, vielleicht ein kleine Gruppe von Studentinnen und Studenten einer Schauspielakademie, hat den Auftrag, innerhalb von drei Tagen auf der Grundlage eines kurzen Romanauszuges eine Inszenierung zu erarbeiten. Zunächst wird die Gruppe versuchen, Material zu sammeln: Rollen, Geschichten, Situationen. Sie wird versuchen, Verbindungen herzustellen zwischen sich selbst und dem Text sowie untereinander vor dem Hintergrund des Textes. Vielleicht werden sie versuchen das Entdeckte in Skizzen festzuhalten, jede Spielidee, jede Einzelheit, jeden Zufall.

Irgendwann aber werden sie den Wendepunkt erreichen, von dem aus ihre Arbeit eine neue Richtung nimmt. Vielleicht werden sie ihn als Krise erleben. Von diesem Moment an wird die Sammlung weiterer Bezüge an Kraft verlieren und das Notieren immer neuer Ideen wird kaum noch Fortschritte bringen. Stattdessen aber wird die Verdichtung in den Vordergrund treten, die Reduktion. Es wird immer mehr Energie darauf verwendet werden müssen, aus der Vielzahl der Bezüge die wesentlichen auszuwählen: die wesentlichen Worte, Aktionen, Figuren oder Emotionen. Das Ensemble wird erproben, wie sich der zentrale Konflikt ihrer Inszenierung noch deutlicher zuspitzen lässt oder wie sich das Zögern einer Figur noch besser auf den Punkt bringen lässt. Die Anzahl der Plakate im Proberaum wird wieder geringer werden und am Ende vielleicht ein einziges übrig bleiben.

So läuft es idealerweise. Wenn man den Richtungswechsel nicht verpasst.

Anfänger geben der Phase des Sammelns oft zu wenig Raum und platzieren den Wendepunkt, den Übergang vom Assoziieren zum Reduzieren, zu früh – aus Angst, sich im Spiel der Möglichkeiten zu verlieren und am Schluss ohne vorzeigbares Ergebnis dazustehen. Sie handeln sich damit aber ein grundsätzliches Problem ein, denn was sollten sie verdichten, wenn sie der Fülle bislang aus dem Weg gegangen sind? Ihre Inszenierung wird zwar möglicherweise recht geordnet aber kraftlos über die Bühne gehen.

Bei fortgeschrittenen Ensembles dagegen findet man oft das Gegenteil. Sie haben bereits Vertrauen gefasst in den Prozess der gemeinsamen Erweiterung und genießen ihn in vollen Zügen – allerdings verpassen sie die rechtzeitige Wendung zur Reduktion und hantieren in der Schlussphase hektisch mit einem viel zu großen Berg an Material. Diese Inszenierung wird vermutlich ebenso energiereich wie fahrig geraten.

Auch das Nachdenken über theaterpädagogisches Schauspieltraining gelangt an einen derartigen Punkt, von dem aus das Sammeln von Bezügen, das Einsortieren, zum Stillstand kommt. Die Perspektive dreht sich: hin zum Kern des Ganzen. Was sind Merkmale eines solchen Trainings? Durch welche Faktoren muss es bestimmt sein, damit künstlerische und persönliche Entwicklung der Akteure Hand in Hand gehen?

Die Straße unten ist dunkel und still. Dennoch ist es schön, am offenen Fenster zu stehen und den Blick ins Nichts zu richten, den Büchern und all den wilden Aufzeichnungen den Rücken zuzukehren. Eine unbestimmte Zeit lang passiert nichts. Kein Gedanke rührt sich und die Schulter lehnt am Fensterrahmen. Und dann: – ein sanfter Ruck, der die Gegenbewegung einleitet.

Sowohl die Grundlagen der ästhetischen Bildung als auch die vorgenommenen Abgrenzungen legen es nahe, das Wesentliche eines theaterpädagogischen Schauspieltrainings in der Entfaltung schauspielerischer Kreativität zu suchen. Darum erscheint es plausibel, dessen Merkmale herauszuarbeiten, indem man sich drei Einzelfragen zuwendet: Was ist Kreativität? Was ist Spiel? Und – um diese beiden Aspekte mit Blick auf *Schau*spieler zuzuspitzen –: Was ist Improvisation?

Drei neue große Papierbögen. Farbig, zentral.

1. KREATIVITÄT

Dem auf der Probebühne herumwurstelnden Schauspieler, der sich gerade in immer neuen Anläufen an der Gestaltung einer Szene versucht, aus dem Parkett des Zuschauerraums zuzurufen: »Sei kreativ!« würde vermutlich kaum den erwünschten Durchbruch herbeiführen. Der Schauspieler würde – bliebe er gelassen – ratlos von der Rampe blicken und auf Erläuterungen warten. Natürlich ist Schauspielkunst irgendwie etwas Kreatives! Aber was kann man sich konkret darunter vorstellen? Und wie kann man sie erreichen? Lässt sich kreatives Gestalten überhaupt lernen?

In die gedehnte Reglosigkeit dieses Moments klinkt sich die Auseinandersetzung mit theaterpädagogischem Schauspieltraining. Nur dreht sich die Frage herum: Kann man Kreativität *lehren*? Und kann also ein Schauspieltraining überhaupt zu diesem Kern der Schauspielkunst beitragen?

Freilich muss man auch in diesem Rahmen erst klären, was sich hinter dem Begriff »Kreativität« verbirgt, um daraus zu entwickeln, wie eine »Kreativitätspädagogik« aussehen könnte, natürlich stets mit Blick auf das Theater. Die Arbeit an der Szene erstarrt indessen für eine Weile mit dem Blick des Schauspielers ins Schwarze.

1.1 Annäherung

Die wachsende Bedeutung des Kreativitätsbegriffs in Gesellschaften des 21. Jahrhunderts ist weitgehend unbestritten. Daraus zu folgern, es handle sich um einen Modebegriff, vergleichbar also mit »chillen«, »zeitnah« oder »Portfolio«, erscheint dennoch voreilig und unbedacht. Schließlich steht die Auseinandersetzung mit Kreativität in engem Zusammenhang mit grundlegenden gesellschaftlichen Entwicklungen, die man kaum als Trend verstehen kann, der nächstes Jahr keine Rolle mehr spielen wird.

Eine dieser Entwicklungen ist zum Beispiel der rasante technologische und soziale Wandel, der auf enorme innovative Kräfte verweist, der jedoch gleichzeitig von den Menschen Anpassungsleistungen verlangt, welche nur mithilfe kreativen Denkens zu bewältigen sind.

Das kreative Denken bietet sich aber auch zur Bewältigung einer sozialen Entwicklung an, die den Einzelnen als »Erfinder der eigenen Biografie« immer weniger in der Lage zeigt, sich auf bestehende Muster zu verlassen. Künstlerisches Schaffen kann aus dieser Perspektive als Versuch interpretiert werden, die eigene Individualität zu finden und nach außen zu dokumentieren: Ich male, also bin ich. Oder eben: Ich spiele, also bin ich.

Zum Beispiel. Auf jeden Fall gehört »Kreativität« nicht zu den Begriffen, die nur gerade mal angesagt sind.

Das macht es nicht leichter. Denn trotz der wachsenden Bedeutung und ganzer Schränke voll entsprechender Ratgeberliteratur ist nicht eindeutig definierbar, was Kreativität eigentlich ist. Offenbar lassen sich klare Merkmale deswegen nicht finden, weil Unbestimmtheit zur Kreativität gehört. Wenn der Begriff für die theaterpädagogische Theorie genutzt werden soll, so ist es sinnvoll, dieser Unbestimmtheit dadurch Rechnung zu tragen, dass zuerst eine Annäherung von der Seite seiner konkreten Anwendung versucht wird.

Kriterien und wer sie anlegt

Eine erste Annäherung erscheint möglich, wenn man sich klarmacht, aufgrund welcher Kriterien man im Alltag von kreativen Leistungen spricht. Es sind normalerweise zwei.

Das erste Kriterium ist die Neuartigkeit der Idee. Wer mit einem bestimmten Material genauso umgeht, wie es auch alle anderen seit Generationen schon tun, der wird von seiner Umgebung aufgrund dessen kaum als besonders kreativer Kopf bezeichnet werden. Daniel füllt dafür vorgesehenen Sand in die dafür vorgesehenen Förmchen. Er macht zwar das Richtige, vielleicht macht er es sogar besonders gut, aber das Richtige ist alt und bekannt. Sandkuchen. Zur Kreativität braucht man mehr.

Gleichzeitig wird aber unmittelbar deutlich, dass es nicht ausreicht, *irgendetwas* Neues zu erfinden. Wem würde es helfen, wenn Daniel zum Beispiel mithilfe eines alten Dränage-Rohrs den kompletten Inhalt seines Sandkastens durch das Kellerfenster in den Heizungsraum befördern würde? Kaum jemand würde in Begeisterung ausbrechen und von einer kreativen Leistung sprächen am wenigsten die Eltern. Das heißt, es gibt ein zweites einleuchtendes Kriterium: Kreativität braucht einen Sinn oder Wert.

Ein solcher aus der Alltagsverwendung abgeleiteter Definitionsansatz wirkt zunächst durchaus plausibel, gerät aber schnell ins Wanken, wenn man die beiden Kriterien hinterfragt. Wer bestimmt nämlich, was sinnvoll oder wertvoll ist? Und wer empfindet den jeweiligen Prozess als etwas Neuartiges? Daniels bester

Freund zum Beispiel könnte ja die Sandrutsche in den Keller total super finden und hammer ungewöhnlich dazu – würde sich dadurch etwas ändern?

Über diese Fragen streiten sich die Gelehrten. Die einen verteidigen die Eigenständigkeit kreativer Akte. Gerade das soziale Umfeld sei eben oft *nicht* in der Lage, die Bedeutung einer neuen Idee zu erfassen, was sie aber keineswegs weniger kreativ mache. Wäre denn Daniels Sandrutschen-Konstruktion nur darum eine kreative Nullnummer, weil an diesem Nachmittag zufällig niemand um die Ecke kommt, der davon Notiz nimmt? Oder nur jemand, der irgendein Werkzeug sucht für den Rasenmäher und darum gar nicht genau hinsieht? Warum sollte sich dadurch die Qualität ändern?

Die anderen dagegen sind der Auffassung, dass kreative Akte keineswegs von einem Individuum vollzogen, sondern vielmehr vom sozialen Kontext als solche deklariert werden. Die Gesellschaft bestimmt also, was als neu, wertvoll oder sinnvoll gilt – der einzelne Künstler oder Erfinder hat dabei wenig zu melden.

Beide Extreme aber führen in eine Sackgasse. Wer es allein dem einzelnen Menschen zuspricht, über den kreativen Gehalt einer Handlung zu urteilen, der überdehnt den Kreativitätsbegriff ins Endlose. Letztlich würde jeder Lernprozess als kreativer Akt aufzufassen sein. Jemand entdeckt, dass es »Bumm« macht, wenn er auf eine Trommel schlägt. Für den Einzelnen sicherlich eine Sensation – aber kreativ? Naja. Nicht mehr jedenfalls als das Anlegen einer neuen Domain oder Eiskugeln vom Balkon fallen lassen. Außerdem stellt sich natürlich die grundsätzliche Frage, ob sich ein Individuum jenseits des sozialen Kontextes überhaupt denken lässt.

Aber auch umgekehrt würde sich der Begriff »Kreativität« im Nichts auflösen, denn sofern kreative Akte nur das Ergebnis sozialer Zuschreibung wären, bliebe die Auseinandersetzung damit nichts anderes als das Erforschen gesellschaftlicher Machtfragen. Letztlich ginge es nämlich darum, ob sich Daniels Eltern oder sein Kumpel bei der Bewertung der Sandrutsche durchsetzen. Und man kann natürlich ebenso grundsätzliche Zweifel daran äußern, ob das Soziale ohne den Einzelnen überhaupt vorstellbar ist.

All diese Überlegungen liefern (wie gesagt) keine Definition, sondern eher eine Annäherung. Immerhin aber wird es durch sie leichter zu sagen, was denn den Kreativitätsbegriff ausmacht, der im Rahmen eines theaterpädagogischen Schauspieltrainings von Bedeutung ist. Er berücksichtigt den Einzelnen, auf dessen persönliche Entwicklung es ja so zentral ankommt, ohne dabei den Einfluss des Umfeldes zu vernachlässigen.

Als engster sozialer Rahmen für kreative Schauspielprozesse können im Training grundsätzlich das Ensemble und die Trainingsleitung gelten. Hinter den meist verschlossenen Türen des Proberaums kommt es zu Gestaltungsprozessen, die allein innerhalb dieses Personenkreises wahrgenommen werden. Dadurch wird es möglich, die Bewertungsmaßstäbe einander anzugleichen, je nach Trainingsmethoden oder Trainingsfortschritt. Zum Beispiel werden die Mitglieder einer Schauspielklasse, die in den letzten Monaten viel an der Nutzung des Bühnenraums gearbeitet hat, auf diesen Aspekt besonderen Wert legen. Die Zuweisung des Prädikats »kreativ« erfolgt also unter sehr speziellen Gesichtspunkten, Außenstehende würden vielleicht ganz anders urteilen.

Auch das Kriterium der Neuartigkeit bekommt innerhalb eines so abgegrenzten Rahmens eine andere Bedeutung: Kreative Ideen müssen hier keineswegs weitreichende Bedeutung für die gesamte Gesellschaft entfalten, sie müssen keineswegs bisher Dagewesenes komplett überwinden und auch keine neue Ära einläuten. Es reicht, wenn das Neue vor dem Hintergrund der persönlichen Entwicklung der Spielerinnen und Spieler als neu erscheint, je nach deren Trainingserfahrung. Und es reicht, wenn die anderen Ensemblemitglieder und die Leitung dies erkennen und anerkennen.

Dabei darf man natürlich nicht aus dem Blick verlieren, dass »die Welt« keineswegs völlig draußen bleibt, auch nicht bei streng verschlossener Tür. Einerseits, weil man beim Theaterspielen immer auch auf ein angenommenes Publikum hinarbeitet und draußen Spuren hinterlassen will. Andererseits, weil man ja alles nur Erdenkliche in den Trainingsprozess einbringt, was seinen Ursprung jenseits des Proberaums hat: Trainingsmethoden, Texte, persönliche Erfahrungen oder kulturelle Prägungen.

Die Autonomie des Trainings ist also eingeschränkt. Dennoch ist sie für die Entwicklung »kreativitätspädagogischer« Methoden sehr wichtig. Der Zuruf »Sei kreativ!« bekommt durch sie eine entlastende Konkretheit. Er meint: Unternimm einen neuen Versuch der Gestaltung mit den Erfahrungen, die dir zur Verfügung stehen! Nutze das Training und entlaste dich von dem Anspruch »Großes« zu vollbringen!

Phasen kreativer Prozesse

Eine zweite Annäherung an den Begriff »Kreativität« kann dadurch erfolgen, dass man sich dem kreativen *Prozess* zuwendet und der Frage nachgeht, wie denn eine neue und gute Idee überhaupt zustande kommt.

Üblicherweise unterscheidet man vier Schritte, die in der Praxis jedoch keineswegs im Sinne einer zeitlichen Abfolge auftreten, sondern vielfältig miteinander verknüpft sind. Es ist also ein idealtypisches Modell.

Die erste Phase des kreativen Prozesses besteht in der Vorbereitung. Bevor man zu originellen Ideen kommt, muss man sich in ein Thema hineinarbeiten, je tiefer desto besser. Man muss sich mit einem Phänomen auseinandersetzen, Methoden kennenlernen und viel üben. Das klingt zwar vielleicht furchtbar anstrengend und langwierig, kann aber trotzdem ein höchst spannender Prozess sein.

Man kann sich natürlich fragen, ob man diese Vorbereitungsphase wirklich braucht. Bestimmt hat jeder schon mal eine fantastische Idee gehabt, ohne vorher wochenlang an etwas zu arbeiten, herumzugrübeln, zu lesen oder zu üben. Sie war einfach da. Erklärbar ist eine so unmittelbare Art kreativen Handelns dadurch, dass das menschliche Gehirn immer lernt, auch dann, wenn wir es überhaupt nicht merken. Die Idee konnte also zustande kommen, weil sich im Vorfeld, möglicherweise über einen langen Zeitraum hinweg, genug Erfahrungen angesammelt hatten.

Leicht veranschaulichen lässt sich das bei Prozessen kreativen Schreibens. Schriftsteller müssen sich für das Verfassen einer Erzählung nicht erst in die Besonderheiten der deutschen Sprache hineinarbeiten, sie können über ein gewisses Maß an Sprachkompetenz einfach so verfügen. Und darum können selbst Kinder ohne spezifische Trainingsprogramme und ohne Kenntnis der deutschen Literaturgeschichte sprachliche Kunstwerke von erstaunlichem Niveau gestalten.

Wichtig ist die Erkenntnis, dass die Vorbereitungsphase in diesem Fall keineswegs übersprungen wird, sie bleibt lediglich »unsichtbar«. Bei den allermeisten Bereichen kreativen Tuns ist das jedoch anders. Ob man Maschinenbau-Ingenieur ist, der an einer Erfindung tüftelt oder ein Komponist, der an einem Klavierstück arbeitet: Man braucht viel Vorbereitung, um hierbei zu kreativen Ergebnissen zu kommen, weil man bestimmte Grundlagen der Elektrotechnik ebenso wenig »nebenher« lernt wie die Prinzipien der Zwölfton-Musik. Ähnlich geht es Schauspielern.

Warum ist das so? – Man kann den hohen Stellenwert der Vorbereitung für kreative Prozesse relativ leicht erklären.

Einerseits macht man sich mit Herangehensweisen oder Werkzeugen vertraut und entdeckt auf diesem Wege nicht nur deren besondere Wirkungen, sondern auch deren Schwächen und Grenzen. Und dadurch ergeben sich überhaupt erst die wichtigen Fragen, die das Neue auf den Weg bringen. Meyerhold zum Beispiel war keineswegs rein zufällig erst herausragender Schüler Stanislawskis, bevor er dessen wichtigster Kontrahent wurde. Er hatte die Methoden seines Lehrmeisters so verinnerlicht, dass er in der Lage war, über sie hinauszugehen. In diesem Sinne basiert seine kreative Leistung auf einer überaus umfangreichen Vorbereitung.

Andererseits ergeben sich über eine Vielzahl unterschiedlicher Erfahrungen auch Möglichkeiten zur Neuordnung. Das heißt: Am besten man kennt nicht nur Stanislawskis Zugänge zur Rolle, sondern auch die Strasbergs oder Grotowskis.

Die Wahrscheinlichkeit origineller Kombinationen steigt mit der Vielfalt und Vielzahl der zur Verfügung stehenden Werkzeuge.

Einen ganz anderen Charakter hat die zweite Phase des kreativen Prozesses. Man nennt sie die Inkubationsphase, also die Zeit, in der man etwas »ausbrütet«. Das klingt geheimnisvoll. Und tatsächlich gibt sie so viele Rätsel auf, dass man den Eindruck bekommen könnte, über sie ließe sich überhaupt nichts Sinnvolles sagen. Aber das stimmt nicht.

Grundsätzlich kann man die Inkubationsphase als denjenigen Teil des kreativen Prozesses bestimmen, in der man sich mit dem betreffenden Thema oder Problem überhaupt nicht beschäftigt, zumindest nicht bewusst, in der man aber dennoch einer originellen Idee näherkommen kann.

Beim Stehenbleiben näherkommen? Wie kann man sich das vorstellen?

Denkbar sind dreierlei verschiedene Erklärungen, die einander wechselseitig keineswegs ausschließen.

Die erste Erklärung ist einfach. Wenn man beim Proben einer Szene eine »kreative Pause« einlegt, in der man etwas ganz anderes tut, was mit Theater nicht das Geringste zu tun hat, etwas Leckeres kochen zum Beispiel oder Autoreifen wechseln, dann kann es sein, dass man beim späteren Fortsetzen der Arbeit ungeplant anders ansetzt oder eine andere Perspektive einnimmt. Diese kleine Veränderung aber bewirkt, dass sich die Tätigkeit genau an der Stelle weiterentwickelt, an der man zuvor so lange festgehangen war. Dieses Phänomen kennt bestimmt jeder, der schon einmal nicht weiterkam beim Zusammenbau eines neuen schwedischen Kleiderschrankes.

Eine zweite Erklärung wäre: Man legt durch die Pause hinderliche Emotionen ab. Wer zum Beispiel versucht, mit wachsender Wut einen der besagten Schränke zu montieren und dabei aber auch nach mehreren Versuchen nicht zum Erfolg kommt, der nimmt diesen Bretter- und Schraubenhaufen irgendwann als lebensbedrohlichen Feind wahr, den man besiegen muss. Man fokussiert aus Überlebensgründen die Aufmerksamkeit und blendet vermeintlich Nebensächliches aus. Umso mehr, wenn es bereits abgebrochene Schraubenköpfe oder eingeklemmte Finger gab. Er oder ich! Es ist kaum erstaunlich, dass man in diesem Zustand keine kreative Lösung findet. Nach einer Weile Abstand bei einer Tasse Kaffee löst sich das Problem dann plötzlich wie von selbst.

Die dritte Erklärung schließlich ist die spannendste, denn sie geht davon aus, dass man während der Inkubation gar nicht aufhört, an der Aufgabe zu arbeiten. Stattdessen – so die These – verlegt man die Arbeit nur in eine andere Abteilung, in Bereiche, die unserem Bewusstsein (fast) nicht zugänglich sind.

Der bedeutendste dieser Bereiche ist der Schlaf, allein schon vom Umfang her, schließlich verbringt der Mensch in diesem Zustand etwa ein Drittel seines

Lebens. Und er scheint auch qualitativ mit Kreativität in Verbindung zu stehen: Wer hätte sich nicht schon einmal vor einer wichtigen Entscheidung vorgenommen, eine Nacht darüber zu schlafen? Oder wer wäre noch nie morgens mit einer besonders guten Idee erwacht – die dann vielleicht ärgerlicherweise beim Zähneputzen wieder verloren war?

Schlafen scheint eine mögliche Inkubationsphase zu sein, in der unser Gehirn sehr aktiv an der Entwicklung neuer Verbindungen arbeitet. Es ist allein schon interessant zu fragen, wie es dazu kommt. Erklärungsmodelle, die hierfür von Psychologie und Neurowissenschaften bereitgestellt werden, können jedoch auch hilfreich sein für das Verständnis anderer kreativer Prozesse, in denen unser Bewusstsein weniger stark ausgeblendet ist.

Gleich vorab, um eine weitverbreitete Fehleinschätzung auszuräumen: Schlaf ist keineswegs ein passiver Zustand, der lediglich der Erholung unseres Körpers dient. Wir sind nicht »faul« im Schlaf! Im Gegensatz etwa zu einem Koma oder dem, was man bei manchen Tierarten »Winterschlaf« nennt, finden in der Nachtschlafphase eines Menschen ungeheuer viele Stoffwechselprozesse statt. Auch das menschliche Gehirn ist hochaktiv. Insgesamt verbraucht man schlafend fast so viel Energie wie im Wachzustand. Den Tod also als »Schlafes Bruder« zu verstehen, ist aus dieser Sicht jedenfalls irreführend.

Das einzig Gemeinsame ist: Der Schlaf nimmt uns unser Bewusstsein, und zwar vermutlich zu dem Zweck, Außenwahrnehmungen für einige Zeit (fast) völlig herunterzufahren, um die während des Tages gesammelten Eindrücke in Ruhe sortieren zu können. Man nimmt an, dass während der Leicht- und Tiefschlafphasen besonders daran gearbeitet wird, wichtige von unwichtigen Informationen zu trennen und somit den Arbeitsspeicher wieder freizubekommen. Bedeutungsvolle Inhalte des deklarativen Gedächtnisses werden in diesen Phasen gefestigt, also etwa Lateinvokabeln oder vielleicht die vier Hauptmerkmale spätgotischer Sakralplastik.

Von besonderem Interesse für kreatives Denken jedoch scheinen die Schlafphasen zu sein, die man eigentlich als einen völlig anderen »dritten« Zustand auffassen kann: die sogenannten REM-Phasen, in denen wir uns besonders in der zweiten Hälfte des Nachtschlafes befinden. Anders sind sie, weil sich der Hirnstromrhythmus (EEG) des Menschen in dieser Zeit von dem des Wachzustandes kaum unterscheiden lässt, der menschliche Körper dagegen in völlige Entspannung versetzt ist. Einzig die Augen bewegen sich in diesen Phasen ruckartig hin und her, was ihnen auch den Namen verleiht: REM ist das Kürzel für *rapid eye movement*.

Es könnte sein, dass der paradoxe Zustand zwischen muskulärer Deaktivierung und besonders starker Hirnaktivität darin begründet liegt, dass man in diesen Phasen besonders emotionale und lebendige Träume hat. Während unser Gehirn also bestimmte abgespeicherte Erinnerungen und Handlungsabläufe durchspielt, muss der Körper »abgemeldet« sein, damit wir im Schlaf erstens Energie sparen und uns zweitens nicht verletzen. Wir würden sonst wohl auf die imaginierten Wahrnehmungen des Traumes ganz real reagieren und wie wild im Bett herumzappeln, vielleicht Bienen verjagen oder Fahrzeuge steuern!

Derartige Träume dienen vermutlich dazu, Erfahrungen und Erkenntnisse zu vertiefen. Das, was in der Tiefschlafphase als wichtig erkannt wurde, wird jetzt (in hoher Geschwindigkeit) wiederholt. Und ganz nebenher, dadurch dass Traum und Wirklichkeit nicht grundsätzlich voneinander getrennt sind, kommt es dabei auch zu kreativen Prozessen.

Eine plausible Erklärung hierfür liefert das »Aktivierungs-Synthese-Modell«, das in den Neurowissenschaften schon seit Ende der 70er-Jahre grundsätzliche Anerkennung findet. Träume kommen diesem Modell nach dadurch zustande, dass aus den Traumzentren des Vorderhirns verschiedene neuronale Netzwerke aktiviert werden, die für uns mit bestimmten Geschichten, Wahrnehmungen oder Handlungen verbunden sind. Das Besondere: Diese Aktivierung erfolgt keineswegs nach einer eindeutigen Ordnung, also etwa nach logischem Zusammenhang, nach Bedeutung für den träumenden Menschen oder nach anderen Gesichtspunkten, die wir im Wachbewusstsein für die Einordnung bestimmter Impulse verwenden. Zeitliche oder räumliche Verbindungen zwischen diesen Bruchstücken gibt es zum Beispiel nicht. Der Traum des REM-Schlafes ist somit eine wilde Bilderfolge, die dem Lernen dient und nicht als »Film« gedacht ist, den sich ein vernünftiger Betrachter in Ruhe ansehen kann.

Dennoch bekommt unser Bewusstsein immer wieder einen Teil dieser Bilderfolgen mit. Unmittelbar nach dem Erwachen sind uns die Eindrücke noch präsent. Und das gerade wieder aktivierte Wachbewusstsein synthetisiert aus alldem vermeintlich wirren Zeug eine einigermaßen plausible Geschichte. Gerade dieses Zusammenbauen gelingt mal mehr, mal weniger gut, darum kommt es häufig vor, dass einem, wenn man von einem Traum erzählen möchte, manchmal logische, zeitliche oder räumliche Zusammenhänge durcheinandergeraten. Man redet dann etwa so: Irgendwie war plötzlich auch der Jens dabei, aber da standen wir auf einem Boot direkt im Hafen und es war auch nicht mehr dunkel…

Dem Aktivierungs-Synthese-Modell zufolge wird das, was wir »Traum« nennen, also keineswegs nur in der Phase des REM-Schlafes erzeugt, sondern vielmehr erst durch das ordnende Zusammenfügen der Traumelemente während des frühen Aufwachens vollendet – eine Erkenntnis, die die meisten Menschen vermutlich überraschen wird.

Warum der Mensch in diesem Sinne träumt (also Einblick bekommt in unbewusst ablaufende Prozesse des Gehirns), ist bis heute nicht letztlich geklärt. Dient es vielleicht einfach dazu, neue Ideen zu hervorzubringen?

In jedem Falle erhält das Nachdenken über die Inkubationsphase kreativer Prozesse wichtige Ansatzpunkte. Denn tatsächlich scheinen auch dem REM-Schlaf verwandte mentale Zustande günstig zu sein für das Entwickeln neuer Ideen und die dabei ablaufenden Prozesse folgen auch dem Muster des Träumens.

Dieses Muster besteht in einem Wechsel zwischen dem sogenannten divergenten und dem konvergenten Denken.

Divergentes Denken ist am leichtesten verstehbar, wenn man sich die unbewusste Seite des Träumens vor Augen hält. Es verzichtet weitgehend auf Ordnung. Wahrnehmungen beispielsweise werden nicht nach logischen Gesichtspunkten sortiert. Verbindungen erfolgen allenfalls assoziativ und oft zufällig. Das Gegensätzliche hat – wie in der nächtlichen Bilderflut – nebeneinander Bestand und Kriterien wie Nützlichkeit, Wahrheit, Schönheit oder Moral spielen keine Rolle.

Deswegen verzichtet divergentes Denken auch darauf, einzelne Aspekte in den Blick zu nehmen, eine Tatsache gegenüber der anderen in den Vordergrund zu stellen oder ihr eine höhere Dringlichkeit beizumessen. Man kann daher bestätigen, was vom REM-Schlaf gesagt wurde: Die einzelnen Bruchstücke liegen als chaotischer Haufen nebeneinander und übereinander.

Bliebe es dabei, käme es nicht zu einer kreativen Leistung. Erst durch das Einsetzen konvergenten Denkens kommt man in die Lage, mit alldem Chaos umzugehen. Konvergentes Denken entspräche also beim Träumen der zweiten, der wachen Seite. Nun werden verschiedene Bruchstücke bewertet, begrifflich und logisch zueinander in Beziehung gesetzt. Bestimmte, möglicherweise zufällige Verbindungen werden mit Sinn versehen. Ungeheuer viel wird als »Unsinn« aussortiert werden. Aber: Möglicherweise entdeckt man in alldem Kram doch das, wonach man schon so lange gesucht hatte und das man aller Grübelei zum Trotz doch nie finden konnte: die neue und wertvolle Idee.

Man kann davon ausgehen, dass die unbewusste »Arbeit« der kreativen Inkubationsphase in der Regel genau diesem Wechselspiel zweier unterschiedlicher mentaler Zustände folgt. Um einen guten Einfall zu bekommen, muss man also auf zweierlei Arten denken können. Mit konvergentem Denken haben wir meist auch kaum ein Problem, wir sind gewohnt, zu bewerten, auszuwählen oder zu ordnen. Das Problem ist nur: Wie gelangt man zu divergentem Denken, ohne jeweils in die Bewusstlosigkeit zu verfallen? Oder anders gefragt: Kann man auch im Wachzustand chaotisch denken?

Eine auf den ersten Blick vielleicht etwas absurde Frage. Natürlich denken Menschen chaotisch, wird man sagen. Vielleicht glaubt man sogar, einen der größten Chaoten der Welt persönlich zu kennen. Aber das ist natürlich in den meisten Fällen nicht richtig. Denn jemand, der zum Beispiel in der WG-Küche nur dann spült, wenn kein sauberer Teller mehr zu finden ist, der erscheint zwar vielleicht chaotisch, handelt aber dennoch nach einer gewissen Logik. Ein anderer könnte vielleicht als Chaot gelten, weil er immer unpünktlich kommt. Aber auch das zeigt wahrscheinlich eher, dass er anderen Dingen im Leben eine höhere Bedeutung beimisst oder vielleicht einfach besonders tief schläft. All dies sind keine wirklichen Chaoten im Sinne kreativer Inkubation.

Was also muss man tun? – Grundsätzlich kann man divergentes Denken dadurch erreichen, dass man sich in Zustände versetzt, die denen des Traumschlafes zumindest verwandt sind. Die möglichen Wege sind vielfältig, haben aber verständlicherweise alle irgendwie mit mentaler Entspannung zu tun.

Manche probieren es mit Drogen. Verschiedene Künstler versuchen nicht ohne Grund immer wieder, ihre schöpferische Kraft durch das Hervorrufen von Rauschzuständen zu steigern. Sie erzwingen damit eine mentale Haltung, die ein eingrenzendes konventionelles Bewusstsein betäubt und eine Art »innere Lockerheit« hervorbringt. Der Erfolg ist freilich eher zweifelhaft, denn langfristig birgt der Drogenkonsum gesundheitliche, finanzielle oder soziale Risiken, die Kreativität eher hemmen als befördern, zum Beispiel weil die Fähigkeit oder Bereitschaft zur Vor- und Nachbereitung kreativer Ideen tendenziell sinkt. Und kurzfristig stellt sich immer das Problem der Dosierung: Es erscheint kaum hilfreich, wenn man so zugedröhnt ist, dass man eine gute Idee als solche gar nicht erkennt oder umgekehrt das Aufhängen alter Topflappen an der Küchenlampe für *die* Entdeckung des Jahrhunderts hält. Am nächsten Morgen wird man sie grummelig wieder in die Schublade legen.

Eine andere Möglichkeit besteht darin, gezielt Trancezustände aufzusuchen. Dazu muss man keineswegs irgendwelchen esoterischen Schnickschnack betreiben, es reicht zum Beispiel, einer Tätigkeit nachzugehen, die man so gut beherrscht, dass man sie »wie im Schlaf« ausführen kann. Für die eine kann das Klettern sein, für den anderen Gartenarbeit oder Joggen. Weil die entsprechenden Handlungsabläufe und Bewegungsmuster im Laufe der Zeit komplett in Fleisch und Blut übergegangen sind, benötigt man hierfür kaum eine besondere Aufmerksamkeit. Gleichzeitig ist man jedoch so beschäftigt, dass man nicht dazu kommt, konzentriert über irgendein Problem nachzudenken. Deswegen schweben die Gedanken so dahin, Bilder hängen sich aneinander. Später kann man sich dann meist kaum noch erinnern, auf welchen Wegen man über welche Fragen nachgedacht hat – das kommt divergentem Denken schon sehr nah.

Ähnliche Wirkungen können Methoden zeigen, die dem Anschein nach überhaupt nichts mit Arbeiten zu tun haben. Meditieren zum Beispiel, während eines langweiligen Vortrags aus dem Fenster sehen, Steine in die Nordsee werfen oder Herumhängen auf dem Sofa. Derlei angenehme »Maßnahmen« reichen zwar leider meist nicht aus für die Entfaltung guter Ideen, aber die Inkubationsphase kann durch sie durchaus positiv beeinflusst werden.

Über welche Frage man nachdenkt, weiß man in solchen Fällen oft erst dann, wenn man eine Antwort gefunden hat – es ist kaum erstaunlich, dass das vielen nicht ausreicht. Es ist ihnen zu vage und zu passiv. Wann meldet sich endlich das Unbewusste? Wie lange muss ich noch in die Abendsonne blinzeln? Kann ich die Sache nicht irgendwie beschleunigen?

Da man nun verständlicherweise nicht zielgerichteter auf die Offenheit zugehen kann, greifen diese Menschen auf der Suche nach der kreativen Idee zu einem überaus spannenden »Trick«: Sie versuchen Momente divergenten Denkens innerhalb konkreter Aufgabenstellungen und innerhalb klar umrissener Zeitvorgaben ganz bewusst, also willentlich hervorzurufen mit dem Ziel, alternative Denkhaltungen zu trainieren. Eine sehr bekannte Übung besteht beispielsweise darin, dass man fünf Minuten Zeit bekommt, um aufzuschreiben, was man alles mit einem Alltagsgegenstand anfangen kann, etwa mit einem Schneebesen: Man kann damit Sahne schlagen, klar. Man kann ihn zum Trommeln verwenden, okay. Aber man kann ihn auch dazu verwenden, im Winter Wasser aus der Regentonne zu bekommen: Abends hängt man den Schneebesen mit dem vorderen Ende ein wenig ins Wasser. Wenn die Wasseroberfläche dann nachts einfriert, hat die Eisfläche morgens einen praktischen Griff, an dem man die Eisplatte aus dem Fass heben kann. Wie wäre es damit? Ist das sinnvoll?

Die Auswertung solcher Übungen jedenfalls berücksichtigt nicht nur die Anzahl der Ideen, sondern auch deren Qualität. Auf solche Weise kann man es sich angewöhnen, bestimmte Grundsätze konvergenten Denkens vorübergehend außer Kraft zu setzen. Man verlässt die konventionelle Herangehensweise, nimmt ungewöhnliche Perspektiven ein, man verschiebt Auswahl und Bewertung von Ideen auf später und lässt zunächst jeden noch so abwegigen Unfug gelten. Die für die Inkubationsphase charakteristische Trennung der beiden Denkhaltungen ist wesentlich für den Ablauf der Übungen.

Wie auch immer die Vorbereitungs- und Inkubationsphase verlaufen ist, irgendwann kommt es dann – hoffentlich – zu dem Moment, in dem man eine wirklich gute Idee hat. Wenn das so ist, dann hat man die dritte Stufe eines kreativen Prozesses erreicht. Man nennt sie »Illumination«, also Erleuchtung. Diese Illumination ist keine zeitlich ausgedehnte Phase, sondern vielmehr ein Geistesblitz in dem Tunnel zwischen Divergenz und Konvergenz. In diesem Augenblick erreicht eine Verbindung der Inkubationsphase das menschliche Bewusstsein, die diesem neu und wertvoll erscheint. Sie wird als etwas Besonderes erkannt.

Der Mensch bleibt stehen, mitten im Treppenhaus, dreht sich auf der Stelle um und stürmt an den verdutzten anderen vorbei hinauf zur Wohnung, um das Entdeckte mit dem Einkaufsbleistift auf die Rückseite der Telefonrechnung zu kritzeln. Es ist auf jeden Fall ein schöner Moment.

Damit ist alles anders. Schlagartig – noch auf der Treppe – endet nämlich die Phase der ungefilterten Assoziation, sonst würde die Idee im Meer der Zusammenhänge ersaufen und wieder aus dem Bewusstsein verschwinden wie ein Traum, von dem man gerade noch erzählen wollte. Und ebenso schlagartig nimmt mit diesem ersten bewussten Festhalten, das einen die Treppe hochrennen lässt, die letzte Phase des kreativen Prozesses ihren Anfang, in der es um das Bewerten und Bearbeiten einer Idee geht.

Diese Ausarbeitungsphase erfordert in aller Regel wieder einige Mühe. Weil jeder diese Art von Arbeit aus unterschiedlichen Lebensbereichen kennt, lohnt es sich kaum, viel darüber zu sprechen. Die krakeligen Bleistiftskizzen in der Küche bilden zwar einen wertvollen Anfang, sie ermöglichen dem Schauspieler etwa den Zugang zu seiner Rolle. Aber er wird viel Energie investieren müssen, um die Figur tatsächlich entsprechend dieser Idee zu gestalten. All die Gedanken, die er sich im Verlauf der Vorbereitungsphase in seine Trainingskladde notiert hatte, werden wieder eine Rolle spielen und im Wechsel mit der praktischen Arbeit an seinem »Werkstück« werden zahlreiche neue Skizzen hinzukommen, er wird nächtelang üben und tagelang diskutieren müssen – bis aus seiner guten Idee ein kreatives Produkt geworden ist.

Karl Valentin wird besonders diese letzte Phase kreativen Tuns im Blick gehabt haben, als er sagte, Kunst sei zwar schön, mache aber viel Arbeit.

1.2 Kreativitätspädagogik

Die seit Platons Zeiten verbreitete Auffassung, gute Ideen kämen aus dem (heiteren) Himmel und entzögen sich darum menschlicher Einflussnahme, ist heute wissenschaftlich kaum mehr vertretbar. Umso mehr erstaunt es, wie sehr sie sich im allgemeinen Bewusstsein hält! Man kann einen kreativen Gedanken nicht erzwingen – sehr richtig –, also kann man da nichts machen – sehr falsch. Denn natürlich kann man zumindest erstens darüber nachdenken, welche Voraussetzungen kreatives Denken eher fördern oder hemmen. Und zweitens kann man sich mit dem Training von Denkprozessen befassen, die bei kreativer Tätigkeit normalerweise auftreten. Insofern ist Kreativitätspädagogik möglich.

Wer sich dieser Auffassung anschließt, steht vor einer spannenden Herausforderung. Denn schon allein der theoretische Versuch, kreatives Handeln als zentrale Zielmarke der Pädagogik zu betrachten, führt zu einem grundsätzlichen Dilemma.

Einerseits nämlich sind kreative Akte (wie gesagt) keine individuelle Angelegenheit, sondern auf Maßstäbe angewiesen, anhand derer man ihren Wert und ihre Neuartigkeit bestimmen kann. Eine »Kreativitätspädagogik«, die diesen Namen verdient, müsste also derartige Maßstäbe liefern, indem sie etwa ausgehend von spezifischen Prämissen Ziele formuliert und Methoden entwickelt.

Damit aber gerät sie in Gefahr, eine prinzipiell Grenzen überwindende Kreativität in allzu geregelte Bahnen zu lenken, denn der Spielplatz ist dann hergerichtet. Und auf dem wird dann bitte »ordentlich« gespielt – eine Schaukel ist schließlich kein Karussell und Sand wird weder gegessen noch auf dem Rasen verstreut. Übertragen heißt das: Der Mensch dürfte sich nur soweit künstlerisch betätigen, solange er dabei »brav« bliebe, also im Rahmen kreativitätspädagogischer Normen. Aber das würde Kreativität geradezu programmatisch verhindern, weil gelungene Ideen nichts anderes wären als Ergebnisse besonders gelungener Anpassung! Eine Sackgasse.

Andererseits dienen die pädagogischen Maßnahmen natürlich in erster Linie der Entwicklung der jeweils individuellen Persönlichkeit. Und wenn man diese über die Förderung kreativer Prozesse erreichen möchte, dann genügt es nicht, unterhaltsame Theaterabende zu veranstalten oder Adventssterne zu basteln. Man müsste auch bereit sein, die jeweils vorausgesetzten Maßstäbe zur Disposition zu stellen. Grenzen müssten als überwindbar betrachtet werden.

Aber hieße das nicht, jegliche Orientierung preiszugeben? Nichts behielte seinen Rahmen, denn selbst die Maßstäbe, anhand derer etwas als neu und wertvoll erachtet wird, würden stetig überwunden. Eine Auflösung der Pädagogik im haltlosen Nirgendwo wäre die Folge und damit auch ein Verlust jeglicher Kreativität – schließlich kann man nur divergent (abweichend) denken, wenn es einen konvergenten Mainstream gibt. Vielleicht wird man angesichts dessen zu dem Schluss kommen, dass Kreativität als Massenphänomen weder möglich noch wünschenswert sei. Auf jeden Fall aber wird man feststellen, dass man auch in dieser Richtung in eine Sackgasse gerät.

In der pädagogischen Praxis ist man also gezwungen, sich bewusst oder unbewusst zwischen diesen beiden Extremen einzuordnen, auch dann, wenn man der Kreativität keine herausragende erzieherische Bedeutung beimisst. In der Schule zum Beispiel gab und gibt es die Tendenz, sich eher der »geordneten« Seite zuzuwenden, allein schon aus organisatorischen Gründen. Die meisten Unterrichtsformen vertragen nur ein geringes Maß an Abweichung. Zwar ist nicht jede Regelverletzung verbunden mit kreativen Prozessen, aber man kann vermuten, dass besonders kreative Kinder im schulischen Alltag immer wieder in den Rahmen des Systems zurückgeholt werden. Die einen, weil sie (produktiv) träumend aus dem Fenster sehen, die anderen, weil sie sich nicht an die Aufgabe halten und den Unterricht stören.

Ein theaterpädagogisches Schauspieltraining, das die Entfaltung der spielerischen Kreativität zu einem seiner Wesensmerkmale zählt, muss versuchen, mit diesem grundlegenden Dilemma so umzugehen, dass es möglichst selten zu einem derartigen Abwürgen kreativer Prozesse kommt.

Ob dadurch eine Verschiebung hin zur »chaotischen« Seite entsteht? Vermutlich. Aber das ist nicht die entscheidende Frage. Eher geht es um den Stellenwert, die erhöhte Aufmerksamkeit, die der Kreativität zukommt: Ein Theaterpädagoge muss genau wissen, *welche* Grenzen und *welche* Freiräume wichtig sind. Er muss wissen, wann und für wen sie gelten. Und er muss wissen, wie er das kreative Umfeld und den kreativen Einzelnen zusammenhält.

Darum geht es, wenn hier von »Kreativitätspädagogik« die Rede ist. Die Herangehensweise beginnt nicht bei allgemeiner Pädagogik und nicht bei Ansätzen, die systematisch versuchen, pädagogische Arbeit am Ideal des schöpferischen Handelns generell auszurichten. Viel bescheidener und spezieller richtet sich der Blick vielmehr auf die Frage, inwieweit sich die vorgenommenen Annäherungen an den Kreativitätsbegriff im theaterpädagogischen Schauspieltraining niederschlagen.

Zentrale Ansatzpunkte sind hierbei die Unterscheidung bewusster und unbewusster Prozesse sowie deren Kontakt im Rahmen der Ensemblearbeit.

Alles in Ordnung

Bewusste Anteile des kreativen Prozesses haben mit Ordnung zu tun: Man sucht nach Material, erkennt bestimmte Muster, ordnet sie Begriffen zu, stellt Verbindungen her und bewertet. Wichtig ist diese Arbeit besonders in der ersten und in der letzten Phase eines kreativen Prozesses.

In der ersten Phase, der Vorbereitung, will sich eine Schauspielerin zum Beispiel in die Rolle der Marie aus Georg Büchners »Woyzeck« hineinarbeiten. Was könnte sie tun? Sie könnte sich mit der Entstehungszeit des Dramas befassen und vielleicht eine Büchner-Biografie lesen. Sie könnte sich mit der Lebenssituation von Menschen befassen, die in unserer heutigen Gesellschaft als arm gelten oder sie könnte in Archiven und im Internet nach vergleichbaren Kriminalfällen suchen, um mehr zu verstehen. Alles zu Hause am Schreibtisch oder vielleicht gemütlich mit dem Notebook auf den Knien in einem Straßencafé.

Das wäre das klassische Vorgehen. Sehr vernünftig. Das kann Spaß machen und manchen Schauspielern gefällt diese Arbeit sogar mehr als die anschließende Arbeit auf der Probe. Sie wäre jedoch allenfalls ein erster Schritt hin zu einem theaterpädagogischen Schauspieltraining, denn dieses dreht sich in erster Linie um nicht-kognitive Herangehensweisen und findet außerdem im Rahmen des Ensembles im Proberaum statt.

Die beiden Arten der kreativen Vorbereitung strikt voneinander zu trennen, ist eine Möglichkeit. Hier Notebook und Kaffee, dort Probengetümmel. Eine andere Möglichkeit bestünde aber darin, einen Großteil der Vorbereitungsarbeit in das Training zu integrieren. Gut geplante Einheiten können die isolierte Lese- und Recherchearbeit nämlich fast komplett ersetzen.

Hierbei kommt es zu drei Verschränkungen, die sonst nicht gegeben wären und die – abgesehen von mindestens ebenso viel Spaß – erhebliche Vorteile bieten. Erstens werden die »Werkzeuge«, die im Training erworben werden sollen, also zum Beispiel Stimm- und Körperarbeit, Improvisation oder Wahrnehmungstraining, nicht vom jeweiligen »Werkstück«, also der konkret zu erarbeitenden Inszenierung, getrennt. Die Entwicklung der Spieler entfaltet sich stattdessen an der Rollen- und Szenenarbeit. Zweitens erreicht man einen erheblich schnelleren Wechsel konvergenter und divergenter Denkhaltungen und verbessert dadurch die Voraussetzungen für gute Ideen erheblich. Und drittens kommt es durch Wechselwirkungen zwischen dem Einzelnen und der Gruppe zu einer wesentlich höheren Frequenz an Impulsen.

Man kann sich Elemente einer derartigen Trainingseinheit etwa so vorstellen: Im Proberaum liegen zahlreiche Requisiten herum. Während die Spielleitung Textauszüge der Marie-Rolle vorliest, erkundet das Ensemble die Gegenstände, spielt mit ihnen, probiert ein wenig herum. Es kommt zu einem Wechselspiel zwischen der Stimmung und den Themen der Textauszüge einerseits und den Erfahrungen mit den Requisiten andererseits. Irgendwann hat sich jeder für ein Requisit entschieden und beginnt, begleitet von den Impulsen der Leitung, eine erste Annäherung an eine Figur. Die verschiedenen Maries (durchaus auch von den männlichen Spielern verkörpert) treffen aufeinander, streiten um einen der Gegenstände, raufen und ziehen sich irgendwann beleidigt an eine Stelle des Raumes zurück, wo sie »sicher« sind. Dort bekommen sie jeweils verschiedene Texte: einen Auszug aus dem Statistischen Jahrbuch vielleicht, in dem es um Armut in Deutschland geht oder eine Kurzbiografie des Schriftstellers Georg Büchner, oder einen Zeitungsbericht über einen Mord aus Eifersucht. Die verschiedenen Maries lesen. Und irgendwann, nachdem sie den Text aus der Hand gelegt haben, steht eine nach der anderen auf, um von dem »Gerücht« zu erzählen, das sie gerade aufgeschnappt hat. Stellt euch vor, kichert zum Beispiel eine der Maries, die einen Schuhkarton mit beiden Armen fest umklammert, der Herr Büchner hat so ein Durcheinander in seinen Papieren gehabt, dass man später gar nicht mehr recht gewusst hat, wie er seine Texte hat schreiben wollen. Dabei hat er reden können wie glitzernde Steine, deren Farben an der Zimmerwand funkeln…

Nur zum Beispiel. Am Ende der Trainingseinheit hat die Schauspielerin, die sich in die Rolle der Marie hineinarbeiten will, eine ungeheure Vielfalt an Erkenntnissen und Erlebnissen gesammelt, die sie weiterbringen können. Sie hat ihre Figur bereits ein erstes Mal erprobt, hat Bezug zu verschiedenen Texten hergestellt, hat Hintergrundinformationen aufgeschnappt und verarbeitet. Und sie hat eine ganze Parade unterschiedlichster Marie-Skizzen erleben können. Jetzt braucht sie Zeit, all das aufzuschreiben.

Freilich muss das nicht immer so komprimiert ablaufen. Es kann Trainingseinheiten geben, in denen das Technische deutlicher im Vordergrund steht und bei denen die Methodenwechsel nicht so rasant aufeinander folgen. Und umgekehrt können auch Phasen der intensiven Textarbeit gelegentlich längere Zeiträume in Anspruch nehmen, denn vielleicht genügt es manchmal nicht, nur ein paar Textfetzen aufzuschnappen. Oder das Ensemble braucht, je mehr sich die Spielleitung zurücknimmt, gelegentlich Momente des Innehaltens, in denen gemeinsam Ergebnisse festgehalten werden oder über das weitere Vorgehen gesprochen wird.

Die möglichen Wege sind also vielfältig. Dennoch kann man anhand des gewählten Trainingsbeispiels erkennen, inwiefern sich ein theaterpädagogisches Schauspieltraining an der Förderung schauspielerischer Kreativität orientiert: Erstens setzt es bereits in der Vorbereitungsphase auf eine Verzahnung bewusster und unbewusster mentaler Prozesse. Und zweitens bleiben kognitive (»ordnende«) Elemente zwar stets wichtig, sie stehen aber insgesamt nicht im Vordergrund. Das Training bevorzugt das Erproben von Möglichkeiten gegenüber dem rationalen Diskurs.

Dieses klare Profil ist auch in der Schlussphase kreativer Prozesse erkennbar, in der es um das Erkennen und Ausgestalten einmal gefundener Ideen geht, also um das Aussortieren weniger wichtiger Elemente sowie das Intensivieren und Sortieren der Wichtigen, was insgesamt schon sehr nach »Ordnung machen« klingt.

Welchen Stellenwert dabei bewusste Gestaltungsvorgänge haben, ist aber auch hier nicht von vornherein festgelegt. Auch hier gibt es eine eher klassische Herangehensweise – »klassisch« in dem Sinne, dass sie wohl in den meisten Fällen gewählt wird, weil sie naheliegend wirkt: Man sichtet das bislang Erarbeitete und trifft rationale Entscheidungen über die Anlage der Rolle, den Ablauf der Szene oder den Charakter der gesamten Inszenierung.

In der Regel werden diese Entscheidungen von der Regie übernommen, die sich damit als wertvoller Impulsgeber für das Ensemble erweisen kann. Die in dieser Phase anstehenden Entscheidungen können auch vom Ensemble selbst getroffen werden, allerdings ist zu befürchten, dass die damit gewonnene Selbstständigkeit der Spielerinnen und Spieler durch endloses Gequatsche erkauft wird und die Inszenierung insgesamt keinen roten Faden findet.

Egal. Wer auch immer nun die entscheidende Instanz bildet, es wird jemanden geben, der Ordnung in all die vorliegenden Ideen bringt. – So kann man arbeiten.

Wie aber bereits aus den Überlegungen rings um Regie, Probe und Training deutlich wurde, entspricht das nicht der »reinen Lehre« eines theaterpädagogischen Schauspieltrainings. Sie würde nämlich lauten: Je besser die Schauspieler trainiert sind, desto weniger ordnende Eingriffe braucht eine Szene von außen. Im Idealfall keine.

Nimmt man zum Beispiel an, das Ensemble hätte sich weiterhin mit der Arbeit an Georg Büchners »Woyzeck« beschäftigt und es arbeite nun an der Szene, in der Marie und Woyzeck den Mond rot aufgehen sehen und Marie zu Tode kommt. Ein Regisseur würde sich vielleicht vornehmen, am Rhythmus dieser Szene zu arbeiten. Er würde hierfür choreografische Details vorschlagen: Bleib hier so lange stehen, bis sie sich gesetzt hat, sprich deinen Text ganz langsam und leise. Dann seid ihr beide reglos, bis du das Messer ziehst. Erst als Marie das Messer entdeckt, werdet ihr laut und schnell, beide. Und so weiter.

Möglicherweise aber kann er die Klappe halten. Denn wenn die beiden Schauspieler viel trainiert haben, dann verfügen sie über eine Vielzahl internalisierter Techniken, die von sich aus eine rhythmische Szenengestaltung ermöglichen. Sie beherrschen zum Beispiel Verfahren des Fokuswechsels, haben gelernt ihren Körper zu kontrollieren, greifen intuitiv auf Elemente der meyerholdschen Biomechanik zurück oder spielen Brüche und Drehpunkte deutlich aus. Wie auch immer: Je mehr dieser Trainingselemente bei ihnen bereits wirksam werden, desto deutlicher ergibt sich der gestaltete Ablauf der Szene aus dem Spiel heraus.

Der Blick auf die Vorbereitungs- und die Ausarbeitungsphase kreativer Prozesse zeigt also: Selbst da, wo es beim theaterpädagogischen Schauspieltraining um Ordnung geht, treten bewusste mentale Prozesse unverkennbar in den Hintergrund.

Woher diese charakteristische Vorsicht kommt, wird deutlich, wenn man sich dem Unbewussten zuwendet, dem Chaos.

Welch ein Chaos!

Brennt im Kühlschrank immer Licht? Es hat den Anschein, denn jedes Mal, wenn wir nachsehen, bestätigt sich die Vermutung.

Eine ähnlich verzerrte Vorstellung hat der Mensch bei der Wahrnehmung des eigenen Bewusstseins: Weil er unbewusst ablaufende mentale Prozesse logischerweise nicht registriert, glaubt er, den ganzen Tag über lückenlos bei Bewusstsein zu sein. Das aber ist ein Irrtum. Wenn zum Beispiel zwei Freunde eine Bergwanderung unternehmen, dann kann es sein, dass sie nach dem Ausklingen des Gespräches nur noch mit dem Gehen beschäftigt sind. Jeder wird für sich vielleicht eine Weile über etwas Bestimmtes nachdenken. Aber eben nicht immer. Wenn einer der beiden irgendwann fragt: »Was denkst du?«, dann kann es sein, dass der andere versucht, sich an die Gedanken der letzten Minuten zu erinnern und irgendwann verwirrt den Kopf schüttelt. Er weiß es nicht. Er hat eine Bewusstseinslücke entdeckt, die ihm im Alltag selten auffällt.

Das, was wir außer dem ordnenden und auswählenden Verstand zur Kreativität benötigen, das Treibenlassen der Gedanken, das Versinken im Tun, das Tagträumen, all das ist also Teil unseres täglichen Lebens. Und an den Rändern des Schlafes praktizieren wir es ohnehin jede Nacht. Insofern könnte man sich ein Training dieser »chaotischen« Denkweise eigentlich sparen.

Gäbe es da nicht ein Problem: Dieses Denken erreicht man nämlich nur im Zustand mentaler Entspannung, zum Beispiel eben bei einer Bergwanderung. Sobald sich die beiden Wanderer vor eine Herausforderung gestellt sehen, wenn also etwa ein großer Felsblock den Weg hinauf zum Gipfel versperrt, dann richten sie ihre Aufmerksamkeit voll und ganz auf das aufgetauchte Problem und werden wieder bewusst. Die Träumerei ist dann erst mal vorbei. Für die allermeisten Situationen unseres Lebens ist dieses Umschalten überaus praktisch.

Der Schauspieler aber kann sich einen derartig groben Wechsel zwischen Konzentration und Entspannung nicht leisten. Er steht vor der schwierigen Aufgabe, gerade dann entspannt zu sein, wenn er den Auftrag bekommt, auf die Bühne zu gehen und irgendetwas Neues zu erproben. Das heißt: Konzentration und Entspannung müssen bei ihm viel näher beieinander liegen!

Gerade Trainingsanfänger oder Amateurschauspieler, die überhaupt nicht trainieren, geraten in dieser Hinsicht leicht an ihre Grenzen. Sie reagieren einfach wie gewohnt. Sobald man einen von ihnen bittet, eine Szene zu improvisieren, schaltet dieser voll in den Bewusstseins- und Konzentrationsmodus, weil er sich einer Herausforderung gegenübersieht. Diese plötzliche Einseitigkeit entspringt dem Bestreben, alles richtig zu machen, dabei besonders wachsam zu sein und alles unter Kontrolle zu halten. Damit aber verhindert er das für kreatives Arbeiten so wichtige Wechselspiel zwischen bewussten und unbewussten mentalen Zuständen.

Schlimm genug. Verschärfend kommt hinzu: Während die Bergwanderer ihre Aufmerksamkeit auf den Felsblock richten, der ihnen den Weg versperrt und zum Beispiel überprüfen, wie groß er ist oder ob er geeignete Tritte und Griffe zum Klettern aufweist, richtet der ungeübte Schauspieler seine Aufmerksamkeit im Moment der Herausforderung – auf sich selbst, auf den eigenen Körper. Dadurch aber mischt sich das rationale Denken auch in Bereiche ein, in dem es eigentlich nichts verloren hat. Und so werden selbst einfachste Handlungsabläufe, die er unter alltäglichen Umständen sicher beherrscht, plötzlich zu echten Problemen.

Nichtschauspieler kennen dieses Phänomen vielleicht vom Fototermin: Für das gemeinsame Familienfoto sollen irgendwann alle ganz entspannt dasitzen und in die Kamera schauen. Das erweist sich aber als ziemlich schwierig, weil alle ihr Bewusstsein aktiviert haben und sich um entspanntes Sitzen und Lächeln *bemühen*. Und je länger sie es versuchen, desto weniger gelingt es.

In Stanislawskis Schriften findet man eine ganze Reihe von Experimenten, die mit diesem Problem zu tun haben und auch im Trainingsalltag ist man regelmäßig damit konfrontiert. Für das Entwickeln kreativitätspädagogischer Maßnahmen hilft der Blick auf Schauspiel-Anfänger, weil man bei ihnen die Irrwege am leichtesten erkennen kann.

Ein Blick also in eine imaginierte Anfänger-Klasse.

Ein typisches Erscheinungsbild der Verkrampfung besteht darin, dass Spielerinnen und Spieler versuchen, offene Situationen mithilfe der Sprache in den Griff zu bekommen. Unreflektiert scheinen sie zu glauben, das, was man benennt, sei durchdacht und kontrolliert. Darum hört man in verschiedenen szenischen Versuchen die Buchstaben geradezu auf die Bühne rieseln.

Man stellt zum Beispiel fest, dass auch diejenigen, die sonst eher schweigsam sind, auf der Bühne plötzlich unglaublich viel reden. Wenn mehrere Spieler gemeinsam eine Szene improvisieren, quatschen alle durcheinander. Oft werden Aktionen überflüssigerweise durch einen entsprechenden Kommentar gedoppelt: »Ich setz mich jetzt mal hin«, sagt der Schauspieler zum Beispiel, während er sich hinsetzt. Oder die Worte ersetzen die Aktion komplett. Dann gibt sich der Akteur damit zufrieden, dass er erklärt: »Ich bin so traurig«, ohne dass sich das in seinem Verhalten irgendwie widerspiegeln würde.

Bemerkenswert ist, dass das begriffliche Denken auch dann eine Szene dominiert, wenn gar keine Sprache verwendet wird. Gespielt werden soll von einem der angenommenen Anfänger zum Beispiel eine Figur, die an der Bushaltestelle steht und auf den Bus wartet. Auf der Bühne könnte etwa folgende Improvisation ablaufen: Die Person trommelt ungeduldig mit dem Fuß auf den Boden, sie sieht nach links, dann seltsamerweise auch nach rechts (ein Geisterfahrer?), sie atmet einmal tief ein und aus, sieht auf eine nicht vorhandene Armbanduhr, verlagert das Gewicht auf das andere Bein, sieht nach links, trommelt mit dem Fuß, blickt erneut auf die Uhr, atmet erneut tief, schüttelt den Kopf. Und so weiter. Sehr selten wird man auf Personen treffen, die tatsächlich so warten. Vermutlich würden Menschen an einer wirklichen Bushaltestelle sogar sicherheitshalber einen Schritt Abstand nehmen, wenn sich jemand so verhielte. Auf der Bühne dagegen sieht man sowas ziemlich oft.

Der Schauspieler hat in seinem Bemühen, den vermeintlichen Erwartungen gerecht zu werden, alle Aspekte in die Szene hineingepackt, die ihm zu dem Thema einfielen. Er spielte also nicht einen individuellen Wartenden, sondern präsentierte eine Art Lexikonartikel zum Thema »Warten« – begrifflicher kann man allem Schweigen zum Trotz nicht werden.

Das Paradoxe an den verschiedenen Formen dieser sprachlichen Verkrampfung ist, dass der Versuch, mehr Kontrolle zu gewinnen, dazu führt, dass man weniger Kontrolle hat. Die Wahrnehmung wird ungenauer, der Atem verliert seinen Rhythmus, Bewegungen bleiben unvollständig. Weder die körperliche Intensität noch die Stimmigkeit der Szene sind zufriedenstellend.

Das wird bei einer zweiten Form der Verkrampfung noch deutlicher. Das Bestreben, auf der Grundlage rationaler Erwägungen alles richtig zu machen, kann nämlich auch in eine regelrechte Angst vor dem vermeintlichen Fehler münden. Angst aber ist ein mentaler Ausnahmezustand, der sich mit kreativem Handeln kaum vereinen lässt.

Diese Art der Überspannung kann bei Schauspielerinnen und Schauspielern dazu führen, dass sich die Akteure darum bemühen, unkonventionelles Handeln allein deswegen auszuschließen, weil sie befürchten, sich vor den anderen zu blamieren. Sie bewegen sich also extrem vorsichtig in den engen Bahnen dessen, was sie für fachlich, moralisch oder ästhetisch vertretbar halten. Grenzüberschreitung – ausdrückliches Ziel kreativen Denkens – wird somit von vornherein ausgeschlossen.

Die Folge: Nichts fällt aus dem Rahmen. Hier steigt niemand auf den Tisch, keiner singt ein Lied, keiner flüstert. Figuren bleiben blass und nichtssagend, Aktionen diffus, um nur ja keine Angriffsfläche zu bieten. »Na wie geht's?«, fragt eine Figur. »Ja«, antwortet die zweite, »und dir?«

Im Extremfall reagieren die Mitglieder des angenommenen Anfänger-Ensembles sogar paralysiert wie das berühmte Kaninchen vor der Schlange. Die Angst vor dem Fehler ist dann so bestimmend, dass sie jede kleinste Veränderung verhindert, auch die gewohnte und weithin akzeptierte. Ein Spieler wird während des Trainings etwa von der Leitung aufgefordert, einen gedachten Gegenstand zu nennen, egal welchen. Das führt zu einem Stocken des Atems, einer Starre und schließlich zu der kuriosen Antwort: »Ich weiß keinen.«

Insgesamt mögen all diese Beispiele überzogen wirken. Die Versuche ungeübter Akteure, sich in verschiedene Sicherheitsbereiche zu flüchten, sind aber keineswegs die Ausnahme.

Von diesem Befund aus ist klar, in welche Richtung ein Training gehen muss, das die Entfaltung schauspielerischer Kreativität anstrebt. Mehr Raum für Bewusstlosigkeit auf der Bühne! Es geht um den Mut zum Chaos.

Dadurch wird hier eine Forderung aufgegriffen und vertieft, die bereits in der Auseinandersetzung mit dem Trainingsbegriff aufkam. Der Entzug der Kontrolle, der die Spieler von vernünftigen Verspannungen wegbringen soll, weckt ganz grundsätzlich das kreative Potenzial eines Ensembles – Not macht erfinderisch.

Damit ist man der konkreten Umsetzung eines theaterpädagogischen Schauspieltrainings schon sehr nahe. Weil sie natürlich bei jedem Theaterpädagogen und jeder Theaterpädagogin ein wenig anders aussieht, je nach persönlichen Schwerpunkten und Interessen, genügt es, verschiedene Möglichkeiten skizzenhaft anzudeuten.

Also.

Eine mögliche Vorgabe: weniger Zeit! Wie bereits deutlich wurde, stehen mentale Entspannung und Zeitdruck keineswegs in Widerspruch zueinander, im Gegenteil. Wenn keine Zeit ist für vernünftiges Abwägen, für lange Diskussionen und für Formen der Selbstzensur und wenn alles »gilt«, auch vermeintlicher Blödsinn, dann erzielt man oft überraschende Ergebnisse. Ein beliebtes Beispiel im Schauspieltraining ist »Wegwerf-Theater«: Das Ensemble wird in Gruppen aufgeteilt, die die nächste Szene des aktuellen Werkstücks erarbeiten sollen, und zwar innerhalb von zehn Minuten, dann ist »Vorstellung«. Wenn nichts Brauchbares dabei ist, gibt es eine neue Runde. Und dann: festhalten oder wegwerfen und weiter zur nächsten Szene. Allein diese Beschränkung entfesselt eine unglaubliche Energie!

Oder: weniger Ausdrucksmittel! Besonders Anfänger werden entlastet, wenn man bei bestimmten Übungen die schauspielerischen Ausdrucksmittel begrenzt. Zum einen geben diese Einschränkungen einen Halt inmitten der chaotischen Offenheit, denn die Ereignisse sind zwar nach wie vor unkontrollierbar, aber immerhin weiß man, mit welchem Werkzeug man hantieren darf. Zum anderen entwickeln sich aus den Einschränkungen viel leichter unkonventionelle Perspektiven. Ein Beispiel: Zwei Spieler versuchen, eine Szene frei zu improvisieren, aber sie sind sichtlich überfordert. Sie fuchteln mit den Armen und reden viel. Die Leitung unterbricht und gibt für einen weiteren Versuch vor, dass die

Spieler Neutralmasken tragen müssen, deren Fläche während der gesamten Szene stets parallel zur vorderen Bühnenkante ausgerichtet sein muss. Bei der Improvisation aber soll es um dieselben Figuren und dieselbe Situation gehen wie gerade eben. Obwohl man in den Masken nicht sprechen kann, gelingt dieser Versuch sofort besser, die Energie der Szene steigt spürbar. Nach dem Szenenende geht der Trainer noch einen Schritt weiter: Zwei andere Spieler versuchen die Szene ein weiteres Mal, auch mit Masken. Bevor sie aber auf die Bühne kommen, werden sie von den anderen vom Hals bis zu den Füßen in schwarze Tücher eingewickelt – eine kaum steigerbare Reduktion. Das Spiel wird atemberaubend intensiv: Die Position im Raum, der Atem oder der Bodenkontakt werden zu Ausdruckmitteln, die vorher aufgrund der grenzenlosen Möglichkeiten nicht ernstgenommen wurden.

Eine ähnliche Funktion wie die schwarzen Tücher können generell Kostüme übernehmen, die nicht nur die optische Erscheinung der Figur prägen, sondern sie auch durch gezielte »Hindernisse« in der Bewegung einschränken.

Oder: weniger Eindrücke! Die Entspannung der Spielerinnen und Spieler während bestimmter Übungen kann auch dadurch gefördert werden, dass man ihnen vorübergehend einen Teil ihrer üblichen Wahrnehmungen nimmt, zum Beispiel durch das Verbinden der Augen. Zunächst wird dadurch schon mal grundsätzlich die rationale Kontrolle etwas gehemmt, da die visuellen Eindrücke in unserem Gehirn am engsten mit kognitiven Strukturen verbunden sind. Zum anderen ermöglicht es eine andere »Sicht« auf die Welt.

Nicht zuletzt verschiebt natürlich eine andere Wahrnehmung auch den körperlichen Ausdruck einer Figur. Ein sehr bekanntes Beispiel hierfür ist die Halbmaske des Harlekin aus der *Commedia dell'arte*: Wenn die Augenlöcher seiner Maske besonders klein sind, dann muss sich der findige Diener immer mit dem ganzen Gesicht oder gar dem Körper drehen, um etwas zu erkennen. Dadurch entsteht ein neues charakteristisches Bewegungsmuster.

Oder: weniger Material! Einen kreativitätsfördernden Effekt hat aus denselben Gründen auch die Begrenzung des Spielmaterials, ein Zusammenhang, den man auch aus Kinderzimmern kennt: Eine im Café geschnorrte Handvoll dieser kleinen Fähnchen, die man manchmal auf der obersten Kugel eines Eisbechers findet, eignet sich wunderbar, um auf dem Wohnzimmerteppich einen Slalom-Parcours für Rennautos zu markieren. Und anschließend stecken sie den bewachten Parkplatz ab, auf dem die Rennautos nachts abgestellt werden – wer käme auf so etwas, wenn man fertige Rennstrecken oder Parkhäuser im Spieleregal fände?

Dasselbe gilt für die Arbeit von Schauspielerinnen und Schauspielern mit Requisiten. Ein beeindruckendes Beispiel hierfür ist die Arbeit an postdramatischen Performances, die, weil sie die narrative Linie aufgeben und Bilder assoziativ verknüpfen, auch die Arbeit mit »chaotischen« Herangehensweisen in besonderer Weise auf den Punkt bringen. Die Aufgabenstellung ist einfach: Ein Ensemble hat einen Raum zur Verfügung (vielleicht eine leer stehende Fabrikhalle), ein Musikstück von vielleicht fünf Minuten Dauer und eine Auswahl von Requisiten. Außerdem einen kurzen Text. Die Performance soll aus der Improvisation entwickelt werden und darf nur so lange dauern, wie das Musikstück läuft. Das Ensemble hat einen ganzen Tag Zeit, mit dem Gegebenen zu arbeiten. Und so wird aus einem Bettgestell zunächst ein Gefängnis und später eine Fähre über den Hades. Sehr entspannt und (deswegen) sehr spannend.

Oder: weniger Sprache! Eine besonders wirkungsvolle Reduktion, die aber (wie aus den Abgrenzungen deutlich wurde) mit Blick auf die europäische Schauspieltradition keineswegs unumstritten ist. Grundsätzlich bietet es sich für einen Trainingsleiter an, die Annäherung an eigene und fremde Texte auf der Bühne sehr behutsam zu gestalten. Ein zweijähriger Theaterkurs der gymnasialen Oberstufe kann sich zum Beispiel im ersten Semester völlig auf nonverbale Ausdrucksformen beschränken. Er kann Textarbeit reduzieren auf den freien Umgang mit Romanauszügen, die völlig aus dem Zusammenhang gerissen sind und über deren Herkunft die Gruppe keine Kenntnis hat. Wenn irgendwann auch Sprache ins Spiel kommt, dann kann eine besondere Einschränkung darin bestehen, dass der improvisierte Dialog mit maximal drei Sätzen auskommen muss. Oder mit nur einem Wort.

Eine solche Entfaltung von Möglichkeiten des Kontrollentzugs lässt ein theaterpädagogisches Schauspieltraining bereits sehr anschaulich werden. Die Liste ließe sich bestimmt um wesentliche Aspekte erweitern.

Zunächst geht es aber ums Prinzip. Der Kontrollentzug, den der Theaterpädagoge je nach Trainingsfortschritt und Zusammensetzung des Ensembles bewusst steuert, braucht ein wichtiges Gegenstück: Sicherheit. Die Spielerinnen und Spieler brauchen bei all diesen Schritten die Gewissheit, dass die Ausflüge ins Ungewisse in keiner Hinsicht gefährlich sind, vor allem nicht lächerlich. Mit fortschreitender Erfahrung werden sie dafür immer weniger die Spielleitung brauchen, zu Beginn aber ist sie für diesen Bereich verantwortlich und muss achtsam mit ihm umgehen.

Grundsätzlich ist hierfür ein vertrauensvolles Verhältnis des Ensembles zur Leitung erforderlich. Das sagt sich natürlich leicht, schließlich kann man dies nicht einfach beschließen. Ebenso wenig erlangt man Vertrauen durch irgendwelche Kennenlern-Spielchen. Es entsteht vielmehr aus der Kompetenz der Leitung, die die Sicherheit jedes Einzelnen aufmerksam im Blick hat. Wer Spieler über Grenzen bringt und sie dort einfach stehen lässt, der braucht sich nicht wundern, wenn das Schauspieltraining nicht vorankommt. Wer würde sich nochmals mit einer eigenen Geschichte auf die Bühne wagen, wenn er beim letzten Mal ausgelacht wurde?

Das Beispiel zeigt auch: Im Verlauf des Trainings muss nicht nur das Vertrauen der Spielerinnen und Spieler in die Leitung wachsen, sondern auch das Vertrauen untereinander. Selbst gute Freunde müssen diese erhöhte Rücksicht und Achtsamkeit im Proberaum erst langsam lernen, schließlich ist der Einzelne, je weiter er sich aus dem Schutz der Konventionen wagt, viel verletzbarer als in den meisten Situationen des Alltags.

Die für kreative Prozesse wichtige Sicherheit kann man im Rahmen eines theaterpädagogischen Schauspieltrainings insbesondere dadurch erreichen, dass man das abweichende Verhalten, das sich nicht um gesellschaftliche Konventionen kümmert, der Gesellschaft zunächst gar nicht zeigt. Die Revolte, die Frechheit bekommt das Publikum erst nach und nach um die Ohren gehauen, bis dahin aber darf sie wachsen – ein ungeheuer wichtiges Trainingsprinzip!

Ein gerafftes Beispiel kann das veranschaulichen: Die Arbeit mit Parallelfiguren beginnt damit, dass sich jeder Schauspieler ein Tier aussucht, dessen Bewegungsmuster er in seine Figur übernehmen will. Begleitet von den Anleitungen des Theaterpädagogen erweckt nun jeder dieses neue Wesen zum Leben und arbeitet daran. Alle agieren gleichzeitig: die perfekte Tarnung! Denn erstens gibt es auf diese Weise im Proberaum außer der Leitung keine Zuschauer und zweitens fangen alle gleichermaßen an, herumzuspinnen. Der Einzelne hebt sich nicht hervor, er geht vor dem »gleichfarbigen« Hintergrund unter wie ein Chamäleon. Um die Abschottung noch mehr zu steigern, spielt der Trainingsleiter Musik ein, sodass auch Töne oder Sprache nicht aus dem persönlichen Bereich des Einzelnen hinausreichen.

Irgendwann kommt es zu einer ganz kurzen und »ungefährlichen« Hervorhebung. Mit dem Abschalten der Musik bekommt das Ensemble die Anweisung, in der Bewegung einzufrieren, nur zwei Spieler setzen ihre Aktion fort. Wenn diese beiden nach einer Weile ins *Freeze* gehen, lösen sich zwei andere aus der Starre und so weiter. Der besondere Schutz besteht darin, dass all die anderen die Aktion – begrenzt durch ihre Erstarrung – nur teilweise mitbekommen und dass sie als Publikum selbst Spieler bleiben.

Am Ende einer Trainingseinheit, in der es darum geht, die Figuren immer deutlicher gegenüber dem Hintergrund hervorzuheben, kann schließlich ein kurzer Auftritt einer erarbeiteten Figur auf der Bühne stattfinden. Die anderen sind in diesem Moment ein »richtiges« Publikum, aber es kommen alle dran. Bis Fremde von alldem etwas mitbekommen, wird es noch eine Weile dauern.

Auf diese Weise wird ein Trainingsensemble mit zunehmender Erfahrung immer mehr Kontrollverlust zulassen und immer weniger Sicherheitsdienste brauchen. Spieltechnische und persönliche Entwicklung gehen dabei Hand in Hand.

Sollte sich einmal eine außenstehende Person während eines Trainings versehentlich in der Tür irren und dadurch unvermittelt einen Eindruck von den Arbeits- und Spielprozessen bekommen, die hier ablaufen, so wird sie vielleicht denken: »Die sind ja verrückt!« Gut, Chaos ist nicht alles, aber: Dies wäre eigentlich ein Zeichen für gute Arbeit.

Kontakt zweier Welten

Noch verharrt der Schauspieler in der Haltung des Ratlosen und richtet die Augen dorthin, wo er den Rufer vermutet.

Zwar könnte man, wenn man die beiden Seiten eines kreativen Prozesses kennt, die Aufforderung »Sei kreativ!« bereits konkreter verstehen und die Starre lösen. Aber es fehlt noch eine wichtige Kleinigkeit: die Verbindung zwischen ihnen, die dem kreativ tätigen Menschen die Illumination ermöglicht, den Geistesblitz.

Zuletzt also die Frage: Wie muss ein theaterpädagogisches Schauspieltraining gestaltet sein, das auf den Kontakt zwischen Ordnung und Chaos abzielt?

Allein die Kenntnis davon, dass das menschliche Denken von bewussten und unbewussten Anteilen bestimmt ist, die alltäglich in den verschiedensten Mischungen auftreten, hilft dem Trainingsanfänger herzlich wenig. Wie sollte er versuchen, diese beiden mentalen Zustände gleichzeitig zu aktivieren? Und worin bestünde die gesuchte Verbindung, wenn ohnehin alles eins ist? Das wäre etwa so, als würde man einem Kind das Fahrradfahren beibringen, indem man ihm erklärt, man müsse einfach immer im Gleichgewicht bleiben, dabei vorausschauend fahren und natürlich jederzeit Richtung und Tempo an die Gegebenheiten anpassen – na super.

Anstelle derartiger Erklärungen hat es sich in der theaterpädagogischen Praxis bewährt, die Teile zunächst zu isolieren, soweit es eben geht, und sie erst danach miteinander in Verbindung zu bringen. Mit fortschreitender Erfahrung kann sowohl die Frequenz des Wechsels als auch die der kurzen Kontakte nach und nach steigen, bis der Schauspieler den kreativen Prozess nicht mehr schrittweise erlebt, sondern als harmonische Einheit.

Als anschauliches Modell für diese Herangehensweise eignet sich keines besser als das des Traumes: Ein unbewusster Schlafzustand ist grundsätzlich zu unterscheiden von einem bewussten Wachzustand. Zwischen diesen beiden Zuständen jedoch gibt es gelegentlich eine Verbindung, die wir Traum nennen und die besonders geeignet erscheint für das Hervorbringen guter Ideen. Wie gesagt.

Wie schlägt das nun in der konkreten Trainingspraxis nieder?

Zunächst: Die Trennung der Pole ist hier nicht nur dazu da, dass sich der einzelne nicht im Weg steht, sondern auch dazu, dass die Ensemblemitglieder einander nicht stören. In einer Phase des chaotischen Ausprobierens etwa können wertende Kommentare den einzelnen Spieler allzu leicht aus der assoziativen Leichtigkeit reißen und den kreativen Prozess unterbrechen. Darum kann es wichtig sein, das Ensemble in dieser Hinsicht zu synchronisieren: Es gibt Chaos- und Ordnungsphasen.

Doch die Arbeit im Team birgt nicht nur Risiken. Sowohl die Trennung als auch der Kontakt der beiden Sphären kann im theaterpädagogischen Schauspieltraining auf spezifische Weise realisiert werden, nämlich arbeitsteilig.

Ein Beispiel: Das Ensemble verteilt sich im Raum und die Spielerinnen und Spieler bekommen die Anweisung, die folgende Übungssequenz so anzugehen, dass sie jeweils für sich sind. Sie versuchen, die Arbeit der anderen nicht zu stören, der Leiter unterstützt diese Abschottung. Es geht darum, sich eine imaginierte Situation zu erarbeiten und als Figur in diesem Rahmen zu agieren.

Die Arbeitsteilung besteht darin, dass die Leitung dem Schauspieler durch ihre Anweisungen während der Übung einen wichtigen Teil der rationalen Entscheidungen abnimmt. Sie gibt vor, auf was zu achten ist, in welchen Schritten vorzugehen ist oder wann es einem offen steht, den Weg selbst auszusuchen. Sie nimmt dem Spieler die Entscheidung ab, mit welchem Sinnesorgan er seine Imaginationen beginnen soll und wann er zum nächsten übergehen kann. Sie trägt die Verantwortung für das Ziel, den Sinn, die Dauer der Übung. Und sie bestimmt auch, wann es Zeit ist, Ergebnisse festzuhalten, auszuwerten oder sonstige bewusste Entscheidungen zu treffen.

Welch eine Bevormundung! So etwas bräuchte man sich außerhalb des Trainings kaum gefallen lassen. Aber hier hat es erstens einen ausdrücklich vorübergehenden Charakter, zweitens einen entsprechend vertrauensvollen und geschützten Rahmen und drittens einen fachlichen Sinn. Je mehr nämlich die Trainingsleitung einseitig die Rolle des ordnenden Verstandes übernimmt und Entscheidungen trifft, die innerhalb des Übungsverlaufes irgendwie getroffen werden müssen, desto mehr kann sich der Schauspieler einseitig öffnen gegenüber dem Chaos. Vereinfacht ausgedrückt: hier der Kopf, dort der Bauch. Und entsprechend spannend sind die daraus hervorgehenden Kontakte.

Nun ist freilich Einzelarbeit im Rahmen des theaterpädagogischen Schauspieltrainings eher die Ausnahme, in der Regel sind die meisten Übungsphasen bestimmt durch Interaktion. Aber auch hier lassen sich derartige Arbeitsteilungen feststellen, die es Anfängern ermöglichen, Trennung und Kontakt der beiden Kreativpole umzusetzen.

Gut erkennbar ist das zum Beispiel bei einem beliebten Improvisations-Spiel, dem »Szenen-Reißverschluss«. Auf der Bühne beginnen zwei Spielerinnen eine freie Improvisation. Was hier passiert, welchen Tiefgang das Spiel hat oder welchen Sinn, das ist eigentlich zweitrangig. In erster Linie geht es für die beiden darum, einfach drauflos zu spielen, ganz ohne Verrenkungen. Eine besondere Aufgabe haben dagegen die anderen Mitglieder des Ensembles: Sie sind zwar Zuschauer, aber keineswegs im Sinne passiver Genießer, die sich nur unterhalten lassen. Man müsste sie eher (ganz nach Augusto Boal) »Zuschauspieler« nennen, die eine wichtige Funktion erfüllen. Sie verfolgen die Improvisation nämlich sehr aufmerksam, indem sie die Körperhaltung der Figuren im Blick behalten. Sobald einem von ihnen auffällt, dass die Figuren in Mimik, Gestik und Proxemik auch einen ganz anderen »Sinn« transportieren könnten, klatscht er. Die Figuren frieren in der Bewegung ein und der Zuschauspieler, der die Idee hatte, erlöst eine Figur aus dem *Freeze*, übernimmt dessen Körperhaltung und spielt die Szene in einem ganz anderen Zusammenhang neu an. Es entstehen andere Figuren, Situationen und Handlungen. Derjenige, der seinem Herrn gerade noch ein Glas Wasser serviert hatte, ist nun vielleicht ein Patient, der dem Arzt seine verletzte Handfläche zeigt. Und diese Improvisation geht nun so lange weiter, bis erneut eine Idee in die Szene klatscht.

Während die Akteure auf der Bühne sich also dem Fluss der Aktion hingeben, tragen die anderen die Verantwortung für das Sichten des Materials, den Fortgang der Übung, die Auswahl der neuen Figur oder das Timing. In diesem Sinne kann man auch hier von einer Arbeitsteilung sprechen, die den Kontakt zwischen mentalen Zuständen ganz plastisch als Kontakt zwischen Menschen deutlich werden lässt.

Solche Übungen sind keine Ausnahme, man findet sie zahlreich in den verschiedenen Handbüchern oder Workshops. Aber ist es stimmig, im Training tatsächlich von Traum-Übungen zu reden, die eindeutig einteilen in den »schlafenden« und den »wachen« Spieler? Entsteht Kreativität nur aus deren Kontakt?

Nein. Das Modell hilft zwar, das für kreative Prozesse charakteristische Wechselspiel in der Planung und Leitung eines Trainings konsequent zu berücksichtigen. Es stellt die schöpferische Tätigkeit des Spielers ins Zentrum. Und es ermöglicht Einstiege, indem es Klarheit schafft. Aber es wird den komplexen Vorgängen nicht gerecht, die ablaufen, wenn Schauspielerinnen und Schauspieler kreativ miteinander arbeiten. Irgendwann gibt es niemanden mehr, der von außen kommentiert oder die Szene »abklatscht«. Irgendwann läuft alles irgendwie von selbst.

Damit kann man den noch immer eingefrorenen Schauspieler wieder in Bewegung setzen. Angenommen, er habe die Aufforderung, kreativ zu sein, während der Zeit seines Innehaltens durchdrungen. So wüsste er auch: Es wird Zeit darüber nachzudenken, was Spielen eigentlich ist.

Vielleicht aber wird er es lieber ausprobieren.

2. SPIEL

Eine Begegnung mit einem Zirkusartisten. Er ist Teil eines kleinen Familienunternehmens, das seit mehreren Generationen durch Europa zieht und dort haltmacht, wo sich Leute von großen und kleinen Sensationen verzaubern lassen wollen. Diesmal bleibt das Lager dauerhafter bestehen, weil über die Sommerferien Kinder am Leben und am Training der Künstler teilhaben dürfen, eine Art Ferienprogramm, das von ein paar pädagogischen Hilfskräften begleitet wird.

Die Kinder können in dieser Zeit auch jonglieren lernen. Und sie versuchen es mit Feuereifer, denn der junge Profi ist für sie ein beeindruckendes Vorbild. Eine seiner Nummern besteht zum Beispiel darin, dass er mit einem Partner zusammen ein Passing-Muster mit zehn Keulen hinbekommt. Wenn die beiden das in der Manege vorführen, dann fliegen die Keulen so schnell zwischen den beiden hin und her, dass die Luft nur so schwirrt.

An einem Nachmittag, in einer Trainingspause, nimmt sich einer der Betreuer drei der herumliegenden Keulen aus dem Sägemehl und fragt den Artisten, ob er nicht Lust hätte, mit ihm ein Passing-Muster zu jonglieren, ein einfaches nur, mit insgesamt sechs Keulen, schließlich sei er kein Profi, allenfalls ein fortgeschrittener Anfänger. Sie stellen sich einander gegenüber und beginnen. Doch nach wenigen Sekunden fallen erste Keulen zu Boden. Der Unerfahrene hebt sie mit einem entschuldigenden Blick auf, sie beginnen von Neuem. Aber auch beim zweiten und dritten Anlauf gelingt den beiden kein erfolgreiches Zusammenspiel.

Das ist ungewöhnlich! Ein erfahrener Jongleur lässt einen Anfänger meist über sich hinauswachsen, denn er steht so über der Sache, dass er das Tempo flexibel an das des anderen anpasst. Vermeintliche Fehlwürfe nimmt er auf und er wirft stets so, dass der Partner nur die Hand öffnen braucht, um richtig zu fangen. Hier bleibt das aus. Nach eine paar weiteren gescheiterten Versuchen geben die beiden es auf und setzen sich wieder auf den Manegenrand.

Was ist da passiert? Offenbar beherrschte der Zirkusartist sein Handwerk perfekt. Technisch. Was ihm aber fehlte, war ein Gefühl für das gemeinsame

Spiel. Er ließ keine Variation zu, er ging nicht auf den anderen ein, er ließ sich nicht ein auf das, was aktuell passierte. Kurz gesagt: Er spielte nicht!

In diesem Ereignis tritt etwas zutage, was man auch im Bereich des Schauspiels immer wieder vorfindet: die Abwesenheit jeglicher spielerischen Haltung. Und zwar sowohl bei erfahrenen Profis als auch bei absoluten Anfängern. Menschen spielen am Computer, auf dem Sportplatz oder bei irgendwelchen Brettspiel-Abenden. Sie spielen an ihrem alten Motorrad herum und spielen in einer Kellerband Schlagzeug. Aber wenn sie auf die Bühne gehen, um eine Rolle zu spielen, dann versagt diese allgemeine Fähigkeit. Sie werden technisch kalt oder heiß vor Anspannung, ins Spiel kommt dabei nichts.

Für manche reicht schon allein der Gedanke: Klar kann ich spielen, das kann jeder. Aber Schauspielen nicht – denn das ist irgendwie kein Spiel.

Es lohnt sich also eine vertiefende Betrachtung: Was ist eigentlich ein Spiel? Inwiefern kann man Schauspiel als Spiel interpretieren? Und was ergibt sich aus solchen Erkenntnissen für eine theaterpädagogische Spiel-Leitung?

2.1 Merkmale des Spiels

Eine theoretische Annäherung an das Spiel erscheint ziemlich schwierig, denn jeder scheint zu wissen, was ein Spiel ist und keiner scheint sagen zu können, was man darunter versteht.

Zunächst auf der Hand liegende Alltagsdefinitionen erweisen sich schnell als unbrauchbar. Wer Spiel etwa darüber definiert, dass es »eben nicht Ernst« ist, der trifft damit sicherlich einen wichtigen Aspekt, aber er wird einsehen, dass man auch mit vollem Ernst spielen kann, oder dass man auch bei ernsthaften Tätigkeiten spielerisch vorgehen kann. Wer versucht, das Spiel darüber zu begreifen, dass es bedeutungslose Ergebnisse hervorbringt, der liegt sicherlich auch nicht ganz falsch: Eine Sandburg ist vielleicht für niemanden wirklich nützlich und bald wieder zerstört. Aber liegt das nützliche Ergebnis nicht in den Fertigkeiten des Erbauers? In seiner Stimmung? Oder in seiner persönlichen Bildung?

So einfach kommt man der Sache nicht auf die Spur.

Spiel: ein unbegreifbares Phänomen?

Allerdings zeigt sich auch die Wissenschaft, die systematischer vorgeht, außerstande einen eindeutigen Begriff des Spiels zu liefern.

Bereits die Wortherkunft ist ziemlich unklar. Die weitverbreitete Behauptung, Spiel lasse sich bis ins Althochdeutsche zurückverfolgen und bedeute »tänzerische Bewegung« ist keineswegs eindeutig. Schon im Mittelalter scheint der Spielbegriff mehrere Bedeutungen aufzuweisen, man kann allenfalls vorsichtig feststellen, dass Spielen besonders häufig Kindern zugeschrieben wird oder dass es eine Tätigkeit bezeichnet, die Vergnügen bereitet. Aber schon früh wird auch vom Spiel der Tiere gesprochen und es gibt auch im Mittelalter schon erste bildhafte Übertragungen: Der Jagdfalke etwa wird gelegentlich *»vëderspil«* genannt.

Im Laufe der Zeit erweiterte sich das Spektrum immer mehr. Der Begriff nahm dann auch Tätigkeiten von Erwachsenen mit auf, bezog sich zum Teil auch auf rein mentale Vorgänge und rutschte zunehmend in die Metaphern des allgemeinen Sprachgebrauchs.

Offenbar werden im Deutschen zahlreiche bedeutungsverwandte Aspekte unter einem großen Dach versammelt.

Andere Sprachen haben sich in dieser Hinsicht ganz anders entwickelt. Anstelle eines immer weiter gedehnten Überbegriffs entstanden, je nach dem gesellschaftlichen Stellenwert bestimmter Spiel-Arten, auch ganz unterschiedliche Einzelbegriffe. Allein im Englischen gibt es *gamble*, *play*, *match* und *game*, lauter Begriffe also, die im Deutschen nicht unterschieden werden.

Und diese sprachgeschichtliche Besonderheit macht es uns natürlich heute besonders schwer, präzise zu sein, wenn wir vom Spiel reden. Hol mal das Schachspiel, ruft jemand. Eine blöde Bemerkung wird ein Nachspiel haben. Militärs betreiben Planspiele. Man spielt mit einem Gedanken. Einen Papierflieger testen. Musik machen. Und es gibt auch das Spiel des Windes auf dem See – wie soll man all das auf einen Begriff bringen?

In der ersten Hälfte des zwanzigsten Jahrhunderts wollte man es noch mal so richtig wissen. Eine ganze Reihe bemerkenswerter Studien versuchte, das so schwer fassbare Spiel rational zu begreifen. Ein Versuch bestand zum Beispiel darin, das zentrale und verbindende Merkmal aller Spiele in einer wiederkehrenden Hin-und-Her-Bewegung zu sehen. Er folgte damit einem einfachen Gedanken: Wirft man einen Ball bloß weg, der dann im Gras liegen bleibt, bis man ihn abends wieder aufräumen muss, dann entsteht kein Spiel. Erst wenn er von einem Partner zurückgeworfen wird oder von einer Wand abprallt, kann es dazu kommen. Ein Jo-Jo zeigt diese wiederkehrende Bewegung, eine Schaukel, sogar mentale Vorgänge wie Kants »Wechselspiel der Erkenntniskräfte« könnte man so betrachten. Aber: ein Schachspiel? Oder die kleine Nina, die gerade Astronautin ist und in einer Sofapolster-Rakete ins All fliegt? Man müsste sich allzu sehr verbiegen.

Und nicht anders erging es vergleichbaren Forschungsansätzen, sie erbrachten zwar spannende Einsichten, aber nicht den Zugriff auf das große Ganze. So kommt es, dass sich die heutige Forschung gar nicht mehr darum bemüht, »das Wesen« jeglicher Spiele zu suchen.

Heißt das: Man kann über Spiele nicht reden? Zumindest nicht allgemein?

Man könnte vermuten, dass sich ein Spielprozess nur im Konkreten findet, also dort, wo die daran Beteiligten die Situation gemeinsam so definieren. Wir spielen also, wenn wir sagen, dass wir spielen. Das würde einiges erklären und uns eine allgemeine Definition ersparen. Und es ist keine schlechte Idee, denn tatsächlich kann man einem Vorgang von außen oft nicht ansehen, ob es sich hierbei um ein Spiel handelt oder nicht. Zwei Jungs zum Beispiel raufen an der Bushaltestelle, ein Erwachsener kommt hinzu, macht richtig Ärger und droht mit Strafen. Möglicherweise hat er das, was ursprünglich als Spiel definiert wurde, seinerseits zu etwas anderem gemacht. Jetzt, da echte Sanktionen drohen, beschuldigen die beiden Jungen einander vehement, mit der Rauferei begonnen zu haben.

Aber so plausibel es auch sein mag, die Einschätzung der Beteiligten zu berücksichtigen: Es ginge doch zu weit, den Spielbegriff damit komplett aufzulösen wie eine Kopfschmerztablette im Wasserglas. Man wüsste am Ende nur, dass etwas ausgehandelt wurde, ohne irgendwelche Hinweise darauf zu haben, was dieses Etwas sei. Und ganz so ahnungslos ist man angesichts eines Spiels dann doch nicht.

Aus einigem Abstand betrachtet könnte man das Problem so lösen: Wenn jeder im alltäglichen Handeln weiß, was ein Spiel ist, aber niemand darüber sprechen kann, ohne sich in Widersprüche zu verwickeln, dann liegt in dieser Kluft vielleicht nicht das Problem, sondern die gesuchte Antwort. Vielleicht äußert sich ein Spiel – wie Kreativität! – genau in diesem Dazwischen, das ein begrifflich-rationales Verständnis übersteigt. Vielleicht findet man also deswegen keine eindeutige Definition, weil ein Spiel immer etwas Mehrdeutiges ist, dem wir nur im Handeln nahe kommen können.

Ein wertvoller Gedanke! Er kann die Annahme des theaterpädagogischen Schauspieltrainings untermauern, dass ja gerade das Spiel dem Menschen ein erweitertes Ausdruckspotenzial zur Verfügung stellt, das über seine verbalen Möglichkeiten hinausgeht. Die Grenzen der Theorie zeigen aus dieser Sicht die Möglichkeiten der Praxis auf.

Es bietet sich also an, die theoretische Reflexion pragmatischer zu gestalten. Man beschränkt sich auf das, was man sagen kann und antwortet auf das, was man wissen will. Mit Blick auf die Frage, inwiefern Spiel als ein zentrales Merkmal theaterpädagogischen Schauspieltrainings aufgefasst werden kann, erscheint es darum zunächst legitim, Spiele aus dem Tierreich und metaphorische Übertragungen wie das »Spiel des Windes« auszuklammern.

Und es erscheint angebracht, sich zumindest diejenigen Merkmale von Spielen anzusehen, die mit Blick auf die meisten Spiele der meisten Menschen für wichtig erachtet werden.

Grenzen und Regeln

Die meisten Spiele funktionieren nur, weil sie über Spielregeln verfügen, besonders dann, wenn es sich um komplexere Spiele handelt (also nicht etwa erste Spielbewegungen, mit denen Kleinkinder die Welt erkunden) und wenn es sich um Spiele handelt, bei denen mehrere Spieler beteiligt sind.

Im Grunde unterscheidet sich die Spielwelt in dieser Hinsicht kaum von der »realen« Welt, die sie umgibt: Auch dort nämlich haben bestimmte soziale Normen, Rollen und Symbole die Funktion, das Zusammenleben der Menschen untereinander zu regeln. In erster Linie dienen sie der Entlastung des Einzelnen: Wenn man sich darauf verlassen kann, dass bestimmte Regelungen über einen längeren Zeitraum hinweg Gültigkeit haben, dann muss man das Verhalten gegenüber anderen in der jeweiligen Situation nicht immer neu aushandeln. Jemand, der zum Beispiel zu einem Bewerbungsgespräch eingeladen ist, der kann sich darauf verlassen, dass er von den Mitarbeitern der Firma zunächst begrüßt wird und dass er sich nicht auf die Suche nach dem Personalchef machen muss, das ist nicht seine Aufgabe. Er wird wissen, dass es nicht den Regeln entspricht, in Jogginghosen zu erscheinen oder zur Begrüßung einen Blumenstrauß mitzubringen. Und so weiter.

Solche Regeln verschaffen Sicherheit, indem sie die Vielzahl der Möglichkeiten einschränken und die Konzentration auf das Wesentliche ermöglichen. Sie tragen somit zur Effizienz menschlichen Handelns bei.

Regeln, die innerhalb von Spielwelten gültig sind, sind dem in einiger Hinsicht ähnlich: Auch sie müssen eine gewisse Dauerhaftigkeit besitzen und eine gewisse Verbindlichkeit. Wenn man gegen sie verstößt, dann muss man mit negativen Sanktionen rechnen. Auch sie muss man zunächst kennenlernen und sie müssen einigermaßen widerspruchsfrei zueinanderpassen. Wenn der Tormann den Fußball innerhalb des Strafraums mit der Hand berühren darf, dann darf das nicht gleichzeitig verboten sein, es sei denn, es gibt eine weitere Regel, die Ausnahmen definiert, den Rückpass eines Mitspielers etwa.

Trotz dieser deutlichen Parallelen zwischen den Regeln der Spielwelt und der Nichtspielwelt muss man festhalten: Sie unterscheiden sich erheblich. Und zwar besonders in zweierlei Hinsicht.

Zum einen dienen Spielregeln weniger deutlich der Effizienz. Natürlich sind sie hilfreich, weil man über sie das Spiel in Gang setzt. Weil aber Spiele grundsätzlich nicht denselben Effizienzkriterien unterliegen wie die meisten Teile der realen Welt, sind ihre Regeln durchaus auch dafür da, bestimmte Abläufe nicht etwa zu erleichtern, sondern zu erschweren. Der Reiz des Spiels liegt dann nämlich genau darin, dass Wege zum Ziel unklar sind, dass Hindernisse überwunden werden müssen und Umwege überhaupt erst entstehen. Regeln werden also in diesem Sinne zur gewollten Herausforderung für die Spielerinnen und Spieler. Wenn beim Fußballspiel nur gelten würde: »Das Runde muss ins Eckige«, dann könnte man das wahrhaftig leichter erreichen, wenn es keine Abseitsregel gäbe, wenn man die Tore verschieben oder mehrere Bälle mitbringen dürfte. Das wäre leichter, effizienter vielleicht, aber es würde das Spiel zerstören. In dieser Hinsicht sind also Normen, die das soziale Leben außerhalb des Spielfeldrandes bestimmen, nicht vergleichbar mit Spielregeln.

Zum anderen bilden Spielregeln eine Welt für sich, die sich von der sozialen Realität unterscheidet.

Was bedeutet das? Es ist ja auch im Alltagsleben eines Menschen keineswegs ausgeschlossen, dass er Situationen erlebt, in denen er die dort akzeptierten Symbole nicht durchschaut, in denen er kein Bild von den dort geltenden Rollen und Normen hat. Im Ausland kann das der Fall sein oder in Teilbereichen der Gesellschaft, in der besondere Regelungen üblich sind. Jemand, der noch nie am Theater gearbeitet hat, weiß vielleicht zunächst nicht, wen man hier wann umarmt oder wen man duzen darf: Er fühlt sich ein wenig wie im falschen Film.

Es gibt also in der realen Welt eine Vielzahl von Regelsystemen, die zum Teil so verschieden sein können, dass sie nichts miteinander zu tun haben. Sie sind im Vergleich zueinander »fremde Welten«. Eine Spielwelt aber unterscheidet sich grundsätzlich von all diesen Systemen: Sie ist – obwohl ihre Regeln den Anspruch auf Gültigkeit erheben und ernst genommen werden müssen – nicht Teil einer wie auch immer aussehenden »ernsten« Welt. Sie liegt jenseits davon, ist allenfalls eine »Als-ob-Realität«.

Das bedeutet nun freilich nicht, dass diese seltsam andere Welt keinerlei Bezug zur Realität haben kann, im Gegenteil. Oft werden ganze Versatzstücke des Lebens, dort geltende Symbole, Rituale, Normen oder Rollen, in das Spiel aufgenommen. Man spielt dann mit Teilen der Realität, man kann sie verändern, ergänzen, neu kombinieren oder fallenlassen. Wichtig aber ist: Das, was man solchermaßen in die Spielwelt aufnimmt, gehört für die Dauer des Spiels nur ihr und verliert seine Bezüge zur Außenwelt. Es gelten: Spielregeln.

Dadurch entsteht eine Grenze.

Diesseits der Grenzlinie gelten andere Regeln als jenseits. Obwohl die Grenze durchlässig sein kann (man kann zum Beispiel auch jederzeit aussteigen), bleibt sie unangetastet. Und das ist ganz wichtig für das Funktionieren eines Spiels, deswegen werden solche Grenzen durch bestimmte Rahmungssignale deutlich gemacht. Ein Augenzwinkern verrät zum Beispiel, dass Opa »nur zum Schein« seine Zahnbürste verschluckt hat und darum so seltsam schaut. Spieler grenzen die Gültigkeit der Spielwelt auch gelegentlich räumlich ab: Beim Versteckspiel »gelten« nur der Garten und der angrenzende Bauplatz. Und das Fußballfeld ist mit Kreide markiert.

Auch zeitliche Grenzen sind wichtig. Wann beginnt die Gültigkeit der Spielregeln und wann endet sie? Wann treten die Spieler wieder heraus aus der scheinhaften Spielwelt?

Durch all diese Maßnahmen entsteht ein besonders geschützter Bereich, der oft mit einer »heiligen« Aura umgeben wird. Normalerweise wird dieser Bereich von Spielern und Nichtspielern gleichermaßen geachtet. Wenn das nicht passiert, weil jemand die Vorgänge etwa anders rahmt oder die gezogene Grenze mutwillig durchbricht, dann kommt es zu Spannungen, die zum Ende des Spiels führen können.

Freiheit und Offenheit

Der durch eine klare Grenzziehung entstehende »Schonraum« verweist bereits auf ein zweites wichtiges Merkmal praktisch aller Formen des Spiels: auf Freiheit und Offenheit.

Freiheit lässt sich immer verstehen als Freiheit von etwas und Freiheit zu etwas. Wovon ist also die Spielwelt befreit?

Zunächst ist es ganz entscheidend, dass das Handeln frei ist von den Zwängen der realen Welt: dem Druck, das persönliche Überleben zu sichern, Feinde abzuwehren, Hunger zu stillen. Man ist befreit von Karrieredruck oder der Notwendigkeit, Geld zu verdienen. Man kann sich sicher sein, dass man nicht persönlich angegriffen wird, dass man seine Würde nicht verliert, dass man nicht mit Strafen belegt wird, die von außen in das Spiel hineindringen. Kurz gesagt: Spiel ist Konsequenzreduktion. Und je weniger ernste Folgen man für das eigene Handeln befürchten muss, umso »spielerischer« wird es.

Wenn zum Beispiel ein kleines Kind seine Eltern nicht mehr finden kann, dann ist das aus seiner Sicht eine ungeheuer bedrohliche Situation, denn es kann sich ohne sie nicht zurechtfinden. Handelt es sich aber um ein Versteckspiel, dann ist diese Bedrohung nicht halb so wild. Das Kind weiß, dass die Eltern irgendwann aus ihrem Versteck kriechen werden und dass dann alle wieder beisammen sind. Und so ähnlich ist es, wenn man beim Monopoly Geld verliert, ins Gefängnis gehen muss oder an Bahnhöfen herumsteht: Die Konsequenzen des eigenen Handelns bleiben viel sanfter als in der Wirklichkeit. Fehler verlieren an Bedeutung, die innere Haltung der Spieler ist entspannt und sie agieren frei von Angst.

Diese besondere Zwanglosigkeit, die mit dem Spielen notwendig verbunden ist, bezieht sich aber nicht nur auf den Spielprozess selbst, sondern auch darauf, ob man sich überhaupt auf ihn einlässt. Man muss die Möglichkeit haben, frei zu entscheiden, wann man (mit)spielen möchte und man muss jederzeit aussteigen können. Der Befehl: »Spiel jetzt!« ist deswegen ein Widerspruch in sich. Spielen kann man nur freiwillig.

Die Freiheit des Spiels äußert sich aber nicht nur in einer Freiheit von Zwängen. Sie besteht auch im Freiraum für eigene Gestaltung. Denn im Rahmen der Spielregeln darf man tun oder lassen, was man möchte. Man darf sich frei bewegen, eigenen Impulsen nachgeben, Ideen entwickeln und Entscheidungen treffen – je nachdem, welche Spielräume die Regeln zulassen.

Auf diese Weise kann man entweder mit Versatzstücken der wirklichen Welt umgehen, indem man sie nachahmt, verändert oder Alternativen sucht. Oder man kann die so aufbereitete äußere Wirklichkeit mit der eigenen inneren Wirklichkeit zusammenbringen, also mit Träumen, Ängsten, Hoffnungen und Fantasien. Insofern steckt in der Freiheit des Spiels ein erhebliches emanzipatives und kreatives Potenzial, das auch auf die Welt außerhalb der Spielgrenzen zurückwirken kann.

Ein kurzer Rückblick auf den Artisten: Es kann sein, dass er die Freude am Jonglieren mit zunehmender Routine einfach verloren hat. Er kannte sich irgendwann damit aus und hatte keine weiteren Fragen. Es kann aber auch sein, dass er die spielerische Perspektive auf das Jonglieren aufgrund mangelnder Freiheit nie erworben hatte. Wenn ihm schon als Kind die Anweisung gegeben wurde, sofort eine Stunde in den Garten zu gehen und zu jonglieren, dann konnte sich die Zwanglosigkeit einer Spielhandlung dabei kaum einstellen. Wenn ihm darüber hinaus vorgegeben wurde, welche Art von Trick er zu üben hatte und wenn ihm angekündigt wurde, jede zu Boden fallende Keule würde zu weniger Nachtisch oder Fernsehen führen, dann war für ihn das Jonglieren als Spiel längst mausetot.

Spannung und Spaß

Regeln, Grenzen, Freiheit und Offenheit sind wichtige Merkmale eines Spiels. Aber sie reichen nicht aus, um ein Spiel zu charakterisieren.

Ein Ereignis im Garten. Tim und Jana haben von den Eltern den Auftrag bekommen, die draußen herumliegenden Äpfel einzusammeln. Erstens würden dann nicht mehr so viele Wespen herumfliegen, zweitens könne man dann endlich mal wieder Rasen mähen und überhaupt: Das ist Aufgabe der Kinder. Die beiden machen sich zunächst ans Werk, wie man eine Arbeit angeht, die man tun muss, aber nicht tun will. Lustlos sammeln sie die alten Äpfel in einem großen Eimer.

Irgendwann aber kommt ein Spiel in Gang. Es beginnt damit, dass Jana ihren Apfel nicht in den Eimer fallen lässt, sondern ihn aus ein paar Metern Entfernung hineinwirft. Tim steigt gleich darauf ein: Er bleibt im selben Abstand vor dem Eimer stehen und wirft. Zwar ist nicht jeder Wurf ein Treffer, aber man spürt die neue Stimmung, die plötzlich in die Arbeit hineingerutscht ist. Sie wurde zum Spiel und macht deswegen auch viel mehr Spaß als vorher.

Wenn man den Film kurz anhält – ein paar Momente lang scheppert also kein weiterer Apfel in den Eimer –, dann erkennt man leicht die bisher betrachteten Spielmerkmale: Die Handlung wird von den beiden als Spiel gerahmt, obwohl die Eltern vom Balkon aus nur erkennen können, dass der Auftrag wohl gewissenhaft ausgeführt wird, denn der Eimer muss bald schon ein erstes Mal ausgeleert werden. Es gibt Regeln: Man wirft abwechselnd einen Apfel in den Eimer, man darf die Markierung dabei nicht übertreten, jeder muss sich den nächsten Apfel selbst holen und wer nicht trifft, der muss sogar einmal aussetzen. Diese Regeln widersprechen dem Kriterium der Effizienz, denn die Arbeit ginge sicherlich schneller über die Bühne, wenn man auf all das verzichten würde. Der ursprüngliche Erwartungsdruck der Eltern spielt keine Rolle mehr, es geht jetzt nur noch um die Sache selbst, bei deren Ausgestaltung man alle Freiheiten hat: Dass die Äpfel dabei kaputt gehen können, ist in diesem Falle egal, schließlich werden sie sowieso weggeworfen.

Soweit ist alles klar. Spaß gehört zu einem Spiel – wer hätte das gedacht? Wenn man jetzt aber glaubt, damit sei die Sache erledigt, man müsse ab jetzt nur wieder den Film abfahren und dann würden Jana und Tim genau so weitermachen, der irrt sich. Spaß nämlich haben die beiden nur dann, wenn es spannend bleibt. Und Spannung verträgt sich nicht mit dem Immergleichen.

Das heißt: Ein Spielprozess bleibt nur dann erhalten, wenn die Spieler ein gewisses Maß an Unsicherheit erleben. Es darf nicht alles kontrolliert ablaufen. Wenn also jemand ein Spiel so lange trainiert, dass er nicht nur die Regeln komplett beherrscht, sondern auch den gesamten Spielverlauf, dann wird ihm die Sache langweilig und er wird nach neuen Herausforderungen suchen. Und auch denen wird er sich nur so lange spielerisch zuwenden können, wie sie ihm ein gewisses Maß an Unsicherheit vermitteln, einen Kontrollverlust. Insofern ist ein Spiel in stetiger Veränderung begriffen.

Zurück zum Apfelspiel. Ohne große Absprachen verändern die Kinder nach einer Weile eine der Regeln. Der Abstand wird doppelt so groß und deswegen muss man jetzt noch besser zielen, um den Apfel in dem Eimer zu versenken. Irgendwann versucht Jana, die öfter trifft als ihr Bruder, mit der linken Hand zu werfen. Es geht weiter mit geschlossenen Augen oder mit zwei Äpfeln gleichzeitig.

Obwohl das Erreichen eines gesetzten Ziels durchaus von hoher Bedeutung ist und möglicherweise all die Konzentration oder Körperkraft des Spielers erfordert, so ist dies doch untergeordnet gegenüber dem Aufrechterhalten der Spannung. Wer immer trifft, dem geht das Spiel verloren.

Spiele sind also, sofern sie Spannung und Spaß hervorrufen sollen, durch eine doppelte Gratwanderung gekennzeichnet.

Zum einen muss der jeweilige Spieler einen guten Mittelweg finden (können) zwischen Aktivität und Kontemplation. Er muss in der Lage sein, den Spielprozess aktiv mitzugestalten, aber ebenso, sich in offene und teilweise unkontrollierbare Situationen zu begeben. Er braucht die Chance zum Scheitern. In dem Beispiel mit dem Apfeleimer: Das Loslassen findet sprichwörtlich in dem Augenblick statt, in dem der geworfene Apfel durch die Luft fliegt, ohne dass man noch auf ihn einwirken könnte – er entzieht sich also für einen Moment der Kontrolle.

Zum anderen muss der Spieler einen Mittelweg finden zwischen Unter- und Überforderung. In beiden Fällen nämlich wird die Situation für ihn berechenbar und verliert jede Spannung. Wenn Tim den Eimer nie trifft, dann macht ihm das Spiel ebenso wenig Spaß, wie wenn er ihn immer trifft. Spielerisch bewegt er sich genau zwischen diesen beiden Polen.

Beide Spannungsfelder (!) tragen dazu bei, dass sich das Spiel zu einer Angelegenheit entwickelt, die über die Handlungen der jeweils beteiligten Spieler hinausgeht. Sie tun etwas, damit etwas mit ihnen geschieht. Und deswegen werden erfolgreiche Spielprozesse auch als zeitenthobener Schwebezustand wahrgenommen, während dessen man alles um sich herum vergessen kann. Vielleicht müssen die Eltern am Abend dafür sorgen, dass ihre Kinder endlich mal wieder aufhören, den Garten aufzuräumen.

Gleichzeitig liegt in den Spannungsfeldern auch der erforschende, stets neue Wege und Grenzen suchende Charakter eines Spiels. Vielleicht kann man im Spiel somit eine besondere Fähigkeit des Menschen erkennen, sich immer wieder auf neue Umweltbedingungen einzustellen. Ganz sicher aber liegen darin persönlichkeitsbildende Wirkungen.

2.2 Spielleitung

Inwiefern kann man Spiel nun theaterpädagogisch ein- und umsetzen? Wie kann man Schau-Spiele anleiten?

Zunächst zu einer begrifflichen Feinheit, die den »Spielleiter« vom »Spielpädagogen« abgrenzt: Als »Spielleiter« bezeichnet man in der Theatergeschichte seit Anfang des 20. Jahrhunderts Personen, die sich an der Schnittstelle zwischen Schauspieltraining und Regie bewegen. Bertolt Brecht, George Tabori oder Peter Brook sind berühmte Vertreter einer solchen Richtung. Da sie die Entwicklung von Inszenierungen stark an die Entwicklung der Spielerinnen und Spieler koppeln, hat sich der Spielleiter-Begriff auch in der heutigen Theaterpädagogik etabliert, so tragen etwa theaterpädagogische Grundlagen-Ausbildungen an vielen Instituten den Titel »Spielleiter-Ausbildung«.

Die in dem Begriff zum Ausdruck kommende Betonung des Spiels kommt nicht von ungefähr, allerdings geht es nicht (nur) um Spiele im Allgemeinen. Der Spielleiter ist in diesem Kontext auch ein Spezialist, ein Theatermacher nämlich. Spiel und Schau-Spiel gehen in dem Begriff also eine eindeutige Verbindung ein.

Ihr gilt es nachzugehen. Der gedankliche Weg von grundsätzlichen Aussagen über Spiel hin zu einer schauspielerischen Ausrichtung erfordert Präzision: Weil es zunächst um die Gemeinsamkeiten zwischen Spiel und Schauspiel geht, bleiben die Besonderheiten der Schauspielerei zunächst außen vor. Die Perspektive entspricht also der eines Spielpädagogen, der vom Theater keine Ahnung hat und der – angenommen er wäre als Gast ausnahmsweise zugelassen – Trainingsprozesse eines Schauspielensembles beobachtet. Über seine Beobachtungen lassen sich Erkenntnisse über Grundzüge theaterpädagogischer Spielleitung gewinnen.

Spiel – Pädagogik: unvereinbar?

Spielpädagogik interessiert sich für die Vielzahl möglicher Spiele.

Sie steht dabei vor einem grundsätzlichen Problem: Einerseits nämlich wird die Autonomie des Spiels zerstört, wenn es allzu sehr pädagogischen Bestrebungen unterworfen wird, und andererseits kann eine Betonung der Spielautonomie zu einer pädagogischen Vernachlässigung des Spiels führen.

Da man Eingriffe in den Spielprozess also nur sehr vorsichtig vornehmen kann, konzentriert sich die Suche nach pädagogischen Möglichkeiten auf »indirekte« Verfahren der Spiel(mit)gestaltung. In erster Linie geht es um den Spielrahmen, den man auf zwei Ebenen pädagogisch beeinflussen kann, ohne den Spielprozess zu gefährden.

Zunächst werden viele Spiele beeinflusst, *bevor* es zum eigentlichen Spielprozess kommt. Man legt die Ziele und Regeln fest, bestimmt das Spielfeld, benennt die Anzahl der Spieler und sucht geeignete Materialien zusammen. Für Kinder gehört dieser Organisationsprozess ganz selbstverständlich zum Spiel dazu, obwohl er zum Teil mit erheblichem Aufwand verbunden ist. Er kann durchaus mehr Zeit in Anspruch nehmen als der eigentliche Spielprozess, ohne dass dies als störend empfunden würde. Zum Beispiel muss man die *Slackline* aus dem Keller holen, zwei geeignete Bäume finden, zwei Teppichreste, dann muss man das Seil ausspannen und vielleicht den Boden von spitzen Steinen oder Ästen befreien, bevor man wirklich loslegen kann.

Außerdem kann der Spielrahmen beeinflusst werden, indem *während* des Spielprozesses auf einer Regie-Ebene neue Regeln aufgestellt oder neue Ziele formuliert werden. Das liegt am dynamischen und offenen Charakter des Spiels, für das sich nicht alle möglichen Entwicklungen im Voraus planen lassen. Auch das ist bei Kinderspielen völlig normal. Die Kinder mit der *Slackline* stellen nach einer Weile fest, dass es langsam langweilig wird, wenn man immer nur abwechselnd auf dem Seil balanciert und sie erfinden deswegen die neue Regel: Es laufen immer von beiden Seiten der *Slackline* gleichzeitig zwei Spieler aufeinander zu und haben »Erfolg«, wenn sie einander in der Mitte per Handschlag begegnen.

Sowohl auf der Vorbereitungs- als auch auf der Regieebene können spielpädagogische Maßnahmen sinnvoll sein. Sie beteiligen sich am Prozess der Spielentwicklung, ohne direkt in den Spielprozess einzugreifen. Sofern man die Auswahl von Spielmaterial, das Festlegen des Spielraums oder ähnliche Rahmengestaltungen als Teil eines umfassenden »Regelwerks« betrachten kann, lässt sich also etwas vereinfacht sagen: Die Beteiligung des Spielpädagogen am Spiel vollzieht sich in erster Linie über die (Mit-)Gestaltung der Spielregeln.

Regeln und Rahmen: ein Blick in den Proberaum

Nun muss man ungeheuer aufpassen, dass es hier nicht zu einem folgenschweren Missverständnis kommt. Wenn man nämlich umgangssprachlich sagt: »Ich regle die Sache«, dann meint man damit oft: »Ich sorge dafür, dass das Ergebnis so ist, wie ich es gern haben will.«

Die Regelung von Spielprozessen könnte man also folglich so interpretieren, wie es zum Beispiel kirchliche oder weltliche Autoritäten zu Beginn der Neuzeit getan haben. Sofern es sich nämlich als unmöglich erwies, Spiele komplett zu unterdrücken, versuchte man zumindest sie so zu beeinflussen, dass sie im wahrsten Wortsinne »ordentlich« waren. Regelung war also gleichbedeutend mit Kontrolle, Kanalisierung und der Einschränkung von Freiheit. Heute findet man solche Tendenzen in der pädagogischen Praxis umso mehr, je deutlicher deren Arbeit normativ geprägt ist, zum Beispiel in der Waldorfpädagogik: Spielen darf man, aber nur das, was von den Pädagogen als »gut« erachtet wird.

Aber natürlich ist hier das Gegenteil dessen gemeint. Der ganze Umweg – die indirekte Beteiligung des Spielpädagogen am Spielprozess über die Mitgestaltung der Spielregeln – soll ja gerade im Dienste der Freiheit stehen. Man will sich ja möglichst wenig einmischen. Die Spielpädagogik soll sich in den Dienst des Spieles stellen und nicht umgekehrt.

In einem solchen Sinne kann man nun die theaterpädagogische Spielleitung in den Blick nehmen, aus der Perspektive des Spielpädagogen, der heute mitkommt in den Proberaum. Ein Zusehen.

Zunächst die Vorbereitung einer Trainingseinheit. Sie beginnt mit der Auswahl des Spielortes. Selbst wenn der normale Proberaum ausgesucht wird, steckt dahinter schon eine Menge Rahmengestaltung. Er ist leer, mit Moltonvorhängen verdunkelbar, hat einen dunklen Boden, verfügt über ein paar Scheinwerfer und einen kleinen Nebenraum mit allerlei Spielmaterial. Diese »neutrale« Atmosphäre, die die Abschottung der Spielwelt gegenüber der Nichtspielwelt unterstützt, kann aber auch gelegentlich unerwünscht sein. Vielleicht stellt für die eine oder andere Trainingseinheit ein hallendes Treppenhaus, ein verrümpelter Innenhof mit zwei alten Sofas oder ein repräsentativer Rathaussaal einen besseren Spielrahmen dar. Wie auch immer die Wahl ausfällt: Sie wird – wie im Spiel von Kindern – den Spielprozess entscheidend prägen. Der Körper agiert anders bei Kälte, man spricht anders, wenn man im Freien ist, man positioniert sich in jedem Raum anders, erfindet andere Figuren, wählt andere Ausdrucksmittel.

Die Wirkung des Raumes auf pädagogische und kreative Prozesse darf man nicht unterschätzen: Manchmal meint man sogar einer Inszenierung anzusehen, unter welchen Rahmenbedingungen sie entstanden ist. Sie fühlt sich an wie ein staubiger Lagerraum oder wie ein kühler Keller ohne Fenster. Solche Effekte kann man nutzen. Man kann auch mit viel Energie gegen sie arbeiten, indem man versucht, sich vom Raum *nicht* beeindrucken zu lassen. Aber: Man darf sie nicht ignorieren. Und je weniger Schauspielerfahrung das Ensemble hat, desto nötiger erscheint die entspannte Atmosphäre des Trainingsraumes.

Während des Trainings werden dann von der Spielleitung Grenzen gezogen, die die Spielwelt von der Welt »draußen« abtrennen und den spielerischen Schonraum definieren.

Der Trainingsraum ist dieser »heilige« Ort. Um seine Besonderheit hervorzuheben, werden die räumlichen Grenzen, also die Wände und die zur realen Welt hin verschlossene Tür, durch eine Reihe von Signalen symbolisch aufgewertet: Die Spielerinnen und Spieler sind barfuß, tragen schwarze Trainingskleidung und sie deponieren ihre persönlichen Dinge (Taschen, Handys, Jacken) im Nebenraum. Das *Warming-Up*, mit dem eine Trainingseinheit beginnt, dient nicht nur zur Vorbereitung auf die Technik oder das Thema. Es geht nicht nur um eine körperliche oder mentale Einstimmung, sondern auch darum, dass der Eintritt in die Spielwelt mit einem Übergangsritual markiert wird: Jetzt beginnt das Schau-Spiel. Deswegen ist der Beginn des Trainings oft gleich. Gewohnte Abläufe, kaum Erläuterungen, die durchaus genussvolle Wiederholung dessen, was man bereits kennt.

Irgendwann kommt dann Neues ins Spiel. Wenn das Ensemble entweder jeweils einzeln, mit einem Partner, in kleinen Gruppen oder im gesamten Plenum miteinander spielt, dann werden die erforderlichen Spielregeln vor Beginn der Spielphase erläutert, manchmal demonstriert die Leitung den Ablauf anhand eines Beispiels, manchmal werden auftretende Fragen geklärt. Das ist so, als würde man gemeinsam die Spielanleitung für ein neues Brettspiel durchlesen. Und dann kann es losgehen. Diese Art der Regelung wird also vorbereitend getroffen.

Aber es kommt auch vor, dass ein Spiel nur durch einen kurzen Impuls eröffnet wird. Die Spieler bekommen zum Beispiel den Auftrag, ohne wechselseitigen Bezug durch den Raum zu gehen und ihre Aufmerksamkeit auf ihre Füße zu richten. Weil es keine weiteren Anhaltspunkte für Ziel und möglichen Verlauf des Spiels gibt, legen die Spieler sehr unterschiedlich los: Manche erforschen den Bodenkontakt in verlangsamter Bewegung, andere versuchen »natürlich« zu gehen, wieder andere erproben unterschiedliche Belastungen des Fußes. Es spielt zunächst jeder, was ihm in den Sinn kommt und lässt sich ein auf einen Prozess, der im Ungewissen liegt.

Diese Ungewissheit kann von der Spielleitung ganz gezielt im Sinne der Spannung erzeugt werden. Oder die Leitung begibt sich selbst in einen offenen Prozess, ohne zu wissen, wohin das Spiel wohl führen wird. Beides ist denkbar, beides bietet Chancen und Risiken. Gleichzeitig wird dadurch eine grundsätzliche Spannung deutlich, der die theaterpädagogische Arbeit ausgesetzt ist: eine Spannung zwischen der Klarheit der Regeln und der Offenheit des Spielprozesses.

Damit auch während des Spielverlaufes neue Regeln »eingespielt« werden können, werden die Anweisungen der Leitung von den Spielern zur Kenntnis genommen, ohne dass sie hierfür aus dem Spiel aussteigen. Eine jeweils individuelle Arbeit an der Gangart mit einem bestimmten Körperschwerpunkt kann beispielsweise während der laufenden Übung erweitert werden durch die Regel: Man darf nur dann die Augen öffnen, wenn man stehenbleibt.

Bei interaktiven und sehr lauten Spielen, bei denen eine solche zusätzliche Regel akustisch untergehen würde, kann ein Tonsignal helfen: Der Klang einer Zimbel etwa versetzt die Spielaktion vorübergehend in ein *Freeze* und die Spielerinnen registrieren die neue Spielregel während der unvermittelt eingetretenen Stille. Ein weiterer Ton setzt die Szenerie wieder in Bewegung.

Der Stil der Leitung kann natürlich sehr unterschiedlich sein. Manche geben oft Impulse, manche lassen viel laufen, manche forcieren die Ungewissheiten, andere setzen auf langsame Veränderungen. Bei manchen kommt Musik zum Einsatz, bei anderen ist Ruhe. Hier gibt es kein richtig oder falsch, es muss allenfalls »stimmig« sein. Unerlässlich aber ist für die Wahrung der Spielgrenzen die Abtrennung der Regieebene vom Spielprozess.

Die bisherigen Beobachtungen zeigen bereits: Die Spielleitung schafft nicht nur einen klaren Rahmen, sondern sie hält sich auch mit inhaltlichen Einmischungen zurück. *Was* geschieht, liegt nicht in ihrer Hand, das ist Sache der Spielerinnen und Spieler, der Prozess bleibt offen.

Das zeigt sich auch, wenn während einer Trainingseinheit einzelne Schauspieler eine Szene oder eine Übungssequenz vor den anderen auf einer Bühne präsentieren. Diese wird gegenüber der Nichtbühne klar abgegrenzt, in diesem Fall dient ein mit Klebstreifen am Boden fixiertes Rechteck der Definition dieses besonderen Spielraums. Die Markierung macht deutlich: Jenseits des Klebstreifens gelten andere Regeln als diesseits. Eine Art »Vorbühne« kann sogar den Raum bereitstellen für den Übergang von der einen zur anderen Welt.

Der Spielleiter kann auch hier einen Teil des Spiels im Vorfeld »regeln«. Zwei Spieler werden gebeten, auf die Vorbühne zu gehen und sich auf das Spiel einzustellen. Dann werden die Regeln bekannt gegeben, sie lauten zum Beispiel: »Es geht darum, mit dem Partner in Interaktion zu treten. Allerdings soll immer eine Person in Bewegung sein, keine mehr und keine weniger.« Dann werden sie gebeten auf die Bühne zu gehen und eine Ausgangsposition einzunehmen. Und es gilt: Sobald das Bühnenlicht vom grünen Umbaulicht auf Weiß umspringt, läuft das Spiel.

Klick. Die beiden Spieler agieren. In diesem Fall handelt es sich schon um ein sehr anspruchsvolles Spiel, das einige Erfahrung voraussetzt. Sollten die beiden aber die Aufgabe gut bewältigen und von sich aus keine neuen Herausforderungen finden, dann würde sich das Spiel totlaufen, es würde seine Spannung verlieren. In dem Fall könnte die Spielleitung von der Bühnenkante aus eine neue (erschwerende) Regel in das Spiel hineingeben, ohne dass die beiden Spieler dabei ihr Spiel unterbrechen müssten. Sie könnte etwa lauten: »Nehmt eure Stimme ins Spiel.« Und dies würde dem Spielverlauf sicherlich eine ganz neue Richtung geben.

Anstelle solcher Regie-Impulse können neue Regeln auch darin bestehen, dass überraschend neue Akteure oder Spielmaterialien hinzukommen oder dass die Aufmerksamkeit auf bestimmte Wahrnehmungsbereiche gelenkt wird. Hier sind der Spielleiterfantasie keine Grenzen gesetzt.

Es bestätigt sich: Die Leitung versucht die Autonomie des Spiels und die kreative Freiheit der Spieler zu gewährleisten, indem sie sich nur dann einmischt, wenn es nötig ist und selbst in diesen Fällen möglichst nur indirekt über die Gestaltung der Spielregeln. Inhaltliche Impulse bleiben eine seltene Ausnahme.

Manchmal werden die gesammelten Eindrücke im Ensemble kurz besprochen. Was haben die Akteure auf der Bühne während der Präsentation erlebt? Was haben die Zuschauer erlebt? Welche Konsequenzen könnte man für weitere Versuche ziehen? Um derartige Reflexionen klar vom Bühnengeschehen abzugrenzen, vollzieht die gesamte Gruppe eine Art ritualisierte Choreografie. Die Akteure nämlich verlassen die Bühne über die Vorbühne, sie »steigen aus«, die Spielleitung, die während des Spielprozesses mit Blick zur Bühne saß, dreht sich demonstrativ um 180 Grad und wendet der Bühne den Rücken zu. Und das Ensemble ergänzt diese neue Sitzposition zu einem Kreis. Auf diese Weise geraten fachlicher Austausch, der zu einer Neuorganisation des Spiels führen kann, und der Spielprozess selbst nicht durcheinander. Allein das immer wiederkehrende Ritual dieser neuen Anordnung im Raum sichert Spielgrenzen und erhöht die Bedeutung des »heiligen Raumes«: der Bühne.

Am Ende einer Trainingseinheit steht erneut ein Ritual. Der Ausstieg aus der besonderen Welt des Schau-Spiels erfolgt mithilfe einer entspannenden Körperübung oder einer kurzen Meditation. Aus Sicht des Spielpädagogen liegt die Bedeutung nicht nur im körperlichen und mentalen Loslassen, sondern auch darin, dass ein Abgrenzungssignal gegeben wird: Hier endet die Spielwelt. Gleich gelten wieder andere Regeln.

Damit ist für die Profilierung eines theaterpädagogischen Schauspieltrainings erneut einiges gewonnen. Der beobachtende Gast verabschiedet sich in dem Bewusstsein, dass er freilich nur einen kurzen Einblick in die Trainingsarbeit erhalten hat, dass sich seine Rückschlüsse also nur auf einen winzigen Teil des Trainings beziehen. Aber seine Beobachtungen lassen den Schluss zu, dass man wesentliche Merkmale eines Spiels auch im Schauspiel vorfinden kann und dass es einem Spielleiter hilft, wenn er seine Arbeit im Proberaum an den wesentlichen Merkmalen des Spiels ausrichtet.

Mit der Leitung ins Spiel kommen

Zurückgezogen in das letzte erleuchtete Zimmer der ganzen Straße, über einen kleinen Turm von Fachbüchern hinweg, lassen sich wertvolle Orientierungspunkte für theaterpädagogische Spielleitung erkennen. Gleichzeitig wird deutlich, dass es auch für erfolgreiche Spielleitung kein Rezeptbuch gibt, weil sie selbst teilweise in der Offenheit der Spielwelt aufgeht.

Was kann man festhalten?

Zunächst zeigt sich: Im Rahmen des theaterpädagogischen Schauspieltrainings haben die Spielregeln eine doppelte Funktion.

Erstens fördern sie die Kreativität des Einzelnen. Sie geben Reibungspunkte, Anregungen, auch dann, wenn sie die Vielfalt der Handlungsmöglichkeiten extrem einschränken. Die Spielerinnen und Spieler können all ihre Aufmerksamkeit dem Spielgeschehen widmen und können sich darauf verlassen, dass die Leitung ihr organisatorisch den Rücken freihält. Sie brauchen etwa während des Spiels nicht darüber nachdenken, wie lange es noch laufen soll oder in welchem Moment es vielleicht endet.

Zweitens aber bieten die Regeln die Möglichkeit, die technische Kompetenz der Schauspieler zu entfalten. Denn um das Spiel in der spannungsvollen Schwebe zu halten, ist es erforderlich, stetig neue Herausforderungen zu suchen. Und mit den Herausforderungen steigt auch das Spielniveau. Die Spieler werden von selbst auf neue Lösungswege kommen und sie können von der Leitung mit gezielten Impulsen zu weiteren Schritten geführt werden. Eine Anfängergruppe arbeitet vielleicht zuerst mit einfachen *Here-and-Now*-Spielen ohne imaginative Spielanteile. Sie konzentrieren sich auf das, was sie aktuell wahrnehmen. Automatisch werden sie nach und nach imaginierte Wahrnehmungen zusätzlich einbeziehen, bis sie möglicherweise in der Lage sind, zwischen gegenwärtiger Spielsituation und imaginierter Parallelsituation zu wechseln.

Somit ergänzen sich die persönliche und die künstlerische Entwicklung der Spieler hier sehr konkret und es bestätigen sich die grundlegenden Einsichten in das Wesen ästhetischer Bildung.

Gleichzeitig ergibt sich daraus auch eine wichtige Einsicht in die Gültigkeit einer Spielregel: Solange sie gilt, gilt sie. Und es ist eine wichtige Aufgabe des Theaterpädagogen, von vornherein deutlich zu machen, dass die Offenheit der Spielwelt nicht bedeutet, dass Regeln hier nicht so eng gesehen werden wie im Alltagsleben, im Gegenteil: Gerade, weil sie von einem Moment zum nächsten verändert werden können, erfordern sie eine erhöhte Wachsamkeit und ein besonderes Regelbewusstsein, sonst würde alles in kompletter Beliebigkeit verschwimmen. Ein neues Ensemble muss das erst lernen. Anfänger reagieren zum Beispiel oft überrascht, wenn sie merken, dass es der Spielleitung keineswegs egal ist, ob man zwei Minuten später zum Training kommt als besprochen. Wozu die Strenge? Hier wird doch nur gespielt! Genau. Und ein Spiel verlangt ein Ernstnehmen der Regeln. Es gibt Spielleiter, durchaus lockere und sehr entspannte Leute, die schließen die Tür mit Trainingsbeginn zu. Wer dann draußen steht, hat Pech. Morgen wieder.

Andererseits aber würde eine Übung ihren spielerischen Charakter verlieren, wenn die einmal gesetzten Regeln nicht veränderbar wären. Es ist ja gerade ein wesentliches Merkmal aller Spiele, dass sie sich entwickeln. Man braucht also ein Gespür für ein angemessenes Verhältnis zwischen Konstanz und Veränderung.

Heißt das, ein guter Schauspieler zeige sich im Einhalten der Regeln, ein guter Spielleiter im Setzen der Regeln? So einfach ist es zum Glück nicht. Denn es gibt einen sehr spannenden Punkt, in dem sich die beiden Seiten ziemlich annähern. Er ist überaus reizvoll, aber auch gefährlich!

Die Spieler können nämlich auch während des Spiels wichtige Impulse für eine Erweiterung der Spielregeln setzen, ohne dass dafür eine außenstehende Person nötig wäre. Es könnte zum Beispiel sein, dass ein Spieler bei einer tänzerischen Improvisation spontan zu sprechen beginnt, obwohl das eigentlich den Regeln widerspricht. Er beginnt, seine Bewegungen mit wiederkehrenden Satzbausteinen zu verbinden. Dieser neue Impuls wird von der Mitspielerin ohne Absprache aufgegriffen und für den Fortlauf ihres gemeinsamen Spieles gilt: Sprache ist ein »zulässiges« Ausdrucksmittel. Aus dem Spielprozess heraus reichen die Kompetenzen der Spieler also in die regelsetzende »Regie-Ebene« hinein. Wachsende Spielkompetenz verlangt also in diesem Sinne auch wachsende Regiekompetenz.

Umgekehrt gelangt auch die Spielleitung in unmittelbare Nähe des Spielprozesses. Denn auch sie kann, wenn sie das Spiel der Akteure beobachtet, eine Idee haben, die dem überraschenden Einsatz der Sprache gleichkäme. Dann setzt sie einen Impuls, den die Spieler möglicherweise aufgreifen und ihrerseits spielerisch weiterentwickeln. Dadurch wächst die Spielleitung indirekt ein Stück in den Spielprozess hinein. Wachsende Regiekompetenz verlangt also wachsende Spielkompetenz der Leitung.

In dieser Nähe können atemberaubende Prozesse schauspielerischer Kreativität geweckt werden. Der fremde Beobachter könnte von außen kaum noch erkennen, wer hier mit wem spielt, wer wessen Ideen aufgreift und warum all das passiert, was aktuell passiert. Die Spielleitung wird ins Spiel genommen und unbegreifbar! Gerade weil sich Regieebene und Spielprozess hier spannungsvoll ergänzen, liegt in einer solchen Arbeit das Ideal einer theaterpädagogischen Schauspielregie, die auch auf die Entwicklung einer Inszenierung ausgerichtet sein kann. Und hierin liegt auch der wesentliche Grund dafür, dass theaterpädagogische Ausbildungen bei der Entwicklung einer grundsätzlichen Spielkompetenz der Auszubildenden ansetzen: Nur wer spielen kann, kann Spielleitung werden.

Gleichzeitig ist dieser Berührungspunkt auch brandgefährlich, denn er birgt die Gefahr, die Aufgabenverteilung zwischen Spielleitung und Spielern zu verwischen. Und dadurch würde das Schau-Spiel dann zu dem chaotisch-verkopften Rumgemurkse, das man so oft beobachten kann und das auch schnell keinen Spaß mehr macht.

Das heißt für die Spieler: Sie müssen trotz der angesprochenen Annäherung an die Regie während des Spielprozesses konsequent ihre Spielerrolle beibehalten. Wenn sie ohne vorherige Absprache aus dem Spiel herausfallen, die Geschehnisse kommentieren oder alternative Regeln vorschlagen, dann stirbt das Spiel. Sie durchbrechen die Fiktion, verlieren die Spannung, nehmen die Mitspieler nicht mehr wahr und schicken das gesamte Ensemble in kaum auflösbare Verwirrung. Auf welcher Frequenz funkt der in der Szene vorkommende Diener, wenn er mit Blick zur Leitung darum bittet, die Musik doch bitte leiser zu machen? Was sagt der König zu diesem Vorschlag? Sind die beiden dann noch im Schloss? Oder nur einer? Führen hier zwei Privatpersonen eine Fachdebatte auf offener Bühne? Redet ein Diener mit der Spielleitung? Genießt in diesem Moment noch jemand den Schutz der Rolle? Gibt es Grenzen des Spiels, die eine konsequenzreduzierte Zone markieren? Weint jetzt der König oder der Schauspieler, der die Krone aufhat?

Das Spiel gerät aus den Fugen.

Und das, was vielleicht zunächst klingt wie waschechtes Brecht-Theater, weil es sich ein Spiel erlaubt mit der Fiktion und weil es die Doppelrolle der Schauspieler-Figur hervorhebt, ist nichts anderes als eine Aufgabe des Schauspiels. Und das ist nun keineswegs im Sinne Brechts.

Für die Spielleitung heißt das: Trotz der Nähe zum Spielprozess bleiben ihre Impulse doch außerhalb des Spielprozesses. Sie ist physisch nicht dabei, ihre Angebote bleiben äußerlich und somit bleibt klar: Was auf der Bühne geschieht oder wie es geschieht, ist nicht ihre Angelegenheit. Sie hat keine Befugnis, über die Bühnenkante hinweg Befehle zu erteilen. Es wäre allenfalls in einer späteren Reflexions- oder Planungsphase ihre Aufgabe, kritische Fragen zu stellen oder neue Spielrahmen zu entwickeln.

Diese Überlegungen lassen auch deutlich werden, unter welchen Umständen man auf eine außerhalb des schauspielerischen Prozesses stehende Leitung mehr und mehr verzichten kann. Dann nämlich, wenn die Spielerinnen und Spieler die Grenzen wahren. Wenn sie gelernt haben, Regeln aufzustellen, einzuhalten und zu entwickeln. Wenn sie die Spannung des Spiels aufrechterhalten. Das heißt eigentlich: wenn sie das Schauspiel als Spiel verinnerlicht haben.

Ein Theaterpädagoge fragt seinen Kollegen: »Spielen sie schon?«

3. IMPROVISATION

Als drittes wesentliches Merkmal theaterpädagogischen Schauspieltrainings kann man die Improvisation auffassen, die in einiger Hinsicht den Fluchtpunkt darstellt, auf den das gesamte Gedankenmodell ausgerichtet ist: In den Grundlagen und Abgrenzungen tauchte der Begriff jeweils hintergründig auf und wurde immer wieder kurz berührt, etwa bei der Auseinandersetzung mit »improvisationsfeindlichen« Theatertraditionen. Außerdem ist nach den bisherigen Überlegungen auch zu erwarten, dass sich in künstlerischer Improvisation Aspekte der Kreativität und des Spiels wiederfinden.

Die Linien laufen zusammen.

Um diese zentrale Stellung erkennbar zu machen, erscheint es angebracht, sich der Improvisation mindestens ebenso behutsam anzunähern wie den anderen Kernbegriffen der Theaterpädagogik. Der erste Schritt beginnt mit der Frage: Was bedeutet Improvisation grundsätzlich? Danach erfolgt die Eingrenzung der Perspektive, indem man sich den möglichen Erscheinungsformen *schauspielerischer* Improvisation zuwendet. Und schließlich kann man der Frage nachgehen, welche als »pädagogisch wertvoll« zu bestimmenden Wirkungen verschiedene Formen der Improvisation auf den Schauspieler ausüben und welche Folgen sich daraus für die Trainingsleitung ergeben.

Das theaterpädagogische Erkenntnisinteresse bleibt bei all diesen Schritten richtungsweisend.

3.1 Annäherung

Umgang mit dem nicht Vorhersehbaren. So ließe sich der direkte Bedeutungsgehalt des Begriffes »Improvisation« beschreiben.

Kann man das beim Wort nehmen? Man müsste davon ausgehen, dass nicht nur in den Künsten, erst recht nicht ausschließlich auf der Bühne, improvisiert wird, sondern überall dort, wo Gegebenheiten auftauchen, mit denen man nicht gerechnet hat, denen man sich aber dennoch stellt. Somit wäre Improvisation geradezu überlebenswichtig, denn oft und überall stößt man auf das Unerwartete, dem nicht mit Routine zu begegnen ist. Man wird überrascht von Naturereignissen, von ungeahntem Glück oder Vokabelarbeiten. Improvisation müsste als wichtiger Motor des Fortschritts gelten, als Universalwerkzeug der Problemlösung, mit dem Herausforderungen gemeistert und Visionen entwickelt werden. Sie müsste als ein gesellschaftlich hochgeschätztes und weitverbreitetes Phänomen gelten.

Aber das ist nicht der Fall. Warum nicht?

Von Pannen und Menschen

Sowohl aus Fachbüchern als auch aus Lexika oder der alltäglichen Erfahrung geht hervor, dass es zweierlei Arten der Improvisation gibt. Eine nämlich, die der Sphäre der Kunst zuzuordnen ist und die eine hohe Wertschätzung genießt – irgendein wahnsinniges Gitarrensolo gegen Ende des Konzerts zum Beispiel. Und eine andere, die zum Alltagsleben gehört und die eher abfällig mit dem Undurchdachten, dem Unvollkommenen in Verbindung gebracht wird. Wer im Alltag improvisiert, so die verbreitete Auffassung, der war nur zu faul sich vorzubereiten oder er hat einfach keine Ahnung von dem, was er gerade tut.

Besonders mit Blick auf so manche heimwerkerliche Lösung eines technischen Problems könnte man einer solchen Unterscheidung leicht zustimmen und man denkt dabei an den mit Paketschnur »reparierten« Gartenzaun des Nachbarn oder ähnliche Pfuscherei. Aber es scheint sich dabei eher um eine empirische Unterscheidung zu handeln, nicht um eine prinzipielle, denn selbstverständlich gibt es ganz furchtbare Gitarrensoli, die keineswegs frenetischen Applaus hervorrufen, und umgekehrt findet man gewiss bewundernswerte Einsätze von Paketschnur im Garten- und Landschaftsbau.

Man muss also zunächst vorsichtig sein. Festhalten lässt sich: *In den meisten Fällen* genießt Improvisation im nicht-künstlerischen Alltag eine geringe Wertschätzung. Um zu verstehen, warum das so ist, genügt es nicht, einzelne gelungene oder misslungene Improvisationsergebnisse miteinander zu vergleichen. Vielversprechender ist es, die Umstände zu betrachten, unter denen es zu improvisiertem Handeln kommt.

Ein konkretes Beispiel kann dabei helfen.

Drei Freunde sind mit ihrem alten Campingbus in den Alpen unterwegs. Weil es ihnen nicht nur um die landschaftliche Atmosphäre geht, sondern auch darum zu beweisen, dass ihr T3 den Herausforderungen extremer Steigungen gewachsen ist, nutzen sie schmale Pass-Straßen in abgelegenen Seitentälern. Die Lüftung im Heck läuft auf Dauerbetrieb und die Drehzahl des Motors entspricht der Stimmung der Insassen. Plötzlich blinkt die Temperaturwarnleuchte und sie müssen anhalten. Ein Blick in den Motorraum verschafft den dreien bald die unangenehme Gewissheit, dass es mit einer kurzen Abkühlpause nicht getan ist: Wegen eines geplatzten Schlauches entweicht Kühlwasser in großen Mengen – so können sie nicht weiterfahren.

Am Anfang versuchen sie natürlich, dem Problem auszuweichen. Als aber klar ist, dass hier so bald niemand vorbeikommen wird, dass die Handys keinen Empfang haben und an einen rettenden Fußmarsch nicht zu denken ist, stellen sie sich dem Problem. Es beginnt die Improvisation. Sie spielen Möglichkeiten der Reparatur durch, diskutieren, probieren aus. Versuche mit Klebeband schlagen fehl. Sie beginnen, den Bus nach anderen Gegenständen zu durchsuchen, die als mögliche »Manschette« in Frage kommen könnten, auch bei dieser Suche wird diskutiert und ausprobiert.

Als das Problem nach zwei Stunden mithilfe einer zerlegten und dabei auch reichlich beschädigten Taschenlampe, einigen Mullbinden aus dem Verbandkasten und etwas Draht behoben ist, füllen sie Wasser nach und können die Fahrt fortsetzen, zumindest bis zur Ortschaft im nächsten Tal. Die Stimmung der drei ist jetzt sogar noch besser als vor der Panne.

Es ist Zeit, kurz zu unterbrechen. Welche Umstände führen bei dem geschilderten Ereignis dazu, dass man von einer Improvisation sprechen kann? Und weshalb bekommt sie besondere Qualität zugesprochen?

Zunächst ist klar: Die Panne trat unvorhergesehen ein und, weil es keine Alternativen gab, mussten sich die drei den neuen Gegebenheiten stellen. Deswegen kann man von einer Improvisation sprechen und man kann davon ausgehen, dass die Akteure diesen Begriff auch verwendet hätten.

Besonders gelungen erscheint sie den Beteiligten nicht nur deshalb, weil sie ihnen aus der misslichen Situation verhalf, sondern auch, weil sie allein mit den zu diesem Zeitpunkt zur Verfügung stehenden Mitteln bewältigt werden konnte. Mit den Ideen, dem Werkzeug, dem Material, vielleicht auch den Lichtverhältnissen oder irgendwelchen Zufällen. Besonders aber miteinander: Sie haben einander zugehört, absurde Ideen und vermeintliche Fehler zugelassen, eine gesteigerte Wahrnehmung aufgebracht und sich ganz der Situation hingegeben – sie waren präsent.

Das Gelungene an der Improvisation ist also nicht nur das Ergebnis, sondern auch der Prozess, der die Gegenwärtigkeit des Handelns deutlich werden lässt.

Untergeordnet dagegen ist im Moment der Panne die Vergangenheit, weil planvolles Vorbereiten nicht möglich war. Sie wirkt allenfalls in Form zurückliegender Erfahrungen auf den Moment ein, wenn zum Beispiel einer der drei eine ähnliche Problemlösung mal im Fernsehen gesehen hat. Ebenso untergeordnet erscheint die Perspektive in die Zukunft. Ob nämlich der geflickte Schlauch eine halbe Stunde später wieder kaputt ist, spielt keine Rolle, es geht nicht um eine dauerhafte Lösung. Möglicherweise muss das Fahrzeug bloß bis zur nächsten Passhöhe durchhalten und dann ins Tal rollen. Vielleicht geht es um nicht mehr als ein paar Minuten.

Es hätte auch anders kommen können. Hätten die drei ihre spielerische Leichtigkeit verloren, dann wäre der Tonfall aggressiver und dann wären die Versuche gewalttätiger geworden. Die Improvisation hätte ihre Qualität verloren, weil sie die ihr eigene Gegenwärtigkeit verloren hätte. Warum hast du überhaupt diese bescheuerte Route gewählt, ohne vorher richtiges Werkzeug mitzunehmen? Was sollen wir bloß tun, wenn wir bis zum Einbruch der Dunkelheit hier festsitzen? Vielleicht wird es ja ein Unwetter geben. Und so weiter. Vergangenheit und Zukunft treten in den Vordergrund und das Hantieren im Motorraum wird zur aussichtslosen Nebensache.

Das Beispiel zeigt, dass Präsenz ganz wesentlich ist für improvisatorisches Handeln: die Fokussierung auf eine kurze Zeitspanne, der ein gleichzeitiges Loslassen des Vorher und Nachher entspricht. Außerdem wurde deutlich, dass Improvisationen auch im nicht-künstlerischen Bereich eine hohe Wertschätzung erfahren können.

Aber die Geschichte der VW-Bus-Fahrer ist noch nicht vorbei, noch kann sie eine unangenehme Wendung nehmen, durch die die Improvisation nachträglich entwertet wird.

Zum Beispiel so: Als die drei später in einem Gasthaus zusammensitzen, gesteht der Busbesitzer, dass ihm genau diese Panne schon mehrfach untergekommen sei, und zwar insbesondere bei Fahrten in steilem Gelände. Er habe bei der Reisevorbereitung nur nicht mehr daran gedacht.

Oder so: Die drei fahren auf direktem Wege nach Hause und prüfen dabei alle fünfzehn Minuten, ob die Schlauchmanschette noch sitzt. Bei einem Treffen drei Monate später stellt sich dann heraus, dass das Provisorium noch immer nicht gegen einen dafür vorgesehenen Wasserschlauch ausgetauscht wurde.

Beide Varianten könnten dazu führen, dass der improvisatorische Prozess nachträglich einen negativen Beigeschmack bekommt – zu Recht! Denn schließlich hätte man sich all die Aufregung sparen können, wenn man nur vernünftig geplant hätte. Oder man muss feststellen, dass ein als vorübergehend gedachtes Produkt nun leichtsinnig zur Dauerlösung erklärt wurde.

Hier, genau an dieser Stelle des Gedankens, zeigt sich die gesuchte Trennlinie. Es wird einsehbar, warum Alltags-Improvisationen häufig als etwas Negatives wahrgenommen werden: Sie brauchen die Panne, die Notlage, das Unfreiwillige. Wenn die Panne aber entweder nicht eintritt oder bereits überwunden ist, dann verlieren sie ihre Legitimation. Wer im nicht-künstlerischen Bereich ohne Not improvisiert, der gilt meistens als unvernünftig.

Im künstlerischen Bereich aber ist das anders. Künstlerische Improvisation bedarf keiner Panne, im Gegenteil. Sie ist für die Künste oft ein mutwillig herbeigeführter Zustand der Ungewissheit, der Herausforderung und des Risikos. Übertragen könnte man sagen: Der Künstler lässt den VW-Bus gezielt mitten auf der einsamen Pass-Straße kaputtgehen.

Die Begründung für dieses Phänomen klingt geradezu wie ein Fazit der bisherigen Überlegungen, es reicht darum eine Skizze.

Erstens ist die ästhetische Perspektive dadurch gekennzeichnet, dass sie sich nicht an pragmatischen Gesichtspunkten orientiert. Fragen der Effizienz oder der

Sicherheit, die in dem Beispiel der Busreparatur eine Rolle spielen, bleiben also weitgehend außen vor.

Zweitens verschiebt sich damit die im Alltag notwendigerweise ablaufende Abwägung von Chancen und Risiken. Das Spiel nämlich sichert eine Konsequenzreduktion, die freieres Handeln ermöglicht. Während bei der Alltags-Improvisation also durchaus real spürbare Risiken eingegangen werden – was wäre, wenn der Schlauch nicht repariert werden kann, was wäre im Falle eines Wetterumschwungs? –, bleibt die künstlerische Improvisation sprichwörtlich »im Rahmen«.

Drittens stellt der Verzicht auf erprobte Routinen eine wichtige Komponente kreativen Handelns dar. In alltäglichen (nicht-künstlerischen) Situationen hält man sich in der Regel an das, was bereits erprobt und für gut befunden wurde, sonst würde man das Rad stets neu erfinden. Man verwendet zum Beispiel Werkzeuge oder Verfahrensweisen, die man kennt. Für den Künstler dagegen versprechen gerade unkonventionelle Zugänge einen Zuwachs an Erkenntnis, an Inspiration oder Gestaltungskraft.

Wie gesagt. Angesichts dieser deutlichen Unterschiede zwischen künstlerischer und »alltäglicher« Improvisation kann man verstehen, warum es für angehende Schauspielerinnen und Schauspieler ein so großer Schritt ist, frei zu improvisieren und warum hierfür ein systematisches Training notwendig ist: Man ist es nicht gewohnt, sich über eine Panne zu freuen.

Künstlerische Improvisation

Wie lässt sich nun die künstlerische Improvisation genauer erfassen?

Zunächst wird aus diesen ersten Annäherungen deutlich, dass der Improvisationsbegriff im künstlerischen Kontext (wie erwartet) wesentliche Aspekte der Kreativität und des Spiels umfasst.

Jemand improvisiert bei geöffnetem Fenster mit der Geige, sodass man unten im Hof bei den Fahrrädern stehenbleibt, um zuzuhören. Während sich die ursprüngliche Melodie wandelt und erweitert, kann man zu einer wichtigen Erkenntnis über das künstlerische Improvisieren kommen.

Zum einen geht es bei einer künstlerischen Improvisation grundsätzlich um die Suche nach neuen Wegen und Ideen. Es bleibt eine Suche ohne Erfolgsgarantie, weil Kreativität nicht erzwingbar ist. Immerhin aber setzt sie auf Verfahren, die sich mit Blick auf kreatives Handeln als hilfreich erwiesen haben: das Abrufen unbewusster Gedächtnisinhalte aufgrund hohen Zeitdrucks zum Beispiel. Der improvisierende Musiker im ersten Stock verlässt den Bereich der geruhsamen Planung und der rationalen Kontrolle, weil er sich einer Stimmung oder einem Thema »hingibt«. Und man wird die Improvisation vom Hof aus genau dann als erfolgreich betrachten, wenn er sich im Moment seines Spiels besonders inspiriert zeigt. Insofern umfasst der Improvisationsbegriff wichtige Aspekte der Kreativität.

Zum anderen stellt die künstlerische Improvisation nichts anderes dar als eine besondere Form des Spiels, denn die vermeintlich missliche Lage, in die sich der Musiker bringt, wenn er beim Üben irgendwann die Noten außer Acht lässt, ist künstlich erzeugt. Sie läuft ab innerhalb eines konsequenzreduzierten Raumes, den er freiwillig betritt und den er jederzeit wieder verlassen kann, indem er sich wieder dem Notenblatt zuwendet oder das Instrument weglegt und das Fenster schließt. Außerdem erfordert die Offenheit der Spielsituation ein Vorgehen im Grenzbereich zwischen bewussten und unbewussten Prozessen. Und in diesem Sinne kann man zwischen Müllcontainern und rostigen Rädern stehend durchaus zu der Behauptung gelangen: Spiel im Sinne Schillers gibt es nur dort, wo der Künstler im wahrsten Sinne des Wortes improvisiert.

All dies sind bereits weitreichende Einsichten, die das Profil künstlerischer Improvisation schärfen. Die Kenntnis kreativer und spielerischer Prozesse führt aber noch viel weiter, denn sie verhindert darüber hinaus, dass improvisiertes Handeln leichtfertig mit bloßer Spontanität gleichgesetzt wird.

Es gibt den Gegenpol.

Denn es konnte ja schon gezeigt werden, dass sich Kreativität nicht ohne Vorbereitung entfaltet. Meistens muss man im Vorfeld der eigentlichen Inspiration Kenntnisse, Fähigkeiten und Fertigkeiten erwerben, die einen in die Lage versetzen, Verknüpfungen herzustellen, die irgendwie neu und sinnvoll erscheinen. Und man braucht eine solche Vorbereitung auch, um eine Idee als solche überhaupt zu erkennen und etwas aus ihr zu machen. Der Musiker im ersten Stock, dessen Publikum mittlerweile die Taschen abgestellt hat und das jeden Neuankömmling mit dem rechten Zeigefinger vor den Lippen empfängt, improvisiert in diesem Sinne keineswegs ausschließlich aus dem Moment heraus. Er ist nicht nur spontan. Seine Kunst setzt vielmehr eine Kunst-Fertigkeit voraus, die er nur durch jahrelanges Üben erwerben konnte.

Ähnliches gilt für das Spielen. Auch in Spiele nämlich muss man sich hineinarbeiten – wie gesagt. Um die Spannung zu erhalten, geht der Spieler stets an neue Grenzen. Er versucht, die Regeln nach und nach so zu beherrschen, dass er sich frei innerhalb des gesetzten Rahmens bewegen kann und das Spiel (bei erlangter Meisterschaft) auf eine ganz eigene Art prägen kann. Man erwirbt also schrittweise eine tiefere Spielkompetenz, die mit reiner Spontanität nicht zureichend erfasst werden kann.

Künstlerische Improvisation will gut vorbereitet sein – so ließe sich diese Erkenntnis zusammenfassen.

Und man kann festhalten, dass sie eine besondere Form kreativ-orientierten Spiels darstellt. Allerdings erschöpft sie sich nicht darin, denn die ausdrückliche Zuordnung zum künstlerischen Bereich umfasst weitaus mehr.

Erstens trägt jede künstlerische Äußerung Bedeutungen in sich, die über das hinausgehen, was sie auf den ersten Blick darstellt. In welchem Maße der Künstler selbst oder das Publikum diese Bedeutungen bewusst hineinlegt und in welcher Hinsicht diese beiden Prozesse einander überschneiden, ist in diesem Zusammenhang weniger wichtig. Wichtig ist: Die in den Hof klingende Musik ist tendenziell mehr als nur ein Spiel. Man kann sich zum Beispiel fragen, ob der Musiker in seiner Improvisation gerade seine aktuelle Stimmung ausdrückt, die einer bestimmten Gruppe oder das Lebensgefühl einer ganzen Generation.

Das bedeutet aber zweitens, dass sich eine künstlerische Improvisation an ein Publikum richtet – auch dann, wenn es sich nicht um einen offiziellen Auftritt handelt, auch dann, wenn der Musiker gar nicht mitbekommt, dass sich mit der Zeit immer mehr Leute im Hof versammeln, die sich von seiner Musik beeindrucken lassen. Kunst ist Kommunikation. Sie wirkt auf Menschen, tritt in Dialog, bietet Gespräche an. Und auch insofern sind künstlerische Improvisationen mehr als nur kreative Spiele.

Drittens schließlich muss eine Improvisation, die in einem künstlerischen Sinne verstanden sein will, gegenüber dem nicht-künstlerischen Bereich des Alltags in irgendeiner Weise hervorgehoben sein. Museen geben einer Plastik viel Raum, helles Licht und eine störungsfreie Atmosphäre. Opernsänger stehen im Rampenlicht, selbst Straßentheater-Künstler erschaffen sich den »heiligen Raum« der Bühne, und zwar nicht nur durch Kreidelinien auf dem Asphalt, sondern zum Beispiel auch durch herausgehobene Kleidung, Sprache oder Bewegung. Man kann sagen: Je deutlicher diese Hervorhebung ausfällt, desto deutlicher lässt sich ein Kunstwerk als solches bestimmen. Zum Glück also hat der Geiger das Fenster geöffnet. Vielleicht will er ja auch gehört werden.

Irgendwann plätschert Applaus an den Wänden hinauf.

Merkmale schauspielerischer Improvisation

Der letzte Schritt der Annäherung besteht darin, Besonderheiten *schauspielerischer* Improvisation herauszufinden. In welcher Hinsicht unterscheidet sie sich von den Improvisationen eines Bildhauers, eines Schriftstellers oder eines Musikers?

Eine klassisch theaterwissenschaftliche Frage. Und es gibt viele verschiedene Versuche, hierauf eine schlüssige Antwort zu finden. Sofern man bereit ist, die (ohnehin geringer werdenden) Unterschiede zu Tänzern oder Performerinnen beiseitezulegen, findet man einen sehr direkten Zugang über eine ganz offensichtliche Äußerlichkeit. Schauspieler improvisieren nämlich nicht irgendwo, sie improvisieren auf einer Bühne.

Und das hat weitreichende Konsequenzen.

Eine erste besteht darin, dass die Improvisation dadurch einen performativen Charakter bekommt. Der Schauspieler übermittelt nicht (nur) vorher festgelegte Bedeutungen, er übt auch unmittelbare Wirkungen auf die Zuschauer aus. Es handelt sich dabei also um zweierlei Aspekte ein und desselben Vorgangs. Wenn er zum Beispiel in einer Szene nach längerem Schweigen irgendwann einen Schrei loslässt, dann kann dies nicht nur als *Zeichen* für die innere Zerrissenheit der dargestellten Figur gedeutet werden, sondern auch wirkliche Angstreaktionen beim Publikum auslösen. Und diese Angstreaktionen haben dann wiederum Einfluss auf nachfolgende Deutungsversuche.

Das Mischungsverhältnis, in dem diese beiden Aspekte zueinander stehen, kann sehr unterschiedlich sein, aber es ist immer gegeben. Und bisweilen führt es zu Missverständnissen, zum Beispiel dann, wenn ein beliebiger Zuschauer in der dritten Reihe sich zwar völlig von den Geschehnissen gefangen nehmen lässt, so das er nassgeschwitzt und mit klopfendem Herzen die Vorstellung verlässt, im Foyer aber dennoch entrüstet fragt: Was sollte das jetzt? Und welche Bedeutung hatte es?

Schauspielerinnen und Schauspieler dagegen sind es gewohnt, dass beide Aspekte eine Rolle spielen, wenn sie miteinander improvisieren. Ihr Handeln ist gleichzeitig Teil eines besonderen Zeichensystems und Teil eines Ereignisses, das Menschen miteinander erleben. Sie orientieren sich darum ganz selbstverständlich sowohl an der Stimmigkeit als auch an der Intensität ihres Spiels.

Und sie setzen damit voraus, dass ihr Auftritt auf der Bühne immer von irgendeiner Art von Publikum begleitet wird, das die künstlerische Äußerung in demselben Moment wahrnimmt, in dem sie hervorgebracht wird. Wer dieses Publikum darstellt, ist egal. Oft besteht es nur aus dem Regisseur oder dem Ensemble. Manchmal reicht es, wenn man sich (auf einer Probe) ein anwesendes Publikum vorstellt. Manchmal sind die wichtigsten Zuschauer einer schauspielerischen Improvisation die Filmkamera und ein paar übermüdete Techniker am Set. Im Sinne performativer Akte sind sie alle gleichwertig mit fein gekleideten Damen und Herren am Premierenabend.

Freilich gibt es Ausnahmen, in denen die doppelte Wirksamkeit der Improvisation auf ein ko-präsentes Publikum nicht gegeben ist. Was ist mit Formen des Schauspiels, die auf die Selbsterfahrung der Spieler abzielen und ein (auch nur gedachtes) Publikum von vornherein ausschließen? Was ist mit Formen des Schauspiels, bei dem alle Beteiligten auf der Bühne aktiv sind? Generell aber verweisen diese Fragen eindrücklich darauf, dass eine schauspielerische Improvisation in aller Regel einen performativen Charakter hat.

Diese Grundannahme hat eine wichtige Folge. Weil eine Improvisation immer auch von der reinen körperlichen Präsenz der Akteure bestimmt ist, und weil ein anderes Publikum zu einer anderen Zeit auch immer anders (re)agiert, bekommt die schauspielerische Improvisation den Charakter, der ihr in ihrer Geschichte immer wieder vorgeworfen wurde: den Charakter des unwiederholbaren Ereignisses nämlich. Das Solo des Schauspielers wird es, selbst wenn es auf Grundlage eines Textes oder eines Regiekonzepts stattfindet, so niemals wieder geben.

Kunst als Ereignis – kann man das als eine Besonderheit der schauspielerischen Improvisation auffassen?

Einerseits: nein. Denn spätestens seit den 80er-Jahren des letzten Jahrhunderts kann man einen deutlichen Trend zum Performativen in den Künsten insgesamt feststellen. Die Performance erobert in den (ursprünglich) bildenden Künsten einen höheren Stellenwert und lässt die Grenze zu den darstellenden Künsten verschwimmen. Bildhauer inszenieren zum Beispiel das Erschaffen und Zerstören einer Skulptur im öffentlichen Raum. Schriftsteller veranstalten interaktive Lesungen, Texte entstehen im Beisein oder mit Unterstützung des Publikums. In *Pecha-Kucha*-Veranstaltungen oder *Poetry-Slams* tritt der Inhalt des gesprochenen Textes deutlich hinter dessen überzeugender Präsentation zurück. Und Konzerte werden zu aufwendigen Events, bei denen die Bühnenshow sich gegenüber der Musik in den Vordergrund drängt.

Die Geisteswissenschaften sind dabei, solche Entwicklungen zur Kenntnis zu nehmen und rufen eine »performative Wende« aus, eine neue Sichtweise auf Kultur insgesamt.

Andererseits aber muss man realistischerweise festhalten, dass die performativen Trends in vielen Sparten der Kunst auf besondere Teilbereiche beschränkt sind und oft nicht mehr als die erfrischende Ausnahme bleiben. In der Regel sitzt ein Schriftsteller, während er an einem Roman schreibt, allein an seinem Schreibtisch und ein Bildhauer zieht sich ins Atelier zurück. Es gibt selbst Musiker, die während ihrer gesamten Künstlerkarriere nie eine Bühne betreten.

Das ist bei Schauspielern anders: Sie stehen auf der Bühne. Sie sind Künstler des Augenblicks. Fast immer. Und darin liegt eine Besonderheit schauspielerischer Improvisation.

Eine zweite Besonderheit hängt hiermit zusammen. Sie wurde bereits in anderen Zusammenhängen deutlich.

Der Schauspieler ist nämlich mit seinem flüchtigen Kunstwerk außergewöhnlich eng verbunden. Während ein Musiker über ein Instrument verfügt, ein Bildhauer über eine komplette Werkstatt und einen Hof voller Steine, während ein Schriftsteller mit Laptop oder Papier arbeitet, hat der Schauspieler hierfür allein sich selbst. Er ist also nicht nur der gestaltende Künstler, sondern zugleich das Werkzeug, das Material und die daraus gestaltete Form.

Das hat weitreichende Folgen. Denn er tut sich aufgrund dieser Gegebenheiten natürlich viel schwerer, eine distanzierte (kritische) Haltung gegenüber den eigenen Schöpfungen einzunehmen. Während ein Bildhauer problemlos Eisen und Knüpfel weglegen kann, um seine Skulptur aus größerer Entfernung zu betrachten, bleibt der darstellende Künstler, während die aktuelle Szene abläuft, stets ein Teil von ihr. Das verändert die Möglichkeiten der Selbstreflexion. Zeitlich unmittelbares Feedback ergibt sich allenfalls über Mitspieler und Publikum. Und im Nachhinein bleibt man auf Gespräche mit anderen oder eventuell auf Videoaufzeichnungen angewiesen.

Außerdem werden die ohnehin schon schwer zu begreifenden Prozesse, die der künstlerischen Improvisation zugrunde liegen, nochmals undurchschaubarer. Die möglichen Wechselwirkungen zwischen bewussten und unbewussten Gedächtnisinhalten werden durch den vollständigen (auch körperlichen) Einbezug des Künstlers geradezu unermesslich. Experten, die sich diese Prozesse rational erschließen möchten, stehen vor einer kaum zu bewältigenden Aufgabe. Welche Art der Erfahrung bestimmt das Tun? Woher stammt die Idee? Was kommt aus dem Körper? Was war ursprünglich bewusstes Wissen? Was geschieht mental oder körperlich im Moment der Gestaltung? Wie viel Reflexion ist während der Improvisation möglich und nötig? Theaterpädagogen, Schauspieler oder Theaterwissenschaftler könnten angesichts solcher Fragen geradezu verzweifeln.

Aber in all der Komplexität lässt sich auch hier eine wesentliche Antwort sehen. Einerseits nämlich konnten wichtige Bestimmungsmerkmale schauspielerischer Improvisation gefunden werden: das Handeln unter Zeitdruck, die Betonung der Gegenwart, die Notlage. Der spielerische, kreative und performative Charakter. Die Ausrichtung am Publikum, dessen Ko-Präsenz, die Hervorhebung und die ganzheitliche Einbindung des Künstlers. Mithilfe dieser Merkmale wird das Phänomen leichter begreifbar.

Andererseits aber stößt die theoretische Auseinandersetzung mit schauspielerischer Improvisation an Grenzen. Selbst ein erfahrener Schauspieler wird sich vermutlich schwer tun, all die zeitgleich ablaufenden Prozesse zu beschreiben, die ihn während einer Improvisation bewegt haben. Er wird vermutlich behaupten: Das kann man nicht komplett begreifen. Und man muss ihm recht geben. Schauspielerische Improvisation lässt sich am Schreibtisch nicht vollständig zerlegen und in Worte fassen.

Und insofern sind die bisherigen Überlegungen genau das, was sie sein sollten: eine Annäherung. Nicht mehr, aber auch nicht weniger.

3.2 Erscheinungsformen schauspielerischer Improvisation

Die Auseinandersetzung mit Erscheinungsformen schauspielerischer Improvisation ist in der Theaterpädagogik nicht von historischem Interesse geprägt. Es geht hier also weder um einen Abriss der abendländischen Improvisationsgeschichte, noch um einen umfassenden Vergleich verschiedener Spielformen hinsichtlich ihrer Eignung für theaterpädagogisches Training.

Stattdessen lässt sich die Perspektive eingrenzen auf einen Aspekt, der im Zusammenhang mit theaterpädagogischem Schauspieltraining von besonderer Bedeutung ist, nämlich auf das grundlegende Spannungsverhältnis zwischen der spontanen Spielaktion einerseits und der rationalen Planung bestimmter Abläufe andererseits. Hinsichtlich dessen lassen sich idealtypisch zwei verschiedene Erscheinungsformen schauspielerischer Improvisation festmachen, zum einen die *freie* Improvisation, bei der vorbereitende Absprachen nicht möglich oder nicht erwünscht sind, zum anderen die *gebundene* Improvisation, die ein gewisses Maß an Planung erfordert und somit Möglichkeiten eröffnet, Vorgaben des Textes, der Regie oder der Dramaturgie zu berücksichtigen.

Gebundene Improvisationen kann man nochmals danach unterscheiden, ob sich die zu treffenden Absprachen eher auf den Beginn oder das Ende der Szene beziehen.

Beispiele für diese drei Erscheinungsformen lassen sich jeweils leicht finden. Weil sie die denkbaren Modelle veranschaulichen und den theoretischen und praktischen Hintergrund liefern, sind sie eher Geschichten als Geschichte.

Frei nach Johnstone

»Einen Gegenstand.« – »Staubsauger.« Der Spielleiter lächelt. Nicht schlecht, aber als Titel einer Improvisation noch zu eindeutig, zu begrifflich. Er geht auf einen anderen Schauspieler zu. »Nenn mir bitte etwas, das dich total nervt.« Der Angesprochene überlegt kurz und antwortet dann: »Schluckauf«. Prima. Der Trainer dreht sich zur Bühnenkante, bittet zwei Spieler, sich einander gegenüberzustellen wie bei einem Western-Duell und einander schließlich den Rücken zuzuwenden. Der Rest des Ensembles ist elektrisiert, wie immer, wenn es um freie Improvisation geht: Alle wissen, dass gleich eine Szene beginnt, auf die sich die beiden in keiner Weise einstellen konnten. Die Spieler wissen nicht, wer die Szene eröffnen wird, welche Rollen sie spielen werden, wie die Figuren zueinander stehen werden oder worum es gehen wird. Beide wissen in dieser Hinsicht so viel wie die Zuschauer: nichts.

In die gespannte Erwartung hinein ruft der Trainer einen Szenentitel: »Der Schlucksauger!« Kein Kommentar, keine Nachfrage. Die beiden Schauspieler wenden sich einander zu und beginnen zu spielen.

Die Szene beginnt damit, dass einer der beiden in die Bühnenmitte stürmt und offenbar beide Hände auf ein Loch presst, damit keine Flüssigkeit ins Zimmer strömt. Es scheint brisant. »Manni, bring das Spezialwerkzeug!«, ruft er. Sofort tritt der zweite Spieler in Aktion: Manni kommt mit hängenden Schultern hereingeschlappt. »Chef…«, beginnt er gähnend, wird aber sofort unterbrochen. »Das Spezialwerkzeug, verdammt noch mal.« Manni hält inne und plötzlich weicht alle Müdigkeit aus seinem Körper. Er strahlt. Dann »verschwindet« er, indem er kurz ein paar Schritte ins vermeintliche *Off* geht, und als er zurückkommt, sieht es aus, als zöge er ein sehr schweres Gerät hinter sich her. Ein paar zielgerichtete Bewegungen in der Luft: Hebel werden betätigt, Knöpfe gedrückt. »Stufe 5?«, fragt er voller Vorfreude. Der Chef nickt. Dann schaltet er den Motor an: Ein lautes »Brrrrmmmm« ertönt und der fleißige Helfer richtet ein imaginäres Saugrohr vor das Loch. Vorübergehend scheint sich die Situation zu entspannen, doch dann erwischt er versehentlich den Chef. Plurp. Der landet mit einer Rolle rückwärts im Bauch der Maschine, deren Getöse langsam abstirbt. Stille. »Chef?« Eine ganz leise piepsige Stimme aus dem Apparat heraus beginnt zu schimpfen: »Du Idiot! Was hast du angerichtet? Ich sehe gar nichts mehr.«

In diesem Moment unterbricht der Leiter die Szene, man erfährt also nicht, wie es weitergeht und was es mit dem »Schlucksauger« auf sich hat. Dennoch ernten die beiden Schauspieler begeisterten Applaus: Obwohl das Ensemble an dieser Improvisationstechnik bereits seit einigen Wochen arbeitet, hat es der Szene mit Begeisterung zugesehen und viel Spaß damit gehabt.

Wie geht das? Worin besteht der Trick? Wie kommen derartig fantasievolle Szenen aus dem Nichts zustande?

Die Antwort ist zunächst ganz einfach: Man muss kreatives Handeln zulassen. Nach den bisherigen Überlegungen kann man sich eine derartige Reduktion erlauben, weil man weiß, dass dieses »Zulassen« von kreativem Handeln ein komplexes Wechselspiel zweier Grundsätze erfordert: Wage das Neue! Überwinde konventionelles Denken, setze den kontrollierenden Verstand außer Kraft! Gleichzeitig aber: Lasse dich ein! Sei bereit, das ernst zu nehmen, was vorliegt und verwirf vermeintlichen »Unsinn« nicht voreilig! Wie gesagt.

Für Solokünstler, also etwa Schriftsteller, verschmelzen diese beiden Aspekte zu einem untrennbaren Ganzen und die Auseinandersetzung mit ihnen bleibt darum vielleicht reine Gedankenspielerei. Für Schauspieler aber ist das anders.

Denn im Zusammenspiel mit dem Partner kann man die beiden Seiten des kreativen »Zulassens« besonders gut erkennen und trainieren. Und diese Zwischenstufe – bevor man sagen muss: letztlich ist alles eins – ist von herausragender Bedeutung für das Training von Schauspielerinnen und Schauspielern.

Die konkrete Verbindung zwischen allgemeinem Kreativitätstraining und der freien Improvisation auf der Bühne wurde von niemandem so überzeugend hergestellt wie von dem in Kanada lebenden Dramaturgen und Theaterlehrer Keith Johnstone (geb. 1933), einem Menschen, der wohl schon seit seiner Kindheit an all den verkrusteten Normen seiner Umwelt zu leiden hatte. Als Schüler, Student, als Lehrer, Schriftsteller oder Theatermacher: Überall stieß er auf Handeln und Denken, das auf konventionelle Bahnen beschränkt war. Und umso größer wurde seine Sehnsucht nach einem entgrenzenden und fantasievollen Aufbruch.

Seine daraus hervorgegangene Lehre der freien Improvisation ist ebenso einfach wie ungewöhnlich.

Anhand einer Partnerübung kann ihr Kern besonders eindrücklich veranschaulicht werden, gerade weil sie äußerlich kaum auf szenische Improvisation verweist: Zwei Spieler stehen einander gegenüber und arbeiten an dem sogenannten »Spiegel«. Einer der beiden bewegt zunächst nur einen Arm, ganz langsam und ohne ruckartige Bewegungen. Er kann dabei gelegentlich Haltepunkte einbauen, wenn er mag, kann er irgendwann auch den zweiten Arm in das Spiel einbeziehen. In jedem Falle aber agiert der andere als Spiegelbild und versucht die jeweilige Bewegung synchron und seitenverkehrt mitzuvollziehen. Nach einer Weile werden die Rollen getauscht, sodass der andere Spieler vor dem Spiegel stehen darf. Das ist eine recht bekannte und vielseitig einsetzbare Übung.

Entscheidend ist mit Blick auf die freie Improvisation die dritte Phase, die fortgeschrittenen Spielern vorbehalten bleibt. Diese Phase könnte man den »offenen Spiegel« nennen, da in ihr nicht mehr von vornherein festgelegt ist, wer gerade den Impuls für eine bestimmte Bewegung gibt und wer den Impuls aufgreift. Spieler A beginnt zum Beispiel mit dem Heben des Armes, B folgt ihm. Die vertikale Bewegung bekommt aber irgendwann von B einen neuen Impuls: Er lässt sie langsamer werden. Jetzt ist A der wachsame »Spiegel«. Ein Haltepunkt entsteht, den wiederum A nutzt, um die Hand zur Faust zu formen und so weiter. Je mehr Übung die beiden Spieler haben, desto schneller kann dieses Wechselspiel von Geben und Nehmen werden, sodass schließlich ein Zustand eintritt, in dem von außen betrachtet eine völlig synchrone Bewegung entsteht, ohne dass einer der beiden Spieler jeweils sagen kann, ob er gerade den Impuls setzt oder aufnimmt.

Aber es ist keine leichte Übung! Zum Beispiel kann es sein, dass beide Spieler gleichzeitig die Führung übernehmen wollen. Sofern beide dabei bleiben und versuchen, ihren »Kopf durchzusetzen«, geht das Zusammenspiel verloren: Die Bewegungen werden dann getrennt voneinander verlaufen. Umgekehrt kann es auch dazu kommen, dass beide sehr achtsam auf den Impuls des jeweils anderen warten. Und auch in diesem Fall kann das gemeinsame Spiel zum Erliegen kommen, weil nichts Neues mehr geschieht – letztlich bliebe man bei verspannter Reglosigkeit.

In dem dazwischenliegenden Wechselspiel liegt das Geheimnis der freien Improvisation. Und Keith Johnstones Training mit Schauspielensembles zeigt, dass eine szenische Improvisation auf der Bühne nach ebendiesem Prinzip funktioniert.

Dazu ein analytischer Rückblick auf die »Schlucksauger«-Szene. Der Theaterpädagoge versucht nicht, die Offenheit der Spielsituation vor dem Publikum zu verbergen, er spitzt sie sogar noch zu, indem er einen Szenentitel aus zwei scheinbar nicht zusammenpassenden Begriffen kreiert. Was bitte ist ein Schlucksauger? Außerdem verhindert er jegliche Kommunikation der beiden Spieler im Vorfeld ihrer Improvisation. Sie wenden sich einander zu und los geht es.

Es zeigt sich sofort, dass beide mit der Technik freier Improvisation gut vertraut sind. Der erste Spieler beginnt mit einem deutlichen Impuls. Innerhalb von Sekunden bietet er an: Es gibt erstens ein Problem, nämlich ein Loch in der Wand, durch das Flüssigkeit eindringt. Und es gibt zweitens Manni und den Chef. Das ist schon eine ganze Menge. Bis der andere ins Spiel kommt, bleibt es zunächst ein Angebot. Der Partner aber ist hellwach, er nimmt an. Manni folgt dem Ruf seines Chefs. Jedoch bleibt seine Spielaktion nicht ohne einen eigenen Impuls, Manni ist nämlich müde. Was macht der Partner mit diesem Angebot? Man kann davon ausgehen, dass er es wahrnimmt, aber nichts damit anfangen kann. Deswegen wiederholt er seine Forderung nach dem Spezialwerkzeug. Der Manni-Spieler geht darauf ein. Und mit seinem Verhalten setzt er in der Folge eine ganze Serie von Impulsen, die bereitwillig aufgegriffen werden. Maschine holen, anschalten, der Retter sein. Als die Szene irgendwann in eine Sackgasse gerät, bringt die Rolle rückwärts des anderen ein weiterführendes Angebot.

Johnstone liefert eine ganze Reihe hilfreicher Tricks, um eine derartig freie Improvisation zuverlässig zu meistern. Eine Möglichkeit besteht zum Beispiel darin, Routinen auf der Bühne gezielt aufzubauen und zu brechen, oder darin, mit dem Status der Figuren zu arbeiten. Oder man kann versuchen, die Szene um einen Mittelpunkt zu fokussieren, damit sie nicht zerfasert. Für Schauspielerinnen und Schauspieler sind das wertvolle Anregungen, dem eigenen Spiel Klarheit zu geben und neue kreative Potenziale freizusetzen – nötig sind sie allerdings nicht. Denn der Kern der freien Improvisation lässt sich auf eine sehr einfache Formel bringen: Nimm Angebote an, stelle Behauptungen auf! Wer diese beiden widerstreitenden Forderungen wachsam in Einklang bringt, kann frei improvisieren.

Den Nutzen eines solchen Trainings für Schauspielerinnen und Schauspieler sollte man nicht unterschätzen. Insbesondere Anfänger verinnerlichen den grundsätzlich spielerischen Charakter ihres Tuns und sie erleben sich selbst als kreatives Zentrum auf der Bühne. Gleichzeitig werden sie sich der enormen Anforderungen bewusst, denen sie währenddessen ausgesetzt sind, und die Notwendigkeit kontinuierlichen Trainings lässt sich geradezu mit Händen greifen. Insofern entwickelt ein Ensemble mithilfe der freien Improvisation eine vielversprechende Balance zwischen Mut und Demut.

Andererseits aber stößt ein reines Improvisationstheater auch an Grenzen. Denn man hält die ständige Betonung des einmaligen Ereignisses dauerhaft kaum aus. Manche versuchen es trotzdem, zum Beispiel Ensembles, die mit spektakulären Impro-Shows vor einem großen Publikum auf die Bühne kommen. Aber nicht selten geraten sie in die Falle der Routine. Sie verlassen sich zunehmend auf das, was schon einmal funktionierte, und verabschieden sich damit immer mehr von der ursprünglichen Freiheit ihres Spiels. Ruft das Publikum: »Die Zeit vergeht!«, dann springt der erste Spieler auf die Bühne und mimt die tickende Küchenuhr – wie letzte Woche. Zum Einschlafen.

Andere kämpfen gar nicht um diese ständige Neuartigkeit, sie betrachten die freie Improvisation vielmehr von vornherein als eine ertragreiche Methode, um Ideen zu sammeln. Mit diesen Ideen aber möchten sie weiterarbeiten und sie möchten die gewonnenen Skizzen zu Rollen oder Szenen vertiefen. Ihr Spiel geht damit über das reine Ereignis hinaus, es wird – zumindest in Teilen – wiederholbar.

Und auf diese Weise entstehen Formen gebundener Improvisation.

Von Beginn an: Stanislawski

Es ist nicht leicht, »Bindung« und »Improvisation« gedanklich miteinander zu verknüpfen, und zwar keineswegs aufgrund der vermeintlichen Widersprüchlichkeit der beiden Begriffe, sondern aufgrund der schier unfassbaren Vielfalt an Phänomenen, die sich unter dem Begriff »gebundene Improvisation« zusammenfassen lassen. Denn worin kann eine Abgrenzung bestehen? Es gibt (grob gesprochen) nur zwei Richtungen: Einerseits hin zum Bereich der freien Improvisation, der dem Schauspieler alles erlaubt, andererseits hin zum improvisationsfreien Bereich, der dem Schauspieler nichts erlaubt. Und es ist anzunehmen, dass zwischen diesen seltenen und schwer erreichbaren Extremen ein weites Feld zahlloser Möglichkeiten liegt.

Fast jede Probensequenz könnte man in diesem Sinne als gebundene Improvisation interpretieren, auch die noch so dilettantische Arbeit der Dorfbühne Zwiebelfeld. Aller Wahrscheinlichkeit nach sind deren Akteure weit davon entfernt, frei assoziierend miteinander zu spielen, wie Johnstone es lehrt. Und deren Leitung ist vermutlich ebenso weit davon entfernt, ihnen jene Präzision abzuverlangen, mit der selbstbewusste Regisseure gelegentlich arbeiten. Stattdessen kann man davon ausgehen, dass die Arbeit dieses Ensembles aus einer Mischform besteht: Man choreografiert ein wenig, man diskutiert ein wenig und man gibt ein wenig spontanen Impulsen nach.

Das mag seinen Zweck erfüllen, aber dazu braucht man kein Schauspieltraining. Und es ist auch nicht gemeint, wenn hier von einer gebundenen Improvisation die Rede ist. Deren besondere Qualität nämlich liegt darin, dass sie vorbereitende Planungen und Absprachen genau in dem Maße zulässt, wie sie den Künstlern auf der Bühne neue Spielräume eröffnen. Das ist die Bedingung! Sofern sie das Spiel hemmen oder kreative Potenziale verschütten, wären sie im Sinne eines theaterpädagogischen Arbeitens verfehlt.

Diese Bedingung aber hat eine kaum zu überschätzende Folge: Ein vermeintlich objektives Mittelmaß zwischen Offenheit und Bindung lässt sich nicht von vornherein bestimmen, es hängt vielmehr erheblich vom Trainingsstand des Ensembles ab, wo dieser Ausgleich zu finden ist. Die Vorgabe einer winzigen choreografischen Einzelheit oder eines kurzen Sprechtextes kann zum Beispiel bei Anfängern jegliches Spiel erdrücken, während sie bei fortgeschrittenen Schauspielern anregende Wirkung zeigt, und auch mit der Offenheit von Spielsituationen kann man je nach Trainingserfahrung unterschiedlich umgehen. Es gibt also kein allgemeines »Rezept« und deswegen ist das sensible Aufspüren der jeweils angemessenen Linie eine zentrale Herausforderung für die Leitung dieser Trainingsprozesse.

Es ist kaum überraschend, dass man bei der Auseinandersetzung mit derartigen Formen der Improvisation erneut auf die Experimente des russischen Theaterlehrers Konstantin S. Stanislawski stößt, der daran arbeitete, die Tradition des bürgerlichen Literaturtheaters und ein neues Selbstverständnis der Regie in Einklang zu bringen mit der schöpferischen Arbeit des Schauspielers.

Beinahe verzweifelt beobachtete er (auch und gerade) bei routinierten Schauspielern, wie sie die Vorgaben von Autor und Regie mit der vermeintlichen Erwartungshaltung des Publikums und überlieferten Spielkonventionen zu einem Bühnenverhalten verschmelzen, das erstens mit kreativem Spiel nicht viel zu tun hat und zweitens kaum mit dem Verhalten »echter« Menschen außerhalb der

Bühne vergleichbar wäre – für einen am Realismus orientierten Künstler wie Stanislawski ein gravierender Makel. Die Experimente, die er am Moskauer Künstlertheater durchführte, sollten dies zunächst offenlegen und schließlich überwinden. Sie lassen sich auch heute mit Anfängern und Profis leicht wiederholen.

Eines dieser Experimente besteht zum Beispiel darin, auf der Bühne eine alltägliche Handlung zu vollziehen: Jemand sitzt in einem Café und liest Zeitung. Manche Schauspieler haben bereits im Alltag Probleme, dabei natürlich zu bleiben, weil sie sich vermutlich sogar beim Nichtstun selbst inszenieren. Für die meisten Menschen jedoch wird der Vorgang vormittags in der Stadt reibungslos verlaufen, wogegen er ihnen abends auf der Theaterbühne zur echten Herausforderung wird.

Man kann sich das etwa so vorstellen: Auf der Bühne steht ein Stuhl, auf dem eine zusammengefaltete Tageszeitung liegt, und der Trainingsleiter gibt vor, dieser befinde sich in einem Straßencafé. Dann wird ein Schauspieler gebeten, mithilfe dieser Vorgaben eine Szene zu improvisieren. Der Rest des Ensembles sieht zu.

Nach einer Weile wird die Szene unterbrochen und die Zuschauer werden nach ihren Beobachtungen gefragt. Sie tragen verschiedene Aspekte zusammen: Am Anfang ging die Figur ohne sich umzusehen direkt auf den Stuhl zu und setzte sich. Dann öffnete sie die Zeitung halb und richtete den Blick auf einen der Artikel. Offenbar aber las sie ihn nicht, denn die einzelnen Spalten blieben in der Mitte gefaltet. Außerdem wechselte die Person sehr häufig die Sitzposition.

Die Deutungen dieser Vorgänge gehen innerhalb des Ensembles weit auseinander, es entsteht ein sehr widersprüchliches Gesamtbild. Handelt es sich um einen Spion, der die Gespräche am Nachbartisch belauschen will? Ist darum die Zeitung als Tarnung gedacht? Warum aber liegt sie dann schon von Beginn an auf dem Stuhl? Ein Zuschauer vermutet, die Person sei gerade von der Toilette zurückgekehrt und habe sich erneut an den Platz gesetzt, an dem sie ihre Zeitung zurückgelassen habe. Einige hatten den Eindruck, die Figur sei sehr nervös gewesen, vielleicht war sie auf der Flucht? Oder krank?

Der Trainingsleiter arbeitet weiter, wie es wohl auch Stanislawski in diesem Fall getan hätte: Er vertieft die Arbeit, indem er die »Bindungen« präzisiert, an die die Improvisation geknüpft ist.

Eine weitere Spielerin wird also gebeten, die Szene zu erproben. Zunächst aber solle sie sich nicht auf die Bühne begeben, die im Proberaum mithilfe von Klebeband angedeutet ist, sondern auf den seitlich der Bühne markierten Bereich, den das Ensemble liebevoll das »Aufwärmbecken« nennt, weil er dazu dient, sich auf die Improvisation vorzubereiten.

Es entwickelt sich ein Dialog zwischen ihr und der Leitung.

Wo steht dieser Stuhl? – In einem Straßencafé. – Bist du dort Stammkundin? – Die Schauspielerin denkt nach und schüttelt dann den Kopf. – Wozu bist du hier? – Ich will in der Zeitung lesen. – Warum liegt sie dann bereits auf dem Stuhl? Und was möchtest du mit dem Zeitunglesen erreichen? Wohin soll dich deine Lektüre bringen? Was ist das Ziel deines Handelns? Sprich die Antworten auf diese Fragen nicht aus, sondern verschaffe dir selbst ein stimmiges Gesamtbild. Wenn du so weit bist, kannst du die Szene beginnen.

Irgendwann improvisiert die Schauspielerin ihre Version der Szene. Das Publikum ist diesmal nicht nur unmittelbar gefesselt, es ist sich auch über die Deutung der Situation schnell einig: Offenbar hat die Person nicht das Geld, sich selbst eine Tageszeitung zu kaufen. Darum wartet sie früh am Morgen vor einem der Cafés darauf, dass einer der Geschäftsleute beim Aufbrechen seine Zeitung zurücklässt. Irgendwann ist der Moment gekommen. Sie stürmt zwischen den Stühlen hindurch, setzt sich und beginnt, den Anzeigenteil zu suchen. Als sie ihn entdeckt hat, geht sie in aller Eile die Inserate von oben nach unten durch, dann findet sie, was sie gesucht hatte. Mit einem Satz springt sie auf und rennt davon. Zurück bleibt eine zerfledderte Zeitung.

Der Unterschied zum vorherigen Versuch ist überdeutlich und macht das zentrale Merkmal gebundener Improvisation erkennbar: Mithilfe rationaler Vor-Entscheidungen, die die Handlungsmöglichkeiten auf den ersten Blick erheblich einschränken, entfaltet sich für die Schauspielerin ein erweiterter kreativer Spielraum, ihre Fantasie wird angeregt. Die real vorgegebenen Impulse, also der Stuhl und die darauf liegende Zeitung, verbinden sich mit ihren Vorstellungen, sodass ein harmonisches Ganzes entsteht. Dabei hat sie sich offenbar nicht nur über die Fragen *Wo?*, *Wozu?* und *Wohin?* Gedanken gemacht, die vonseiten des Theaterpädagogen angestoßen wurden. Offenbar hat sie sich automatisch auch über die unmittelbare Vorgeschichte Klarheit verschafft (Woher?), über weitere anwesende Personen (Wer?) und über den Zeitpunkt (Wann?).

Je nach dem Ziel der Trainingseinheit könnte der Leiter nun die gemeinsame Arbeit an dieser Ausgangssituation weiter vertiefen, indem er beispielsweise Skizzen anfertigen lässt von den genauen örtlichen Gegebenheiten rings um das Straßencafé. Wo also gehen Passanten, wo ist das Gebäude, wo ist die Straße? Oder er könnte verschiedene Spieler bitten, die unmittelbare Vorgeschichte der Szene zu improvisieren, um ein klareres Bild von der Stimmung und der Motivlage der Figur zu bekommen. Mit einem fortgeschrittenen Schauspielensemble könnte er auch an der Veränderung der ursprünglichen Situation arbeiten, dem Moment also, an dem die Figur findet, was sie gesucht hat. Was ist nun neu? Wie verändert sich ihre innere Situation? Wie kann man diese Veränderung auf der Bühne umsetzen? In der Regel eröffnen all diese Wege neue Fantasiewelten und je besser ein Schauspieler mit den besonderen Herangehensweisen einer solchen gebundenen Improvisation vertraut ist, desto sicherer kann er sie für sein kreatives Spiel nutzen – auch ohne die Hilfestellung eines Trainers.

Grundsätzlich ist das »Abklären der W-Fragen« ein Verfahren, das in der theaterpädagogischen Praxis ebenso bekannt ist wie in der einschlägigen Fachliteratur. Allerdings geht man oft so leichtfertig damit um, dass sich die angestrebte Wirkung in ihr Gegenteil verkehrt und man den Schauspielerinnen und Schauspielern damit eher Probleme bereitet als Nutzen bringt.

Erstens ergibt sich beim Training oft der ungewollte Effekt, dass die W-Fragen im Spiel überzeichnet »beantwortet« werden. Im Bewusstsein eines kritischen Fachpublikums versucht zum Beispiel ein Schauspieler das *Woher*, also die unmittelbar in die Szene hineinwirkende Vorgeschichte, dermaßen deutlich herauszustellen, dass die Szene absolut unglaubwürdig wirkt. Sie nähert sich auf diese Weise eher einer Art Scharade, bei der es auf das Erraten eines gesuchten Begriffes ankommt. Tatsächlich aber muss das Publikum keineswegs alle W-Fragen gleichermaßen und eindeutig beantworten können, entscheidend ist eher die innere Stimmigkeit der Gesamtsituation.

Zweitens passiert es immer wieder, dass ein Spieler die W-Fragen aus der distanzierten Sicht des Publikums oder des Regisseurs beantwortet – ein grundlegendes Missverständnis! Denn es kommt darauf an, konsequent aus der Perspektive der jeweiligen Figur zu denken. Wenn also etwa der Bote einen Brief überbringt, dann kann es sein, dass er im Gemach des Königs gerade auf einen gesuchten Einbrecher stößt. Er wird aber vermutlich annehmen, es handle sich um den König. Ebenso könnte er sich im Unklaren befinden, wie spät es gerade ist oder in welchem Zimmer er sich befindet.

Drittens geht man oft irrtümlich davon aus, die Frage *Wer?* beziehe sich auf die Identität der Figur, sei also somit ein Teil der Rollenarbeit. Doch das erscheint bei genauerer Betrachtung keineswegs plausibel. Denn allein der Begriff »Identität« besagt schon, dass es sich bei dem, was eine Person ausmacht, um relativ dauerhafte Aspekte handelt: Sie bleiben über situative Veränderungen hinweg identisch. Der Bote also, der den Brief bringt, ist ursprünglich Hufschmied, ist verheiratet, hat drei Kinder und isst am liebsten geschmälzte Maultaschen. Außerdem ist er Fan des VfR Aalen. All dies aber wird seine Gültigkeit längerfristig behalten, egal ob er nachts am Waldrand sitzt oder morgens mit dem König streitet. Darum bezieht sich die Frage nach dem *Wer?* im Zusammenhang mit der Analyse einer Grundsituation sinnvollerweise auf etwas ganz anderes, das sich durchaus schnell wandeln kann, auf die Frage nämlich, wer noch da ist. Kenne ich diese Personen? Woher? Wie stehe ich zu ihnen? Habe ich mit ihnen gerechnet? Hinter diesen Fragen öffnet sich somit ein bedeutender Bereich schauspielerischer Arbeit: die Arbeit an der Beziehung der Figuren untereinander.

Viertens schließlich werden Spieler auch regelmäßig dazu aufgefordert, die Fragen *Was?* und *Wie?* zu beantworten, wodurch die gesamte methodische Herangehensweise schlagartig ihren Sinn verliert. Wenn sich nämlich der Schauspieler, der den Boten spielt, bereits im »Aufwärmbecken« genau ausmalt, was er demnächst tun wird und wie er sich dabei innerlich und äußerlich verhalten wird, dann ist die Improvisation gestorben und man kann sich auch den ganzen Aufwand mit den W-Fragen sparen! Der Clou besteht ja gerade darin, dass man sich eine möglichst konkrete Ausgangssituation erarbeitet, um zu erproben, wie sich die Figur unter den gegebenen Umständen wohl verhält. Das heißt zugespitzt: Man klärt zwar mithilfe bestimmter Fragen die Voraussetzungen, lässt sich aber dann aber vom Verlauf der Szene selbst überraschen. Darin besteht die auf- und anregende Offenheit der Improvisation.

Sofern man derartige Fehler vermeidet, bietet eine vom Beginn der Szene her gedachte gebundene Improvisation vielfältige Möglichkeiten, insbesondere den besonders produktiven Spagat zwischen rationalen Erwägungen und intuitivem Handeln.

Die genaue Analyse bestimmter situativer Bestandteile schafft einen Rahmen, der entweder vom Ensemble frei erfunden oder auf Grundlage dramatischer Texte entwickelt wird. Die daraus hervorgehende Partitur der Inszenierung ist also zunächst nichts anderes als eine Abfolge solcher situativer Rahmen.

Gefüllt werden sie dann im Zuge der Improvisation intuitiv, was der jeweiligen Szene eine zusätzliche Stimmigkeit verleiht. Bereits in der Auseinandersetzung mit dem Trainingsbegriff wurde deutlich, dass es dem Menschen in der Regel unmöglich ist, jede körperlich-stimmliche Regung bewusst zu steuern. Allein der Versuch einer kompletten rationalen Kontrolle würde aus der handelnden Figur ein seltsam roboterartiges Wesen werden lassen – die Marionette, die Edward Gordon Craig als schauspielerisches Ideal vorschwebte, ließe sich aus dieser Perspektive durchaus abfällig als etwas Totes auffassen: als eine merkwürdig herumfuchtelnde Holzfigur mit Wackelkopf, die läuft, als hätte sie die Hosen voll. Der Schauspieler, der von den situativen Bedingungen her »gebunden« improvisiert, entgeht dieser Gefahr. Trotz aller vernünftigen Analyse wirkt das Verhalten seiner Figur »organisch«: Es kommt aus dem Bauch heraus, zumindest zum Teil.

Es gehört zum Training dieser Improvisationsform, diese beiden Aspekte in ein produktives Wechselspiel zu bringen. Das, was man rational erkannt hat, kann durch das intuitive Handeln verändert werden und umgekehrt. Weil man auf diese Weise immer tiefer in eine Inszenierung eindringen kann und immer weiter an ihr arbeitet, kann man von einer »modellierenden« Improvisation sprechen.

Aber natürlich stößt das Verfahren auch an Grenzen. Allein der Aufwand ist enorm. Die komplette situative Analyse eines Shakespeare-Dramas ist ein Mammutprojekt, denn die erprobten und überarbeiteten Versionen der Partitur können ganze Ordner füllen. Vielleicht verliert der eine oder andere Schauspieler dann irgendwann die Geduld und pfeift ganz einfach auf die innere Stimmigkeit der einzelnen Situation.

Und außerdem erfordert eine an Stanislawski orientierte gebundene Improvisation viel Erfahrung aller Beteiligten. Welche Regeln gelten? Wie viel Festlegung ist hilfreich, was darf man fixieren, wie viel Offenheit ist nötig? Wer sich an einer zweitägigen Fortbildung »Situatives Spiel« anmeldet und dort in der frohen Erwartung aufkreuzt, jetzt zu lernen, wie »der Stanislawski« geht, der wird vermutlich nicht nur angeregt nach Hause fahren, sondern auch ernüchtert.

Auf das Ende zu: Harlekin und Co

Ein Salto aus dem Stand: Hier ist der Harlekin! Mit einer großen Verbeugung zieht er seinen Hut und hält ihn dann dem Publikum entgegen. Lange verharrt er in dieser Pose. Als niemand eine Münze hineinwirft, richtet er sich auf und holt tief Luft um loszuschimpfen. Wovon soll man denn leben heutzutage, wo schon eine Fünf-Kreuzer-Schokolade mindestens sieben Kreuzer kostet? Und wer sollte einem aus der Schokoladen-Patsche helfen, wenn nicht die lieben Menschen dieser lieben Stadt zu dieser allerliebsten Jahreszeit? Aber plötzlich hält er inne und er beginnt zu schnuppern. Es duftet nach Vanillekrapfen! Tatsächlich. Links ist Brighella aufgetaucht, der ein paar Krapfen von der einen Handfläche auf die andere balanciert, um sich an ihnen nicht die Finger zu verbrennen. Harlekin beobachtet mit offenem Mund, wie die Bewegungen seines alten Kumpels immer schneller und wilder werden, bis dieser schließlich beginnt, mit den heißen Gebäckstückchen zu jonglieren! Und – er beißt sogar immer wieder etwas davon ab. Das darf nicht so weitergehen! Harlekin bereitet einen Überfall vor, indem zum Sprung ansetzt wie eine Katze in der Wiese. Ein Trommelwirbel ertönt – offenbar aber nicht für den Harlekin, sondern für die schöne Columbina, die plötzlich durch den Vorhang tritt und eines ihrer wunderbaren Lieder singt. Da erstarren die beiden Männer, die mit einem Mal ziemlich lächerlich aussehen: Harlekin noch immer in geduckter Haltung, Brighella mit Hamsterbacken voller Vanillekrapfen.

Und so weiter.

Hinter einem derartigen Bühnenspektakel verbirgt sich eine zweite Grundform gebundener Improvisation. Sie ist für ein theaterpädagogisches Schauspieltraining nicht nur spannend, weil sie der Technik des situativen Spiels in vieler Hinsicht entgegengesetzt ist, sondern auch, weil sie einer Theatertradition entstammt, die man geradezu als Gegenpol zum bürgerlichen Literaturtheater verstehen kann: der *Commedia dell'arte*.

Freilich ist eine solche Entgegensetzung nicht unproblematisch, allein schon aufgrund der Tatsache, dass es natürlich Wechselwirkungen und Zwischenstufen gibt. Die größere Schwierigkeit aber liegt darin, dass man sich schon schwertut, von *der Commedia* schlechthin zu sprechen, denn es kann sich ungeheuer viel Verschiedenes hinter dem Begriff verbergen.

Ganz allgemein versteht man unter der *Commedia dell'arte* eine Theatertradition, die seit dem frühen 16. Jahrhundert von Oberitalien ausgehend in weiten Teilen Europas bekannt wurde und etwa 200 Jahre lang gepflegt wurde. Darin liegt aber gleichzeitig das (wissenschaftliche) Problem, denn das bedeutet, dass sie geprägt ist von sehr unterschiedlichen kulturellen Einflüssen und von unterschiedlichen gesellschaftlichen und politischen Rahmenbedingungen. Es ergibt sich somit ein sehr vielfältiges Bild, das nicht ohne Mühe auf einen Begriff zu bringen ist. In den Theaterwissenschaften ist die Auseinandersetzung mit der *Commedia dell'arte* deswegen längst ein eigener, kaum noch zu überschauender Forschungsbereich.

Obwohl sich der Begriff erst nachträglich durchgesetzt hat, ist er durchaus aufschlussreich. Denn am treffendsten lässt er sich wohl übersetzen mit »Komödie der Schauspiel-Profis«, was zum einen auf die handwerklich-künstlerische Professionalität der Akteure verweist, zum anderen aber auch auf deren wirtschaftliche Abhängigkeit von den Einnahmen. Wer Profi ist, hat eben nicht nur besondere Erfahrung, er ist auch besonders abhängig vom Erfolg seiner Tätigkeit. Dieser Zusammenhang ist für ein heutiges Verständnis der *Commedia* absolut zentral!

Wie bereits erwähnt, handelt es sich bei den Ensembles der *Commedia* ursprünglich um Wanderbühnen, die auf die unsicheren Einnahmen angewiesen sind, die sie ihrem Publikum auf den Straßen oder Plätzen der Stadt abringen können. Und das prägt die Wahl der Mittel: Ein relativ kleines Ensemble spielt auf einer leicht auf- und abbaubaren Bretterbühne und verwendet einfache Bauten und Requisiten. Je schlichter aber diese Rahmenbedingungen insgesamt sind und je weniger es in dieser Hinsicht zu schauen gibt, desto höhere Bedeutung bekommt das Schauspiel. Und entsprechend intensiv müssen die Ensembles trainieren.

Das Ziel all ihrer Bemühungen ist dabei von vornherein klar: Sie versuchen, Publikum anzuziehen und so stark an die Bühne zu binden, dass es genötigt werden kann, eine Münze springen zu lassen. Man kann davon ausgehen, dass diese Zuschauer, die auf den Gassen und Märkten unterwegs sind, ursprünglich anderes vorhatten: Eigentlich haben sie gar keine Zeit. Eigentlich wollen sie woanders hin. Und eigentlich fehlt jeder Kreuzer, der im Hut der Schauspieler landet, später auf dem Markt oder im Wirtshaus. Diese Leute fesselt man nicht mit komplizierten Handlungen oder mit anspruchsvollen Dialogen. Und an Bildung braucht man in diesem Zusammenhang schon gar nicht denken. Hier geht es um Unterhaltung, den unmittelbaren Effekt, um Witz, Anzügliches und Unglaubliches. Von alledem muss das Ensemble einiges bereithalten, damit genügend Zuschauer staunend stehen bleiben – in einiger Hinsicht ist das vergleichbar mit der Quoten-Orientierung heutiger Privatsender im Fernsehen.

»Öffentlich-rechtlich« wäre im Vergleich dazu eine entspannte Angelegenheit. Es wäre bequemer und lukrativer, am Hofe des Fürsten aufzutreten, eine feste Bühne zu haben, Kulissen und teure Kostüme. Und insbesondere natürlich eine fest vereinbarte Gage, auf die man sich verlassen kann. Zum Teil werden diese Träume tatsächlich wahr, denn je berühmter diese wandernden Ensembles werden, desto häufiger werden sie von reichen Adligen gebucht, um die ein oder andere höfische Party aufzupolieren.

Es ist kaum erstaunlich, dass sich mit einem derartig deutlichen Wandel der Arbeitsbedingungen auch die Gestaltungsformen verschieben, schließlich hat man nicht nur andere Mittel zu Verfügung, sondern auch ein völlig anderes Publikum vor sich. Die feinen Leute lachen an anderen Stellen, sie wollen andere Figuren sehen und sie verstehen möglicherweise nicht einmal italienisch – schon gar nicht die einzelnen Dialekte, durch die Harlekin und Co ursprünglich erkennbar waren. In dem Maße also, in dem sich die Arbeitsbedingungen der Schauspieler ändern, verliert die *Commedia dell'arte* ihr ursprüngliches Profil. Innerhalb einer prinzipiell literaturfreien Theatertradition tauchen plötzlich aufgeschriebene Dialoge auf, die Bedeutung der schauspielerischen Kreativität tritt zurück und irgendwann weicht dann auch die spielerische Unterhaltung einer ernst zu nehmenden Theaterkunst – mit dem Ende der Vanillekrapfen kommt das Ende der *Commedia*.

Aber eine so bedeutende Theatertradition verschwindet nicht einfach von der Bildfläche, sie hinterlässt Spuren. Aufhoben bleibt sie bis heute zum Beispiel in verschiedenen Formen des Volkstheaters, im Puppen- und Marionettentheater oder in der Oper. Und in der Moderne greifen Schauspieler und Regisseure immer wieder auf sie zurück, wenn sie nach einem Theater jenseits des bürgerlichen Literaturtheaters suchen.

Die Experimente des russischen Theaterreformers Meyerhold oder die des italienischen Literatur-Nobelpreisträgers Dario Fo zeigen eindrucksvoll, dass modernes Schauspieltraining von der eigentümlichen Improvisationskunst der *Commedia* profitieren kann, und zwar gerade dann, wenn man nicht auf ihre historischen Formen zurückgreift, sondern wenn man ihr Wesen vor dem Hintergrund heutiger Ansprüche neu interpretiert.

Was aber ist das Wesentliche? Wodurch zeichnet sich diese Form gebundener Improvisation aus?

Drei Merkmale lassen sich festhalten.

Erstens ist die Improvisation der Spielerinnen und Spieler dadurch »gebunden«, dass – im Unterschied zur freien Improvisation – die Figuren bereits vorbereitet sind und nicht etwa aus dem Moment heraus entwickelt werden.

Im Vergleich zur Stanislawski-Improvisation ist das zunächst nichts Besonderes, denn Rollenarbeit gibt es auch dort und sie gehört streng genommen nicht zum situativen Setting. Dennoch stößt man auf zwei grundlegende Unterschiede, die die erste Besonderheit der *Commedia*-Improvisation umso deutlicher werden lassen. Zum einen nämlich handelt es sich bei den Figuren der *Commedia dell'arte* nicht um individuelle Charaktere, sondern um Typen und zum anderen werden diese Typen nicht immer wieder neu entwickelt, sondern sie kehren in den unterschiedlichsten Zusammenhängen in verschiedenen Inszenierungen immer wieder auf. Der Pantalone ist alt, reich, geizig und rennt den Frauen hinterher. Das weiß man, darauf kann man sich verlassen. Und man weiß, dass der Capitano ein stolzer Angeber ist, der sich selbst als tapferen Krieger sieht, aber sofort kreischend davon rennt, wenn er eine Maus entdeckt. Wie in heutigen *Daily-Soaps* im Fernsehen kann man die jeweiligen Figuren also schnell wiedererkennen, man braucht nicht allzu aufmerksam sein, um deren Motive zu verstehen und man kann der Handlung auch dann folgen, wenn man den Beginn der Vorstellung verpasst hat.

Es lässt sich also annehmen, dass das Auftreten dieser überzeichneten Figuren ursprünglich dem Publikum dienen sollte. Gleichzeitig aber entwickelte sich hieraus auch ein Vorteil für die Improvisation der Schauspieler, denn auch sie konnten sich auf wiederkehrende Muster verlassen und mit ihnen spielen, auch sie konnten mit bestimmten Reaktionen des Pantalone und des Capitano rechnen.

Darin liegt eine wichtige Besonderheit, der man im Rahmen eines heutigen Schauspieltrainings auch dann entsprechen kann, wenn man sich nicht um die historischen *Commedia*-Figuren kümmert, sondern ausschließlich um die ihnen zugrunde liegenden Spieltechniken, also zum Beispiel die Arbeit mit Halbmasken oder mit ausgeprägtem Körpertheater.

In der Praxis kann das so aussehen: Das Training der letzten Wochen drehte sich darum, die persönlichen körperlichen Bewegungsmuster der Schauspieler durch die Arbeit mit Parallelfiguren zu öffnen. Sie experimentierten also zum Beispiel mit den besonderen Bewegungsmustern bestimmter Tiere, um diese nach und nach in die Gestaltung einer neuen (menschlichen) Figur zu übernehmen – eine verbreitete Technik, die sich hervorragend auch für den sehr körperlichen Stil der *Commedia* nutzen lässt: Der Harlekin bewegt sich vielleicht wie eine Katze, während Brighellas Bewegungen eher an einen Bären erinnern.

Heute aber geht der Trainer mit dem Ensemble noch einen Schritt weiter: Er bittet die Schauspieler, anstelle eines Tieres einen Gegenstand auszusuchen und zu erproben, wie sich die Orientierung an wesentlichen Merkmalen dieses Gegenstandes auf die Entwicklung der eigenen Figur auswirkt. Diesen Prozess leitet er so an, dass die Spieler zu sehr deutlichen und überzeichneten Figuren gelangen. Gegen Ende der Trainingseinheit treffen die solcherweise entwickelten Figuren in kurzen Improvisationen aufeinander. Eine Figur zum Beispiel, die sich an den Eigenarten eines Toasters orientiert und darum sehr eckig auftritt, wundersamerweise eine stark schwankende Aktivität entwickelt und in Momenten höchster Erregung Schluckauf bekommt – eine solche Figur trifft auf eine andere, die unglaublich tief Luft holt, die ganz leicht ist und, immer wenn sie etwas Neues hört, ganz schwer zu werden scheint – offenbar ein Schwamm. Zwischen diesen beiden sonderbaren Figuren entstehen aus dem Nichts heraus kuriose Situationen und ungewöhnliche Ereignisse, sodass der Rest des Ensembles, der jenseits der Bühnenkante sitzt, aus dem Kichern und Staunen nicht herauskommt. Auch wenn es zunächst ganz anders erscheint: Vermutlich kann man mit dieser Improvisation dem Wesen der ursprünglichen *Commedia dell'arte* näher kommen als mit der Inszenierung einer Goldoni-Szene.

Ein zweites Merkmal der *Commedia*-Improvisation liegt darin, dass man deren »Bindung« an das Szenen-Ende knüpft. Im Gegensatz zum situativen Spiel konzentriert sich der jeweilige Schauspieler also nicht auf die Ausgangssituation, die er sich im Vorfeld der Improvisation (in Absprache mit den anderen) zurechtgelegt hat, sondern auf das Ergebnis. Die zu klärende Frage lautet: Wie muss die Szene enden? Was ist das Ergebnis? Der Weg dorthin bleibt dabei natürlich weitgehend offen und wird immer neu erspielt.

Der Hintergrund dieser Arbeitsweise liegt darin, dass die Inszenierungen der ursprünglichen *Commedia dell'arte* zwar ausdrücklich ohne Drama auskamen, also ohne festgelegte Dialoge, nicht aber ohne Dramaturgie, denn einen groben Handlungsfaden gab es durchaus. Wollte man aber der Improvisation Raum geben und dennoch diesem abgesprochenen Plan folgen, musste man sich darauf konzentrieren, dass bestimmte Handlungsschritte gemeinsam erreicht werden.

Zum Beispiel: Am Ende der dritten Szene ist Pantalones Geldbeutel weg. Oder Brighella muss zum Arzt.

Man weiß heute, dass die Ensembles bereits im 16. Jahrhundert nach solchen Szenarien gespielt haben. Von den überlieferten Exemplaren gibt es einige, die ungeheuer umfangreich sind und beinahe einer exakten Beschreibung aller Bühnenvorgänge gleichen. Man kann aber wohl davon ausgehen, dass solche Texte erst im Nachhinein entstanden sind, sozusagen als Dokumentation einer besonders erfolgreichen Inszenierung. Im beruflichen Alltag der Schauspieler spielten sie vermutlich kaum eine Rolle. Erstens lässt sich eine knappere Zielformulierung im *Off* schneller aufnehmen und zweitens konnten die meisten Schauspieler ohnehin nicht lesen.

Aus Sicht heutiger Stanislawski-Schüler könnte man an der Stimmigkeit einer solchermaßen gebundenen Improvisation zweifeln. Wie kann man eine Szene beginnen, ohne dass man weiß, wo die Figur ist und zu welcher Zeit? Und ergibt sich nicht aus dem Ende der einen Szene die Ausgangssituation für die nächste? Sicherlich könnte man hinter den Festlegungen einer *Commedia*-Truppe Antworten auf einige der berühmten W-Fragen entdecken, schon allein die Beziehung der Figuren untereinander ist ja weitgehend abgesteckt und gibt somit eine Antwort auf die Frage *Wer?*. Aber dennoch ist der Akzent ein anderer: Weil es eben nicht um realistische Situationen geht, nicht um differenzierte innere Zustände der Figuren und nicht um die Illusion der Individualität, sondern um bunte Überzeichnung, spielt die Ausgangssituation eine untergeordnete Rolle. Harlekin hat Hunger und da kommen ihm duftende Vanillekrapfen gerade recht – egal, ob er sich gerade vor dem Wirtshaus befindet oder im Garten.

Die Improvisation ist also gebunden durch Szenarien, die sich gelegentlich ändern und Figuren, die sich niemals ändern. Es gibt aber noch ein drittes wesentliches Merkmal der *Commedia*: die *Lazzi*.

Ein *Lazzo* ist im Italienischen ein Scherz, allerdings lässt sich der Begriff in diesem Zusammenhang besser übersetzen mit »künstlerische Einlage« oder »Nummer«, so wie man zum Beispiel von einer »Zirkusnummer« spricht. Gemeint ist also ein vorbereiteter Teil der Inszenierung, der besonders geübt wurde und der darum auch eine besondere Wirkung erzielt. Harlekins Salto, Brighellas Krapfen-Jonglage oder das Lied der Columbina: All das sind natürlich keineswegs Ergebnisse spontaner Improvisation.

Der Zweck dieser »Nummern« lässt sich erneut aus den Aufführungsbedingungen erklären. Die Ensembles sind gezwungen, das Publikum zu unterhalten, sonst haben sie keine Einnahmen. Und darum greifen sie natürlich gelegentlich auf das zurück, was sich beim letzten Mal besonders bewährt hatte oder auf das, was sie ganz unabhängig vom jeweiligen Szenario in ihrem Repertoire haben.

Dabei muss keineswegs im Vorfeld geplant sein, welcher Schauspieler wann welches Kunststück zeigt – möglicherweise ist die eine Vorstellung darum voller *Lazzi*, während die andere ganz ohne sie auskommt. Und das wiederum hängt nicht nur am Zusammenspiel der Akteure untereinander, sondern auch am Publikum, denn sobald die Aufmerksamkeit der Zuschauer nachlässt, wird es Zeit, eine »Nummer« zu platzieren. Und natürlich auch, wenn sie ausdrücklich gefordert wird.

Aus diesem Grund kann man eine *Commedia*-Improvisation durchaus als eine Art schauspielerische Königsdisziplin auffassen, denn sie verlangt von den Künstlerinnen und Künstlern nicht nur Maskenspiel, Körpertheater und Improvisation, sondern auch eine ganze Reihe anderer Kunstfertigkeiten: Artistik, Akrobatik, Tanz, Gesang oder Zauberei. Und seit den Anfängen dieser Theatertradition mussten die Schauspieler neben alledem mehrere Musikinstrumente spielen können. Ohne ein entsprechendes Training ist das kaum denkbar.

Aber: *Lazzi* können den improvisatorischen Charakter der *Commedia dell'arte* auch gefährden. So, wie die Schauspieler bei der freien Improvisation nach einer gewissen Bühnenerfahrung gewollt oder ungewollt auf bestimmte Muster zurückgreifen, die sich bewährt haben, und so, wie sie beim situativen Spiel im Sinne einer »modellierenden Improvisation« besonders gelungene Ergebnisse als Fixpunkte künftiger Arbeitsschritte festlegen, so greifen sie im Rahmen einer *Commedia* auf starre *Lazzi* zurück: In allen Formen schauspielerischer Improvisation liegt die ständige Gefahr, die Freiheit des Augenblicks zu verlieren, die Präsenz. Und je mehr *Lazzi*, desto weniger Raum hat die Improvisation.

Aus dieser Perspektive kann man sich auch erklären, warum eine Zirkusvorstellung häufig so leblos wirkt: Hervorragend ausgearbeitete Nummern, beeindruckende Effekte, aufwendige Kostüme, Musik und Lichteffekte lassen dennoch erkennen, dass sich die Routine durchgesetzt hat. Und irgendwie ist das dann trotz vieler spannender Augenblicke alles andere als spannend. Ähnlich verhält es sich zum Beispiel bei Musicals. Und es lässt die grundsätzliche Grenze jeglicher Theaterprobe erkennen: Das, was im Kasten ist, kann man vergessen. Ein gutes Training ist in dieser Hinsicht die weitaus hilfreichere Vorbereitung.

Somit kommt mit dem dritten Merkmal der *Commedia*-Improvisation eine wichtige Erkenntnis auf dem Punkt. Denn es wird einerseits deutlich, dass Sicherheit, Planung und Routine nicht unvereinbar sind mit Improvisation, sondern dass sie – im Gegenteil – sogar hilfreich sein können. Andererseits aber bestätigt sich der grundlegende Gedanke, dass man nur dann von Improvisation sprechen kann, wenn man es mit offenen und nicht komplett kontrollierbaren Situationen zu tun hat. Was dem Fahrer des liegengebliebenen Busses den Schweiß auf die Stirn treibt, ist genau das, was dem Theaterzuschauer den Atem raubt.

3.3 Improvisation und Theaterpädagogik

Es wird hell.

Der Blick aus dem Fenster hinunter auf die noch unbelebte Straße war ursprünglich nur als kurze Pause gedacht, als eine Möglichkeit, die bisherigen Erkenntnisse unverkrampft vorüberziehen zu lassen und Abstand zu nehmen kurz vor dem abschließenden Gedanken. Ein Ausklinken, ein Sammeln. Aber aus einem Moment wurde eine unerwartet lange Phase. Das Zusammenfassen gedanklicher Linien nämlich hat einen doppelten Charakter, mit dem man sich erst anfreunden muss.

Einerseits verspricht die Auseinandersetzung des Theaterpädagogen mit schauspielerischer Improvisation wesentliche Antworten auf die eingangs gestellte Frage nach den Merkmalen eines theaterpädagogischen Schauspieltrainings. Die Reduktion all der Überlegungen auf ein knapp formulierbares Ergebnis erscheint in Reichweite. Andererseits aber deutet sich an, dass an diesem Punkt nichts Neues mehr erscheint, weil sich in der Verbindung von Improvisation und Theaterpädagogik all das bündelt, was man als Ergebnis der bisherigen Gedankenschritte auffassen kann.

Das Nachdenken wird also zu einem neuen Ruhepunkt gelangen. Vielleicht zu Erkenntnissen, die schnörkellos formuliert allzu platt daherkommen, leblos wie ein Lexikonartikel. Man wird sie nicht wertschätzen können, wenn man ihre Entstehung beiseitelässt und wenn man sie nicht in der Praxis mit Leben füllt. Somit liegt in dem letzten Gedankenschritt bereits eine Umkehr.

Dennoch ist er wichtig und nötig. Es bietet sich an, den Blick zu Beginn auf den Schauspieler zu richten und danach zu fragen, welche als »pädagogisch wertvoll« einzustufenden Wirkungen Improvisationen auf seine persönliche Entwicklung nehmen könnten. Und anschließend gilt es, daraus Konsequenzen zu ziehen, indem man den Theaterpädagogen selbst in den Blick nimmt, denjenigen also, der als Trainings- oder Spielleiter all diese Bildungsprozesse anstößt und begleitet.

Letzte und spannende Zuordnungen. Noch immer am Fenster, Bücher und Papier im Rücken.

Bildungspotenziale im Grenzbereich

Von Beginn an zeichnet sich ab: Die besonderen Bildungspotenziale, die mit bestimmten Formen schauspielerischen Tuns zusammenhängen, liegen in einem schwer zu benennenden Grenzbereich. Und um diesen Bereich kreisen all die Überlegungen, die eine Annäherung an das theaterpädagogische Schauspieltraining darstellen.

Doch worin liegen diese Schwierigkeiten? Warum muss man argumentativ so behutsam sein? Warum sagt man nicht klipp und klar, was Sache ist? Mit diesen Fragen gelangt man direkt zum eigentlichen Kern des Phänomens: Der gesuchte Grenzbereich erscheint – egal, aus welcher Richtung man auf ihn zugeht – in einer Sphäre, die dem kognitiven Denken nur begrenzt zugänglich ist und die sich darum begrifflich nur schwer erfassen lässt.

Bereits in den grundlegenden Reflexionen etwa wurde deutlich, dass sich das, was man als »ästhetisches Denken« auffassen kann, in einem Wechselspiel zwischen rationalen und intuitiven Prozessen äußert. Deutliche Parallelen dazu findet man, wenn man sich mit Kreativität befasst. Das nämlich, was bei Schiller anthropologisch begründet wird, findet eine Bestätigung in den Erkenntnissen der modernen Hirnforschung und Psychologie: Kreative Ideen entstehen – so die verbreitete Auffassung – in einem für Naturwissenschaftler nur schwer fassbaren Grenzbereich zwischen bewussten und unbewussten Vorgängen des Gehirns, in einem kurzfristigen Kontakt zwischen dem »ordentlichen« rationalen und dem vermeintlich »chaotischen« intuitiven Bereich des Denkens. Das konkretisiert sich in der Auseinandersetzung mit dem Spielbegriff: Auch ein Spiel zeichnet sich dadurch aus, dass es dem Spieler ein gewisses Maß an Unsicherheit zumutet, eine Spannung erzeugende Offenheit. Es wurde deutlich, dass ein Spiel erst dann möglich wird, wenn es sich der kognitiven Kontrolle ein Stück weit entzieht.

Schauspielerische Improvisation konnte nun als eine besondere Form kreativen Spielens bestimmt werden. Sie zeichnet sich zusätzlich aus durch Merkmale, die jeglicher Kunst zugeschrieben werden, also durch eine besondere Hervorhebung, eine Publikumsorientierung und ein weiterführendes Sinn- und Bedeutungspotenzial. Ein Kunstwerk ermöglicht eben jenes »Wechselspiel der Erkenntniskräfte«, von dem in ästhetischen Theorien die Rede ist. Dass das Kunstprodukt dabei im Beisein des Publikums hervorgebracht wird und dass der Künstler als kreativer Schöpfer mit diesem in unmittelbarer Weise verwoben ist, stellt eine Besonderheit dar, die die Improvisation des Schauspielers von der anderer Künstler unterscheidet.

Zentral für das Verständnis eines theaterpädagogischen Schauspieltrainings ist: Trotz dieser Besonderheiten bleibt das kreative Spiel Grundlage der schauspielerischen Improvisation.

Und von daher erscheinen die denkbaren Abgrenzungen nur allzu plausibel, denn nicht alles, was mit Schauspielerei zu tun hat, erfüllt diese Voraussetzung.

Institutionen etwa, die an den angestrebten künstlerisch-persönlichen Entwicklungspotenzialen nicht interessiert sind, solche, die künstlerische oder pädagogische Fragen einseitig betonen oder solche, die auf entsprechend ausgebildete Trainingsleiter verzichten müssen, arbeiten zwar möglicherweise gewissenhaft mit Schauspielerinnen und Schauspielern, bleiben aber von einem theaterpädagogischen Schauspieltraining in der Regel weit entfernt. Dieselbe Situation wird man dort vorfinden, wo man schauspielerische Kreativität ausdrücklich oder ungewollt zugunsten anderer Gestaltungskräfte unterdrückt. Oder dort, wo man das rationale Herangehen zu einseitig betont. Oder, wo man den jeweiligen Entwicklungsprozessen zu wenig Zeit einräumt. Die angestrebten Grenzerfahrungen werden in all diesen Fällen kaum in Gang gesetzt werden.

Umgekehrt aber ist auch nicht jede auf einer Bühne stattfindende Grenzerfahrung in theaterpädagogischem Sinne als wertvoll einzustufen. Das zeigt sich etwa, wenn man eine theatrale Grenzerfahrung unter die Lupe nimmt, die in den Theaterwissenschaften besonders gerne beispielhaft herangezogen wird, da sie an einen der möglichen Ursprünge jeglichen Theaters führt: den religiösen Ritus nämlich.

Vor dem Hintergrund der bisherigen Überlegungen kann man regelrecht durchspielen, inwiefern in dem angenommenen Fall Merkmale schauspielerischer Improvisation feststellbar sind.

Ein Schamane will im Auftrag der Dorfgemeinschaft mithilfe eines bestimmten Zeremoniells Kontakt mit den Göttern aufnehmen. Die Performance findet im Beisein des Publikums statt und der Schamane verwendet theatrale Zeichen, die sein Handeln gegenüber dem Alltagshandeln abgrenzen. Ein Kostüm, eine Maske, ein »heiliger Raum«, der als besonders abgegrenzter Bühnenbereich gilt. Zusätzlich vielleicht Musik oder Texte. Und all dies nutzt er, um in einen Grenzbereich zu gelangen, der sein Bewusstsein aufhebt, ohne ihn zu betäuben, der ihn also in die Lage versetzt mehr auszudrücken, als es ihm unter normalen Umständen möglich wäre. Aus der distanzierten Sicht des heutigen Beobachters kann man in dem Versuch der Kontaktaufnahme mit den Göttern also durchaus Parallelen zu kreativen Prozessen sehen.

Dennoch bleibt ein wesentliches Merkmal zumindest fragwürdig: Handelt es sich dabei tatsächlich um ein Spiel? Kann man tatsächlich von einem konsequenzreduzierten Rahmen ausgehen? Oder ist der religiöse Ritus für den Schamanen und sein Publikum nicht vielmehr Teil des durchaus ernsten Überlebenskampfes? Hängen von den »Botschaften« der Götter nicht wesentliche Existenzfragen ab, etwa die Entscheidung, ein Dorf zu gründen, jetzt zu ernten oder bestimmte Verträge mit Nachbarstämmen einzugehen?

Das Beispiel zeigt, dass es durchaus hilfreich ist, den Begriff der schauspielerischen Improvisation klar zu definieren und dabei insbesondere die Aspekte des Spiels und der Kreativität zu berücksichtigen. Und auf dieser Grundlage lässt sich die Zielperspektive eines theaterpädagogischen Schauspieltrainings in aller Kürze umreißen: Es geht um die persönliche und künstlerische Entfaltung der Schauspielerinnen und Schauspieler durch Grenzerfahrungen.

Welche konkreten Einzelprozesse dabei wirken, kann man allenfalls vermuten. Man kann vermuten, dass die Grenzerfahrungen ein emanzipatorisches Potenzial haben, weil man von eigenen Denkgewohnheiten Abstand nimmt und in der Lage ist neue Perspektiven zu entwickeln. Man kann vermuten, dass die Erfahrung der Ungewissheit besondere Fähigkeiten zum Umgang mit unbekannten Situationen fördert oder eine grundsätzlich entspanntere Lebenshaltung.

Aber es bleibt Vermutung. Die angestrebten Bildungsprozesse lassen sich eben nicht in alle Einzelteile zerlegen. Prinzipiell nicht. Und nach den bisherigen Überlegungen versteht man auch warum: Allein der Versuch würde ihre Voraussetzung zerstören, nämlich den Schwebezustand in Grenzbereichen.

Herausforderungen für die Trainingsleitung

Wie aber muss eine theaterpädagogische Leitung handeln, um diesem Ziel möglichst nahe zu kommen? Sind ebenso eindeutige Ergebnisse hinsichtlich der methodischen Grundsätze formulierbar?

Jein. Mittlerweile lassen sich klare und praktisch brauchbare Leitlinien für ein Improvisationstraining begründen – und ebenso die bereits zu Beginn geäußerte Vermutung, dass man damit dennoch nicht zu Erfolgsrezepten gelangen kann.

Zwei wesentliche Orientierungen ergeben sich aus der grundlegenden Forderung, die Besonderheiten schauspielerischer Improvisation auf kreatives Spiel aufzubauen. Mit ihnen muss der Theaterpädagoge umgehen, wenn er die künstlerische und persönliche Entwicklung des Ensembles unterstützen möchte.

Erstens muss er diese Basis bei der Planung und Leitung des Trainings stets verteidigen. In diesem Sinne könnte man zugespitzt sagen: ohne Spiel kein Schauspiel.

Und wie bereits deutlich wurde, kann er dieser Forderung mithilfe verschiedener Strategien entsprechen. Weil die Besonderheiten des Schauspiels, insbesondere die zeitliche Ko-Präsenz des Publikums und dessen wertende Beobachtung, gerade bei ungeübten Schauspielern Ängste hervorrufen können, kann es sich zum Beispiel anbieten, diese Aspekte zunächst auszublenden. Die Freiräume des kreativen Spielens bleiben auf diese Weise erhalten, und die häufig zu beobachtenden Verkrampfungen bleiben ebenso aus wie die Flucht in vermeintlich »sichere« Konventionen. Erst nach und nach kann dann der performative Aspekt ins Spiel gebracht werden, kurzfristige Hervorhebungen, aber eben nur so weit, dass die spielerische Basis nicht darunter leidet.

Eine weitere Möglichkeit besteht darin, dass der Leiter die Anforderungen der ästhetischen Gestaltung in Spielregeln »übersetzt«. Auf diese Weise erlebt das Ensemble die »Arbeit« an Rollen und Szenen erst gar nicht als etwas Spielfremdes. Die Auffassung, mit Beginn der eigentlichen Theaterarbeit ende das spielerische Herumspringen im Proberaum, wird damit verworfen. Bei besonderer Meisterschaft kann diese Strategie dazu führen, dass das Ensemble irgendwann fragt, wann denn nun die Inszenierung beginne und die Antwort erhält: Wir sind schon fast fertig.

Im Laufe eines längerfristigen Trainingsprozesses kann man bei Schauspielerinnen und Schauspielern oft beobachten, dass sie diese »Übersetzung« selbst übernehmen, insbesondere durch internalisierte Techniken. Wie unglaublich anstrengend erleben Anfängerinnen das Zerlegen von Szenen in Spielsituationen! Nicht selten verzweifeln sie an der Vielzahl der W-Fragen, an Brüchen oder Drehpunkten, an der Grenze zwischen Rolle und Situation. Aber: Jede Technik erweist sich nur dann als brauchbar, wenn sie letztlich die Arbeit der Spielerinnen und Spieler erleichtert und nicht erschwert. Je langfristiger ein gut aufgezogenes theaterpädagogisches Schauspieltraining läuft, desto mehr werden entsprechende Handlungen wie »aus dem Bauch heraus« entstehen. Die bewusste Entscheidung für eine bestimmte Spielregel wird also tendenziell durch Intuition ersetzt.

All diese möglichen Maßnahmen dienen letztlich dazu, die Grenzerfahrungen zu ermöglichen, auf die es aus theaterpädagogischer Sicht so zentral ankommt.

Zweitens wird damit eine weitere Leitlinie deutlich, die sich im Verlauf der bisher angestellten Überlegungen bereits mehrfach andeutete. Die jeweiligen Schauspieltechniken stellen nicht das Ziel theaterpädagogischer Arbeit dar, sie sind lediglich hilfreiche Werkzeuge. Und zwar in doppelter Hinsicht: zum einen natürlich hinsichtlich der Persönlichkeitsentwicklung. Es erscheint unmittelbar einleuchtend, dass es im Zustand der Grenzerfahrung nicht darauf ankommt, auf welchem Wege man ihn erreicht hat – immer unter der Voraussetzung des kreativ-spielerischen Charakters. Aber auch die künstlerische Entwicklung hängt nicht wesentlich von der Frage ab, welche Techniken man gelernt hat, sondern eher davon, dass man mit ihrer Hilfe eine angemessene Spielhaltung entwickelt hat. Ein Performance-Künstler oder ein Tänzer kann zum Beispiel an einem langfristigen Impro-Theater-Training durchaus künstlerisch wachsen, obwohl er nie in einer Impro-Show auftreten wird. Und eine Grundschulklasse kann erheblich von einem Stanislawski-Training profitieren.

Erfahrene Schauspieler geraten zu Recht ein wenig ins Schmunzeln, wenn Anfänger aufgeregt wissen wollen, mit welcher Technik denn hier oder dort gearbeitet werde, wie man die Bewegungsstudien Meyerholds für die Improvisation nutzen könne oder welche Elemente des Chorischen man wo einsetzen könne. Aus Sicht der alten Hasen fließt das alles irgendwo zusammen. Die »Schulen« verlieren an Bedeutung und es gibt für sie letztlich nur Kolleginnen und Kollegen, die spielen können und solche, die es nicht können.

In dieser Hinsicht übernimmt der Theaterpädagoge eine Vermittlerposition. Er versteht augenzwinkernd das Lächeln der Profis und teilt deren Einschätzung über das letztliche Ziel all des Trainings, dass es nämlich weniger darauf ankomme, *was* man spiele, als vielmehr darauf, *dass* man spiele. Darum verzichtet er auf allzu starke Spezialisierung. Gleichzeitig aber muss er als Begleiter der angestrebten Bildungsprozesse die jeweiligen Spiele und ihre Regeln absolut ernst nehmen, sonst verlören sie ihren Sinn. Die vermeintliche Beliebigkeit mündet also keineswegs in eine Larifari-Haltung während des Trainings, im Gegenteil.

Derartige Grundorientierungen theaterpädagogischen Schauspieltrainings haben sich bereits in all den vorausgegangenen Gedankenschritten abgezeichnet und bisweilen ließen sich auch brauchbare Verfahren benennen, die sich für die Umsetzung während des Trainings konkret anbieten.

Aber es lässt sich vor dem Hintergrund der bisherigen Erkenntnisse auch klar sagen, warum eine weitere Konkretion hin zu direkt umsetzbaren Erfolgsrezepten weder sinnvoll noch möglich ist und warum die Frage »Wie leitet man ein theaterpädagogisches Schauspieltraining?« offen bleiben muss.

Die Leitung steht (wie gesagt) keineswegs außerhalb der jeweiligen Improvisationsprozesse, die im Proberaum ablaufen. Auch wenn sie selbst nicht denselben Regeln unterliegt wie das übrige Ensemble, so ist sie doch auf vielfältige Art und Weise in die Spielprozesse verwoben, und zwar so, dass sie die einzelnen Schritte keineswegs einplanen kann. Im Gegenteil: Allein der Versuch, den spontanen und aus dem Wechselspiel verschiedener Impulse entstehenden Improvisationsprozess im Voraus zu bestimmen, ist zum Scheitern verurteilt, denn er würde den Kern des eigenen Bildungsanspruches untergraben.

Jede Übung, jede Intervention, jede Spielregel bleibt ohne den jeweiligen Kontext leer und nichtssagend. Erst durch den Kontext, der sich durch die unberechenbaren Spielverläufe stets neu ergibt, bekommen Werkzeuge ihren Sinn. Und das bedeutet: Erst dadurch tritt auch die Trainingsleitung in das gemeinsame Spiel ein, auch sie bewegt sich dann in den so bedeutsamen Grenzbereichen, in denen rationale Kontrolle und Intuition miteinander ins Wechselspiel geraten. Und auch sie erlebt dabei Momente, die sich von den Flow-Erlebnissen der Schauspieler kaum unterscheiden. Selbst die Außenwirkung ist ähnlich: Je besser ihr das alles gelingt, desto »leichter« wird die jeweilige Trainingseinheit erscheinen. Und dennoch wird sie mehr Energie kosten als das Abarbeiten festgelegter Abläufe.

Auch für die Improvisation der Leitung gilt: Man darf sie keineswegs mit reiner Spontanität gleichsetzen, mit einem unterspannten Sehn-wir-mal. Stattdessen zeigt sich, dass die eigentlich im Dienste der Schauspieler verwendeten Improvisationstechniken auch für die Leitung zu wichtigen Orientierungen während einer Trainingseinheit werden können. Es ist fast egal, welche Erscheinungsform schauspielerischer Improvisation man dazu heranzieht.

Man könnte sich zum Beispiel in Anlehnung an ein Prinzip der *Commedia*-Improvisation zu Beginn einer Einheit vornehmen, welches Ergebnis man insgesamt erreichen möchte, sich auf dem Weg dorthin aber weitgehend frei bewegen und für den Fall, dass das Spiel ins Stocken gerät, bestimmte vorbereitete Impulse im Hinterkopf haben – vergleichbar mit den *Lazzi* der Straßenkünstler.

Oder man könnte sich zu Beginn eines Trainings bewusst machen, mit wem man arbeitet, wozu man heute hier ist und welches Fernziel man vor Augen hat – und den Rest der solchermaßen gebundenen Improvisation überlassen, die sich aus den Interaktionen im Proberaum insgesamt ergibt. Ganz nach dem Improvisationsmodell der Stanislawski-Schule.

Oder man könnte sich als Leitung in eine freie Improvisation mit dem Ensemble begeben, in der es darauf ankommt, wachsam wahrzunehmen, was die anderen ins Spiel bringen, und gleichzeitig gelegentlich selbst Angebote zu machen, die die Improvisation in Gang halten.

Wie für den Schauspieler selbst gilt demzufolge: Auch auf dieser Ebene ist es weniger wichtig, was man spielt, als vielmehr, dass man spielt. Je mehr man die jeweiligen Einzeltechniken verinnerlicht hat, desto weniger wird man sich während des Trainings bewusst mit ihnen auseinandersetzen. Und diese Einsicht wiederum lässt einen wertvollen Rückschluss zu auf die Ausbildung angehender Theaterpädagoginnen und Theaterpädagogen, nämlich den, dass sie denselben Weg durchlaufen müssen wie Schauspielerinnen und Schauspieler. Auch sie werden nur dann erfolgreich arbeiten, wenn sie sich in der praktischen Erfahrung immer wieder dem Wechselspiel der Erkenntniskräfte hingeben, wenn sie sich in offene Spielwelten wagen und wenn sie den Mut gefunden haben, zum Grenzgänger zu werden.

Somit schließt sich hier der Kreis.

Ein Blick zurück in das Zimmer des Gelehrten: auf Papiere, Bücherstapel, Plakate und ein aufgeklapptes Notebook. Auf leere Kaffeetassen, Wasserflaschen und eine leere Tüte Gummibärchen. Es sieht verdammt wild aus. Es sieht aus, als hätte sich viel bewegt in dieser Nacht. Die Ausgangsfragen, die sich am Erlebnis der Straßentheater-Truppe entzündet hatten, lauteten: Wie kann man sich ein theaterpädagogisches Schauspieltraining vorstellen? Wie läuft es ab? Und es scheint, als wären einige Antworten darauf zustande gekommen.

Keine endgültigen. Es bleibt ein Versuch. Aber immerhin entstanden neue Erkenntnisse, die im Training vertieft, ins Spiel gebracht und erprobt werden müssen. Vielleicht heute Abend im Proberaum.

Oder zunächst ganz unmittelbar: im Schlaf.

Literaturempfehlungen

Brook, Peter: Der leere Raum. Aus dem Englischen von Walter Hasenclever. 10. Aufl., Berlin 2009.

Dresler, Martin/Tanja Gabriele Baudson (Hgg.): Kreativität. Beiträge aus den Natur- und Geisteswissenschaften. Stuttgart 2008.

Ebert, Gerhard: Improvisation und Schauspielkunst. Über die Kreativität des Schauspielers. 4., überarb. Aufl., Berlin 1999.

Fritz, Jürgen: Das Spiel verstehen. Eine Einführung in Theorie und Bedeutung. Weinheim u. München 2004.

Heimlich, Ulrich: Einführung in die Spielpädagogik. Eine Orientierungshilfe für sozial-, schul- und heilpädagogische Arbeitsfelder. 3., vollst. überarb. u. erw. Aufl., Bad Heilbrunn 2014.

Johnstone, Keith: Improvisation und Theater. Mit einem Vorwort von Irving Wardle und einem Nachwort von George Tabori. 10. Aufl., Berlin 2010.

Lange, Marie-Luise (Hg.): Performativität erfahren. Aktionskunst lehren – Aktionskunst lernen. Berlin 2006.

Lecoq, Jaques: Der poetische Körper. Eine Lehre vom Theaterschaffen. 3., korr. u. erw. Aufl., Berlin 2012.

Sachser, Dietmar: Theaterspielflow. Über die Freude als Basis schöpferischen Theaterschaffens. Berlin 2009.

Scheuerl, Hans: Das Spiel. Bd. 1: Untersuchungen über sein Wesen, seine pädagogischen Möglichkeiten und Grenzen. 12. Aufl., Weinheim u. Basel 1994.

Spork, Peter: Das Schlafbuch. Warum wir schlafen und wie es uns am besten gelingt. 2. Aufl., Reinbek bei Hamburg 2012.

Toporkow, Wassili: Stanislawski bei der Probe. Erinnerungen. Leipzig 2013.

Literaturverzeichnis

Ahrends, Günther (Hg.): Konstantin Stanislawski. Neue Aspekte und Perspektiven. Tübingen 1992.

Alschitz, Jurij: Training forever! Part 1. Hg. v. Christine Schmalor. Berlin 2013.

Andersen, Marianne Miami: Theatersport und Improtheater. Planegg 1996.

Artaud, Antonin: Das Theater und sein Double. Berlin 2012.

Aye, Thomas: Praxis Schauspiel. Arbeitsheft für den Einstieg in die »klassische« Schauspielpädagogik und Hilfen für den Einstieg in die Probenarbeit. 3., völlig überarb. Aufl., Milow 2007.

Balme, Christopher: Einführung in die Theaterwissenschaft. 5., neu bearb. u. erw. Aufl., Berlin 2014.

Barba, Eugenio: Jenseits der schwimmenden Inseln. Reflexionen mit dem Odin-Theater. Theorie und Praxis des Freien Theaters. Reinbek bei Hamburg 1985.

Batz, Michael/Horst Schroth: Theater zwischen Tür und Angel. Handbuch für Freies Theater. Reinbek bei Hamburg 1983.

Belgrad, Jürgen (Hg.): Theaterspiel. Ästhetik des Schul- und Amateurtheaters. Baltmannsweiler 1997.

Benner, Dietrich: Studien zur Theorie der Erziehungswissenschaft. Pädagogik als Wissenschaft, Handlungstheorie und Reformpraxis. Bd. 1. Weinheim u. München 1994.

Boal, Augusto: Übungen und Spiele für Schauspieler und Nicht-Schauspieler. Aktual. u. erw. Ausg., Berlin 2013.

Boal, Augusto: Der Regenbogen der Wünsche. Methoden aus Theater und Therapie. Milow 2005.

Bochow, Jörg: Das Theater Meyerholds und die Biomechanik. 2., bearb. Aufl., Berlin 2010.

Brauneck, Manfred: Theater im 20. Jahrhundert. Programmschriften, Stilperioden, Kommentare. Vollst. überarb. u. erw. Neuausgabe. Reinbek bei Hamburg 2009.

Brecht, Bertolt: Schriften zum Theater. Über eine nicht-aristotelische Dramatik. 22. Aufl., Frankfurt/M. 1993.

Broich, Josef: Theaterpädagogik konkret. Ansichten, Projekte, Ausblicke. 5., erw. u. überarb. Aufl., Köln 2014.

Brook, Peter: Der leere Raum. Aus dem Englischen von Walter Hasenclever. 10. Aufl., Berlin 2009.

Brook, Peter: Wanderjahre. Schriften zu Theater, Film und Oper 1946-1987. Neuaufl., Berlin 1997.

Caillois, Roger: Die Spiele und die Menschen. Maske und Rausch. Frankfurt/M. 1982.

Čechov, Michail A.: Die Kunst des Schauspielers. Moskauer Ausgabe. 4. Aufl., Stuttgart 2010.

Craig, Edward Gordon: Über die Kunst des Theaters. Berlin 1969.

Czerny, Gabriele: Theaterpädagogik. Ein Ausbildungskonzept im Horizont personaler, ästhetischer und sozialer Dimension. 7. Aufl., Augsburg 2011.

Denk, Rudolf/Thomas Möbius: Dramen- und Theaterdidaktik. Eine Einführung. 2., neu bearb. Aufl., Berlin 2010.

Domkowsky, Romi: Erkundungen über langfristige Wirkungen des Theaterspielens. Eine qualitative Untersuchung – Auf Spurensuche. Saarbrücken o.J.

Dörger, Dagmar/Hans-Wolfgang Nickel (Hgg.): Spiel- und Theaterpädagogik studieren. Milow 2005.

Dresler, Martin/Tanja Gabriele Baudson (Hgg.): Kreativität. Beiträge aus den Natur- und Geisteswissenschaften. Stuttgart 2008.

Dreysse, Miriam/Florian Malzacher (Hgg.): Experten des Alltags. Das Theater von Rimini Protokoll. Berlin 2007.

Ebert, Gerhard: Improvisation und Schauspielkunst. Über die Kreativität des Schauspielers. 4., überarb. Aufl., Berlin 1999.

Fischer-Lichte, Erika: Ästhetik des Performativen. Frankfurt/M. 2004.

Fischer-Lichte, Erika: Theaterwissenschaft. Eine Einführung in die Grundlagen des Faches. Tübingen 2010.

Fischer-Lichte, Erika/Doris Kolesch/Matthias Warstat (Hgg.): Metzler Lexikon Theatertheorie. 2., aktual. u. erw. Aufl., Stuttgart 2014.

Fo, Dario: Kleines Handbuch des Schauspielers. Mit einem Beitrag von Franca Rame. 4. Aufl., Frankfurt/M. 2007.

Friedmann, Karl: Trainingslehre. Sporttheorie für die Schule. 2. Aufl., Pfullingen 2009.

Fritz, Jürgen: Das Spiel verstehen. Eine Einführung in Theorie und Bedeutung. Weinheim u. München 2004.

Gadamer, Hans-Georg: Die Aktualität des Schönen. Kunst als Spiel, Symbol und Fest. Stuttgart 2012.

Goffman, Erving: Wir alle spielen Theater. Die Selbstdarstellung im Alltag. 13. Aufl., München 2013.

Gortschakow, Nikolai: Die Wachtangow-Methode. Die Wiederentdeckung der Improvisation für das Theater. Berlin 2008.

Gronemeyer, Nicole/Bernd Stegemann (Hgg.): Lektionen 2. Regie. Berlin 2009.

Größing, Stefan: Einführung in die Sportdidaktik. 9., überarb. u. erw. Aufl., Wiebelsheim 2007.

Grotowski, Jerzy: Für ein armes Theater. Mit einem Vorwort von Peter Brook. 3. Aufl., Berlin 2006.

Habermas, Jürgen: Die neue Unübersichtlichkeit. Frankfurt/M. 1985.

Habermas, Jürgen: Der philosophische Diskurs der Moderne. Zwölf Vorlesungen. 11. Aufl., Frankfurt/M. 2011.

Heimlich, Ulrich: Einführung in die Spielpädagogik. Eine Orientierungshilfe für sozial-, schul- und heilpädagogische Arbeitsfelder. 3., vollst. überarb. u. erw. Aufl., Bad Heilbrunn 2014.

Hentig, Hartmut von: Kreativität. Hohe Erwartungen an einen schwachen Begriff. 3. Aufl., Weinheim u. Basel 2000.

Hentschel, Ingrid/Klaus Hoffmann/Florian Vaßen (Hgg.): Brecht & Stanislawski und die Folgen. Anregungen für die Theaterarbeit. Berlin 1997.

Hentschel, Ulrike: Auf der Suche nach einer Theorie der Spiel- und Theaterpädagogik. In: Korrespondenzen, Heft 39 (2001), S. 11-14.

Hentschel, Ulrike/Hans Martin Ritter (Hgg.): Entwicklungen und Perspektiven der Spiel- und Theaterpädagogik. Festschrift für Hans-Wolfgang Nickel. Milow 2003.

Hentschel, Ulrike.: Theaterspielen als ästhetische Bildung. Über einen Beitrag produktiven künstlerischen Gestaltens zur Selbstbildung. 3. Aufl., Milow 2010.

Hilliger, Dorothea: Theaterpädagogische Inszenierung. Beispiele – Reflexionen – Analysen. Milow 2009.

Hilliger, Dorothea (Hg.): Freiräume der Enge. Künstlerische Findungsprozesse der Theaterpädagogik. Milow 2009.

Hinz, Melanie/Jens Roselt: Chaos und Konzept. Proben und Probieren im Theater. Berlin 2011.

Hippe, Lorenz: Und was kommt jetzt? Szenisches Schreiben in der theaterpädagogischen Praxis. Weinheim 2011.

Hoffmeier, Dieter/Klaus Völker (Hgg.): Werkraum Meyerhold. Zur künstlerischen Anwendung der Biomechanik. Aufsätze und Materialien. Berlin 1995.

Horkheimer, Max/Theodor W. Adorno: Dialektik der Aufklärung. Philosophische Fragmente. Frankfurt/M. 2012.

Huizinga, Johan: Homo ludens. Vom Ursprung der Kultur im Spiel. 23. Aufl., Hamburg 2013.

Jank, Werner/Hilbert Meyer: Didaktische Modelle. 10. Aufl., Berlin 2011.

Jenisch, Jakob: Handbuch Amateurtheater. Berlin 2005.

Johnstone, Keith: Improvisation und Theater. Mit einem Vorwort von Irving Wardle und einem Nachwort von George Tabori. 10. Aufl., Berlin 2010.

Johnstone, Keith: Theaterspiele. Spontaneität, Improvisation und Theatersport. 9. Aufl., Berlin 2014.

Jurké, Volker/Dieter Link/Joachim Reiss (Hgg.): Zukunft Schultheater. Das Fach Theater in der Bildungsdebatte. Hamburg 2008.

Kaiser, Arnim/Ruth Kaiser: Studienbuch Pädagogik. Grund- und Prüfungswissen. 10., überarb. Aufl., Berlin 2001

Kant, Immanuel: Kritik der Urteilskraft. Hrsg. v. Wilhelm Weischedel. 17. Aufl., Frankfurt/M. 2004.

Kemper, Peter (Hg.): »Postmoderne« oder Der Kampf um die Zukunft. Die Kontroverse in Wissenschaft, Kunst und Gesellschaft. Frankfurt/M. 1991.

Klepacki, Leopold: Schultheater. Theorie und Praxis. Münster u.a. 2004.

Koch, Gerd/Marianne Streisand (Hgg.): Wörterbuch (der) Theaterpädagogik. 3. Aufl., Milow 2009.

Kotte, Andreas: Theaterwissenschaft. Eine Einführung. 2., aktual. Aufl., Köln u.a. 2012.

Kramer, Martin: Schule ist Theater. Theatrale Methoden als Grundlage des Unterrichtens. 2. Aufl., Baltmannsweiler 2013.

Kron, Friedrich W.: Grundwissen Didaktik. 6., überarb. Aufl., München 2014.

Kunz, Marcel/Alessandro Marchetti: Arlecchino & Co. Historische Einführung, didaktische Darstellung, Spielanregungen zur Commedia dell'arte. 2. Aufl., Zug 1989.

Lange, Marie-Luise (Hg.): Performativität erfahren. Aktionskunst lehren – Aktionskunst lernen. Berlin 2006.

Lazarowicz, Klaus/Christopher Balme (Hgg.): Texte zur Theorie des Theaters. Durchges. u. bibliograf. erg. Ausg., Stuttgart 2000.

Lecoq, Jaques: Der poetische Körper. Eine Lehre vom Theaterschaffen. 3., korr. u. erw. Aufl., Berlin 2012.

Lehmann, Hans-Thies: Postdramatisches Theater. 4. Aufl., Frankfurt/M. 2008.

Lenzen, Dieter (Hg.): Pädagogische Grundbegriffe (Bd. 1 u. 2). 7. Aufl., Reinbek bei Hamburg 2005.

Liebau, Eckart/Leopold Klepacki/Dieter Linck/Andreas Schröer (Hgg.): Grundrisse des Schultheaters. Pädagogische und ästhetische Grundlegung des Darstellenden Spiels in der Schule. Weinheim u. München 2005.

Liebau, Eckart/Leopold Klepacki/Jörg Zirfas: Theatrale Bildung. Theaterpädagogische Grundlagen und kulturpädagogische Perspektiven für die Schule. Weinheim u. München 2009.

Liebau, Eckart/Jörg Zirfas (Hgg.): Die Sinne und die Künste. Perspektiven ästhetischer Bildung. Bielefeld 2008.

Liessmann, Konrad Paul: Ästhetische Empfindungen. Eine Einführung. Wien 2009.

Liessmann, Konrad Paul: Das Universum der Dinge. Zur Ästhetik des Alltäglichen. 5. Aufl., Wien 2010.

Lipp, Ulrich/Hermann Will: Das große Workshop-Buch. Konzeption, Inszenierung und Moderation von Klausuren, Besprechungen und Seminaren. 8., überarb. u. erw. Aufl., Weinheim u. Basel 2008.

Ludwig, Ralf: Kant für Anfänger. Die Kritik der Urteilskraft. Eine Lese-Einführung. 2. Aufl., München 2011.

Macho, Thomas H./Manfred Moser/Christof Šubik (Hgg.): Ästhetik. Arbeitstexte für den Unterricht. Stuttgart 1986.

Matzke, Annemarie: Arbeit am Theater. Eine Diskursgeschichte der Probe. Bielefeld 2012.

Mehnert, Henning: Commedia dell'arte. Struktur – Geschichte – Rezeption. Stuttgart 2003.

Mettenberger, Wolfgang: Lasst mich den Löwen auch spielen! Regie und Spielleitung im Amateur- und Schultheater. Weinheim 2009.

Mirbt, Rudolf: Münchener Laienspiel-Führer. Eine Wegweisung für das Laienspiel und für mancherlei andere Dinge. München 1931.

Mollenhauer, Klaus: Grundfragen ästhetischer Bildung. Theoretische und empirische Befunde zur ästhetischen Erfahrung von Kindern. Weinheim u. München 1996.

Müller, Werner: Körpertheater und Commedia dell'arte. Eine Einführung für Schauspieler, Laienspieler und Jugendgruppen. München 1984.

Müller, Werner: Spielmann, Clown, Theatermacher. Körpertheater – Arbeitsbuch mit Übungen. München 1994.

Nickel, Hans-Wolfgang: Regie: Thema und Konzept. 2. Aufl., Milow 2009.

Nix, Christoph/Dietmar Sachser/Marianne Streisand (Hgg.): Lektionen 5. Theaterpädagogik. Berlin 2012.

Oida, Yoshi/Lorna Marschall: Der unsichtbare Schauspieler. Mit einem Nachwort von Peter Brook. 3. Aufl., Berlin 2005.

Otto, Enrico: Regie-Praxis in der Theaterpädagogik. Münster 2001.

Otto, Enrico: Arbeitsaspekte aus Theater-Theorie-Modellen für die theaterpädagogische Spielleiter-Praxis. Berlin 2007.

Petit, Lenard: Die Cechov-Methode. Handbuch für Schauspieler. Leipzig 2014.

Pohl, Manuela: Kreative Kompetenz. Kreativität entwickeln – Ideen finden – Probleme lösen. Berlin 2012.

Ramm-Bonwitt, Ingrid: Commedia dell'arte (Die komische Tragödie, Bd. 1). Frankfurt/M. 1997.

Reckwitz, Andreas: Die Erfindung der Kreativität. Zum Prozess gesellschaftlicher Ästhetisierung. 3. Aufl., Berlin 2012.

Reicher, Maria E.: Einführung in die philosophische Ästhetik. 2., überarb. Aufl., Darmstadt 2010.

Rellstab, Felix: Grundlagen. Neues zur Theorie und Praxis (Handbuch Theaterspielen. Bd. 1). Wädenswil 1994.

Rellstab, Felix: Wege zur Rolle (Handbuch Theaterspielen. Bd. 2). 2. Aufl., Wädenswil 1999.

Rellstab, Felix: Theorien des Theaterspielens (Handbuch Theaterspielen. Bd. 3). Wädenswil 1998.

Rellstab, Felix.: Theaterpädagogik. (Handbuch Theaterspielen. Bd. 4). Wädenswil 2000.

Richter, Stephan: Schauspieltraining. Ein Handbuch für die Aus- und Weiterbildung. Leipzig 2012.

Riha, Karl: Commedia dell'arte. Mit den Figurinen Maurice Sands. 13. Aufl., Frankfurt/M. 2012.

Rittelmeyer, Christian: Über die ästhetische Erziehung des Menschen. Eine Einführung in Friedrich Schillers pädagogische Anthropologie. Weinheim u. München 2005.

Roselt, Jens (Hg.): Seelen mit Methode. Schauspieltheorien vom Barock- bis zum postdramatischen Theater. 2. Aufl., Berlin 2009.

Roselt, Jens/Christel Weiler (Hgg.): Schauspielen heute. Die Bildung des Menschen in den performativen Künsten. Bielefeld 2011.

Rossié, Michael: Ruhe bitte! Wir proben! Kleines Handbuch für Regieassistenten. 2. Aufl., Berlin 2010.

Roth, Gerhard: Bildung braucht Persönlichkeit. Wie Lernen gelingt. 4. Aufl., Stuttgart 2011.

Sachser, Dietmar: Theaterspielflow. Über die Freude als Basis schöpferischen Theaterschaffens. Berlin 2009.

Safranski, Rüdiger: Schiller oder Die Erfindung des deutschen Idealismus. 5. Aufl., München 2014.
Schau, Albrecht: Szenisches Interpretieren. Ein literaturdidaktisches Handbuch. Stuttgart 1996.
Schaub, Horst/Karl G. Zenke: Wörterbuch Pädagogik. Grundl. erweiterte u. aktualisierte Neuaufl., München 2007.
Scheller, Ingo: Szenisches Spiel. Handbuch für die pädagogische Praxis. Berlin 1998.
Scheuerl, Hans: Das Spiel. Bd. 1: Untersuchungen über sein Wesen, seine pädagogischen Möglichkeiten und Grenzen. 12. Aufl., Weinheim u. Basel 1994.
Scheuerl, Hans (Hg.): Das Spiel. Bd. 2: Theorien des Spiels. 12., neu ausgest. Aufl., Weinheim u. Basel 1997.
Schiller, Friedrich: Über die ästhetische Erziehung des Menschen in einer Reihe von Briefen. Mit den Augustenburger Briefen. Hg. v. Klaus L. Berghahn. Durchges. u. erg. Ausg., Stuttgart 2013.
Schneider, Norbert: Geschichte der Ästhetik von der Aufklärung bis zur Postmoderne. Eine paradigmatische Einführung. 5., bibliogr. erg. Aufl., Stuttgart 2010.
Schuler, Margarete/Stephanie Harrer: Grundlagen der Schauspielkunst. Leipzig 2011.
Schulz, Hans-Peter: Von persönlicher Selbstentdeckung zu ästhetischer Gestaltung. Theaterpädagogische Arbeit mit Gruppen – ein Beitrag zu einer integrierten pädagogischen Theorie des Selbst. Baden-Baden 2003.
Schuster, Karl: Das Spiel und die dramatischen Formen im Deutschunterricht. Theorie und Praxis. 2., vollst. überarb. Aufl., Baltmannsweiler 1996.
Scruton, Roger: Schönheit. Eine Ästhetik. München 2012.
Simhandl, Peter: Stanislawski-Lesebuch. 2., durchges. Aufl., Berlin 1992.
Simhandl, Peter: Theatergeschichte in einem Band. Mit Beiträgen von Franz Wille und Grit van Dyk. 3., überarb. Aufl., Berlin 2007.
Söll, Wolfgang: Lernen, Üben, Trainieren. In: ders.: Sportunterricht – Sport unterrichten. Ein Handbuch für Sportlehrer. 8., überarb. Aufl., Schorndorf 2011, S. 249-276.
Sommer, Harald Volker: Vom Gebrauch des Chors in der Theaterpädagogik. Theorie, Geschichte und Praxis des chorischen Prinzips. Saarbrücken 2011.
Spolin, Viola: Improvisationstechniken für Pädagogik, Therapie und Theater. 8. Aufl., Paderborn 2005.
Spork, Peter: Das Schlafbuch. Warum wir schlafen und wie es uns am besten gelingt. 2. Aufl., Reinbek bei Hamburg 2012.

Stanislawski, Konstantin Sergejewitsch: Die Arbeit des Schauspielers an sich selbst. Bd. 1 (Die Arbeit an sich selbst im schöpferischen Prozess des Erlebens). 6. Aufl., Berlin 2002.

Stanislawski, Konstantin Sergejewitsch: Die Arbeit des Schauspielers an sich selbst. Bd. 2 (Die Arbeit an sich selbst im schöpferischen Prozess des Verkörperns). 6. Aufl., Berlin 2002.

Stanislawski, Konstantin Sergejewitsch: Die Arbeit des Schauspielers an der Rolle. Materialien für ein Buch. 4. Aufl., Berlin 2002.

Stegemann, Bernd (Hg.): Lektionen 1. Dramaturgie. Berlin 2009.

Stegemann, Bernd (Hg.): Lektionen 3. Schauspielen – Theorie. Berlin 2010.

Stegemann, Bernd (Hg.): Lektionen 4. Schauspielen – Ausbildung. Berlin 2010.

Strasberg, Lee: Schauspielen und das Training des Schauspielers. Beiträge zur »Method«. Hg. v. Wolfgang Wermelskirch. 8. Aufl., Berlin 2012.

Strasberg, Lee: Ein Traum der Leidenschaft. Die Entwicklung der Methode. München 1988.

Tairow, Alexander: Das entfesselte Theater. Aufzeichnungen eines Regisseurs. Berlin 1989.

Toporkow, Wassili: Stanislawski bei der Probe. Erinnerungen. Leipzig 2013.

Vlcek, Radim: Workshop Improvisationstheater. Übungs- und Spielesammlung für Theaterarbeit, Ausdrucksfindung und Gruppendynamik. 8. Aufl., Donauwörth 2003.

Wagner, Silvan (Hg.): Laientheater. Theorie und Praxis einer populären Kunstform. Bielefeld 2011.

Weimann, Robert: Author's Pen and Actor's Voice. Playing and Writing in Shakespeare's Theatre. Cambridge 2000.

Weintz, Jürgen: Theaterpädagogik und Schauspielkunst. Ästhetische und psychosoziale Erfahrung durch Rollenarbeit. Berlin u.a. 2008.

Westphal, Kristin (Hg.): Lernen als Ereignis. Zugänge zu einem theaterpädagogischen Konzept. Baltmannsweiler 2004.

Welsch, Wolfgang: Ästhetisches Denken. 7. Aufl., Stuttgart 2010.

Winkel, Sandra/Franz Petermann/Ulrike Petermann: Lernpsychologie. Paderborn 2006.

Dank

Mein Dank richtet sich an all die Schülerinnen und Schüler, die im theaterpädagogischen Schauspieltraining Ideen hatten oder einfache Fragen stellten und das Konzept auf diese Weise immer weiter voranbrachten. Insbesondere an die theaterpädagogischen Ausbildungsklassen am Pädagogischen Institut München und an der Akademie Schloss Rotenfels. Ebenso danke ich den Kolleginnen und Kollegen, mit denen ich spielen, arbeiten und diskutieren durfte. Ganz besonders Allan, der mein Weggefährte ist, seit ich das Wort »Theaterpädagogik« kenne. Juta war meine Lehrmeisterin und Udo war mein Lehrmeister – nicht nur wegen fachlicher Anregungen, sondern auch wegen ihrer Grundhaltung im Training. Auch dafür bin ich sehr dankbar.

Josha hat mir geholfen, das Spielen besser zu verstehen. Axel hat immer wieder zugehört, obwohl er ja eigentlich Theater nicht mag, weil es so »theatralisch« ist. Birgit hat geduldig alle Erfolge und Sackgassen mitverfolgt, mitgedacht und immer wieder Mut gemacht. Anne und Theo haben das Manuskript aus fachlicher Sicht unter die Lupe genommen. Vielen Dank!

Nicht zuletzt danke ich meinen Eltern: Mein Papa hat jedes Kapitel dieses Textes von Beginn an kritisch begleitet und wurde nach und nach zum Adressaten klärender Briefwechsel. Und meine Mama half am Schluss kleine und große Mängel zu entdecken, indem sie das Manuskript las »wie Pu der Bär«.

Auf diese Weise wurde die Arbeit im einsamen Studierzimmer alles andere als einsam.

Es war mir ein Fest.

Theater

Theater

Theater

Andreas Englhart, Artur Pelka (Hg.)
Junge Stücke
Theatertexte junger Autorinnen und Autoren im Gegenwartstheater
Juni 2014, 416 Seiten, kart., 35,99 €,
ISBN 978-3-8376-1734-4

Susanne Valerie Granzer, Doris Ingrisch
Kunst_Wissenschaft: Don't Mind the Gap!
Ein grenzüberschreitendes Zwiegespräch
Juli 2014, 156 Seiten, kart., zahlr. Abb., 24,99 €,
ISBN 978-3-8376-2798-5

Melanie Hinz
Das Theater der Prostitution
Über die Ökonomie des Begehrens im Theater um 1900 und der Gegenwart
April 2014, 264 Seiten, kart., 32,99 €,
ISBN 978-3-8376-2467-0

Stefanie Husel
Grenzwerte im Spiel
Die Aufführungspraxis der britischen Kompanie »Forced Entertainment«. Eine Ethnografie
August 2014, 352 Seiten, kart., zahlr. Abb., 39,99 €,
ISBN 978-3-8376-2745-9

Nikolaus Müller-Schöll, Leonie Otto (Hg.)
Unterm Blick des Fremden
Theaterarbeit nach Laurent Chétouane
Mai 2015, ca. 200 Seiten, kart., zahlr. z.T. farb. Abb., ca. 24,99 €,
ISBN 978-3-8376-2913-2

Camilla Schlie, Sascha Willenbacher (Hg.)
»Eure Zwecke sind nicht unsre Zwecke.«
Zur Kooperationspraxis zwischen Theater und Schule im Berliner Modellprojekt »JUMP & RUN«
Februar 2015, ca. 250 Seiten, kart., zahlr. farb. Abb., ca. 29,99 €,
ISBN 978-3-8376-2738-1

Julia H. Schröder (Hg.)
Im Hörraum vor der Schaubühne
Theatersound von Hans Peter Kuhn für Robert Wilson und von Leigh Landy für Heiner Müller
März 2015, ca. 220 Seiten, kart., zahlr. Abb., ca. 29,99 €,
ISBN 978-3-8376-2908-8

Beatrice Schuchardt, Urs Urban (Hg.)
Handel, Handlung, Verhandlung
Theater und Ökonomie in der Frühen Neuzeit in Spanien
Juli 2014, 314 Seiten, kart., 39,99 €,
ISBN 978-3-8376-2840-1

Nina Tecklenburg
Performing Stories
Erzählen in Theater und Performance
April 2014, 348 Seiten, kart., zahlr. Abb., 34,99 €,
ISBN 978-3-8376-2431-1